Place de la Vieille-Ville (p. 65), Prague

Carnet pratique

Comprendre

Statue du pont Charles (p. 56), Prague

ANGELINA DIMITROVA/SHUTTERSTOCK ©

Place de la Vieille-Ville (p. 65), Prague

PRAGUE ET LA RÉPUBLIQUE TCHÈQUE

LE VOYAGE COMMENCE ICI

Je suis un voyageur-né, et je n'aime rien tant que me perdre dans les ruelles et les passages secrets de la Vieille Ville de Prague ou de Malá Strana. Je vis ici depuis près de trente ans, et je ne m'en lasse pas. Peut-être parce que j'ai conscience d'emprunter des rues qui existaient déjà il y a des siècles. Ou simplement à cause de l'indéniable beauté de la ville... Chaque bâtiment, chaque pont, chaque carrefour semble avoir été placé par un décorateur pour un film historique dont je serais le héros. Il est facile de vivre à Prague et dans toute la République tchèque. Les nuances de la langue ou la culture locale sont peut-être difficiles à maîtriser, mais il est aisé d'apprécier, comme les gens d'ici, quelques plaisirs simples : se balader, s'asseoir devant un café ou une bière, veillé par mille ans d'histoire.

Mark Baker
@markbakerprague

Mon expérience préférée : déboucher du lacis des rues pavées de la ville pour traverser le pont Charles ; sentir la brise et apprécier la sensation d'espace.

SUR LE TERRAIN

Nos auteurs présentent les lieux qui, pour eux, incarnent le mieux Prague et la République tchèque

KOJIN/SHUTTERSTOCKT ©

Les **régions de Karlovy Vary et de Mariánské Lázně** sont magiques avec leurs monts, leurs forêts épaisses et leurs légendes. Elle sont parmi les moins densément peuplées d'Europe centrale. L'hiver, une neige épaisse recouvre les monts Métallifères et la forêt de Slavkov, et les couchers de soleil y embrasent la glace. Le soir, la température chute, et l'on va trouver refuge dans une taverne confortable avec un bon poêle à bois pour savourer une assiette de goulasch et un pichet de bière.

Marc Di Duca

Marc est auteur de voyage, traducteur, guide et grand amateur de plein air. Il vit en République tchèque.

KADI L/SHUTTERSTOCK ©

À Prague, le parc **Stromovka** n'est pas qu'un joli coin de nature, c'est aussi le témoin de l'évolution de la ville. Il a beaucoup souffert des inondations tragiques de 2002, mais au lieu de le laisser en l'état, les autorités ont consacré des millions à le restaurer pour en faire l'oasis secrète que les Pragois adorent aujourd'hui.

Mark Baker

Mark, qui vit à Prague, est l'auteur de Čas promĕn *(Le Temps des changements), compte-rendu personnel écrit en tchèque de la période ayant entouré la révolution de Velours de 1989.*

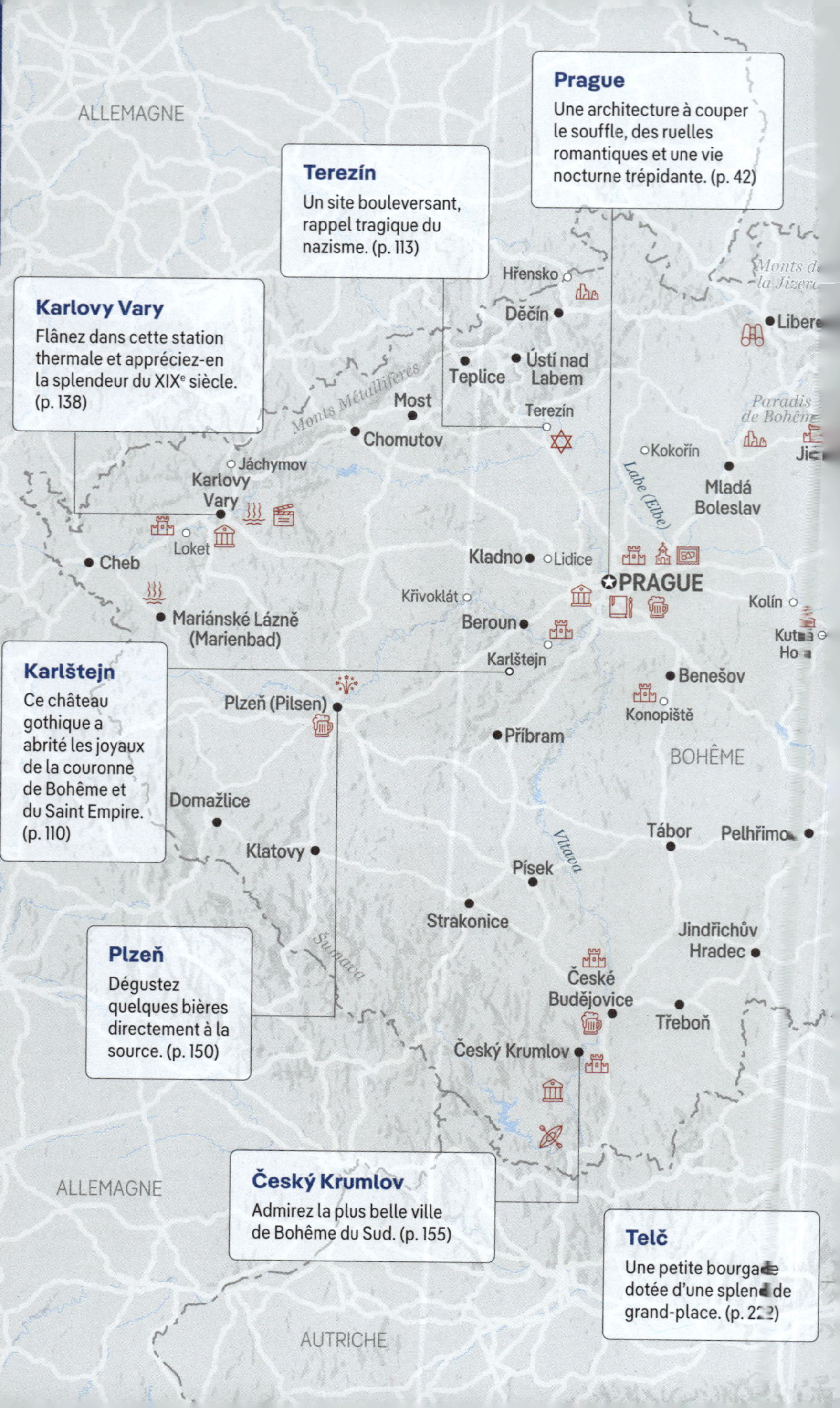

Prague
Une architecture à couper le souffle, des ruelles romantiques et une vie nocturne trépidante. (p. 42)

Terezín
Un site bouleversant, rappel tragique du nazisme. (p. 113)

Karlovy Vary
Flânez dans cette station thermale et appréciez-en la splendeur du XIXe siècle. (p. 138)

Karlštejn
Ce château gothique a abrité les joyaux de la couronne de Bohême et du Saint Empire. (p. 110)

Plzeň
Dégustez quelques bières directement à la source. (p. 150)

Český Krumlov
Admirez la plus belle ville de Bohême du Sud. (p. 155)

Telč
Une petite bourgade dotée d'une splendide grand-place. (p. 2)

CARTE DE LA RÉPUBLIQUE TCHÈQUE

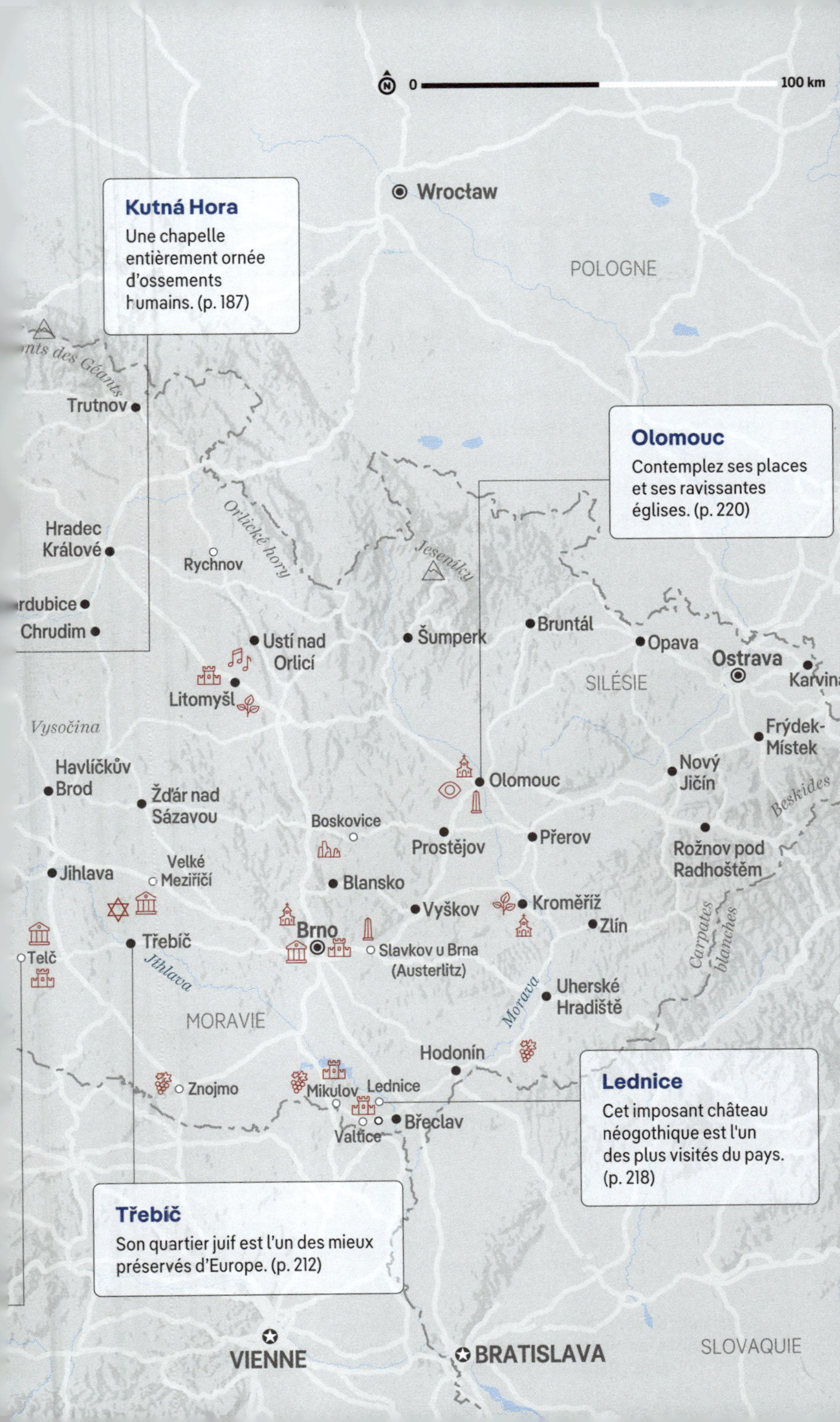

DU GOTHIQUE AU BAROQUE

Ici, l'histoire se lit sur les façades des bâtiments. Pas une époque, une dynastie ou une innovation technique qui n'ait suscité un nouveau style architectural. Ce livre de pierre s'ouvre, à l'orée du premier millénaire, sur l'art roman. Le gothique élève bientôt des cathédrales et des hôtels de ville imposants. La Renaissance, toute en symétrie et en équilibre, fait place à l'exubérance baroque...

Le gothique en majesté

Les édifices gothiques dominent des cités prises dans l'effervescence du XIVe siècle, quand Charles IV était empereur et Prague la capitale du Saint Empire romain germanique.

L'équilibre de la Renaissance

Au XVIe siècle, l'influence italienne fait naître le style Renaissance : désormais prime la recherche de l'équilibre et du beau.

L'éblouissement baroque

Les statues du pont Charles, l'or et le marbre à profusion dans les églises témoignent de la suprématie des catholiques et des Habsbourg au XVIIe siècle.

Le pont Charles (p. 56) à Prague

CHEFS-D'ŒUVRE ARCHITECTURAUX

Promenez-vous sur le **pont Charles** ❶, chef-d'œuvre gothique achevé en 1390 et qui fut paré de statues baroques quelques siècles plus tard. (p. 56)

Admirez l'**ancien hôtel de ville** ❷ de Prague, avec son beau beffroi et son horloge astronomique, un exemple typique d'architecture gothique. (p. 66)

Le **château de Český Krumlov** ❸ fut remanié au XVIe siècle dans un style Renaissance par les Rožmberk, une grande famille de Bohême. (p. 155)

L'émouvante **colonne de la Sainte-Trinité** ❹, à Olomouc, fut édifiée au XVIIIe siècle. Ce serait la plus grande sculpture baroque d'Europe centrale. (p. 220)

Succombez au charme intemporel de **Karlovy Vary** ❺ et de l'**architecture thermale** du XIXe siècle. (p. 138)

À GLACER LE SANG

On ignore souvent que les Tchèques ont longtemps cultivé un goût pour le macabre, voire l'effrayant. Pourtant, c'est bien ici que l'on peut visiter une chapelle entièrement décorée d'ossements humains. Les amateurs de momies descendront dans les soubassements d'un monastère de Brno, ville qui abrite par ailleurs l'un des plus grands ossuaires d'Europe. Les ruelles de l'ancien ghetto de Prague, Josefov, sont hantées par une créature de légende, le Golem...

Le royaume des squelettes

L'ossuaire de Sedlec, à Kutná Hora, se trouve dans une chapelle ornée de sculptures réalisées avec les os d'environ 40 000 personnes. Frissons garantis.

Chair de poule à Brno

Brno est une ville de l'étrange. Le couvent des Capucins abrite des momies, tandis qu'une église voisine expose au regard des milliers d'ossements humains.

Le quartier juif de Prague

C'est dans le ghetto de Prague que sont nées des légendes séculaires. Elles furent une source d'inspiration pour le jeune Franz Kafka, qui vécut quasi exclusivement dans la vieille ville.

DE GAUCHE À DROITE : RUSTAMANK/GETTY IMAGES ©, MASSIMO BORCHI/ATLANTIDE PHOTOTRAVEL/GETTY IMAGES ©, JOSEF HANUS/SHUTTERSTOCK ©

Le vieux cimetière juif de Prague (p. 69)

SUEURS FROIDES

Les guirlandes de crânes et de fémurs suspendues au plafond voûté de l'**ossuaire de Sedlec** ❶ rappellent l'univers de la famille Addams. (p. 188)

À Brno, dans le **couvent des Capucins** ❷, sont enterrées les dépouilles de nobles du XVIIIe siècle. Mais reposent-elles en paix ? (p. 206)

L'**église Saint-Jacques** ❸ de Brno conserve les ossements de 50 000 personnes, victimes des guerres et de la famine. (p. 206)

Cherchez la tombe du rabbin Loew, dans le **vieux cimetière juif** ❹ de Prague. Il aurait créé le Golem, une créature surnaturelle façonnée avec la boue de la Vltava. (p 69)

Sous Rodolphe II, alchimistes et sorciers exerçaient dans la minuscule ruelle d'Or, au cœur du **château de Prague** ❺. (p. 48)

Le cimetière national de Terezín (p. 113)

UN MONDE DISPARU

Pendant des siècles, la Bohême et la Moravie furent des havres de paix pour les Juifs. Prague, en particulier, fut un foyer de l'érudition et de la culture juives, mais des villes comme Mikulov et Třebíč, en Moravie, furent également des lieux de peuplement juif importants. L'occupation nazie mit brutalement fin à des siècles d'histoire.

Un riche passé

Le quartier juif de Prague reflète le dynamisme de la communauté. Les principales synagogues et le vieux cimetière juif ont été préservés.

Un lieu de mémoire

La communauté juive fut détruite sous l'occupation nazie. Des dizaines de milliers de Juifs furent détenus à Terezín avant d'être envoyés à Auschwitz-Birkenau.

PRINCIPAUX SITES PATRIMONIAUX JUIFS

Découvrez l'histoire juive de Prague en visitant le **Musée juif ❶**. (p. 69)

Dans le **vieux cimetière juif ❷**, les pierres tombales semblent surgir du sol. (p. 69)

C'est dans la ville de **Třebíč ❸** que se trouve l'un des quartiers juifs les mieux préservés d'Europe. (p. 212)

Rendez hommage aux victimes du nazisme à **Terezín ❹**, sinistre camp de transit vers Auschwitz. (p. 113)

La **Grande Synagogue ❺** de Plzeň, la troisième du monde en taille, vous émerveillera. (p. 150)

DERRIÈRE LE RIDEAU DE FER

Il n'y a pas si longtemps encore, la République tchèque (alors Tchécoslovaquie) appartenait au bloc de l'Est, sous la coupe de l'URSS. La révolution de Velours de 1989 renversa le régime communiste et porta le dramaturge Václav Havel à la présidence. Depuis, le pays a bien changé, mais on peut encore trouver ici et là des traces de l'ancienne dictature.

Le coup de Prague

Le dirigeant communiste Klement Gottwald annonça, depuis le balcon du palais Kinský de Prague, sur la place de la Vieille-Ville, la prise de contrôle brutale du pays en février 1948.

Le Printemps de Prague

En août 1968, les armées du pacte de Varsovie, sous commandement soviétique, envahirent le pays afin de mettre un terme à ce mouvement de réformes démocratiques.

La révolution de Velours

Le 17 novembre 1989, des milliers de personnes se rassemblèrent sur l'avenue centrale de Prague, Národní třída, pour exiger le départ des communistes. Le régime s'effondra en l'espace d'un mois.

LA RÉVOLUTION DE VELOURS EN 5 SITES

Sous le régime communiste, le **mémorial national de Vítkov** ❶ servit de mausolée au corps embaumé de Klement Gottwald. (p. 85)

L'abri antiatomique de l'**Hôtel Jalta** ❷ était un centre de de surveillance des clients. (p. 76)

Le **Retro Muzeum Na Statku de Brno** ❸, qui présente des objets des années 1950 à 1990 est kitsch à souhait. (p. 209)

Parcourez l'avenue **Národní třída** ❹, où débuta la révolution de Velours. (p. 75)

Sur la **place Venceslas** ❺ de Prague, des centaines de milliers de personnes se rassemblèrent pour réclamer la démocratie. (p. 75)

CHÂTEAUX ET FORTERESSES

Invasions, occupations et guerres de successions ont ponctué l'histoire de ce pays au cœur de l'Europe. Les centaines de châteaux qui parsèment ce territoire sont autant de témoins de ces turbulences. Partout ou presque, des forteresses hérissées de tours surplombent les villes et des palais d'été romantiques se lovent au cœur de parcs raffinés. Leur nombre et leur diversité impressionnent, des ruines gothiques sinistres aux majestueuses demeures baroques.

Le royaume de Bohême

Le vaste ensemble qui forme le château de Prague, centre du pouvoir en Bohême depuis l'an mille environ, a inspiré de nombreux nobles dans tout le pays.

Une forteresse-prison

Le château de Špilberk, à Brno (milieu du XIIIe) servit de prison sous les Habsbourg – il laissa des souvenirs épouvantables.

Les raffinements du XIXe siècle

Le XIXe fut l'âge d'or de l'empire des Habsbourg. En Bohême du Sud et en Moravie, les grandes familles rivalisèrent d'élégance en construisant ou remaniant leurs châteaux.

DE GAUCHE À DROITE : BORIS STROUJKO/SHUTTERSTOCK ©, KAPRIK/SHUTTERSTOCK ©, V_E/SHUTTERSTOCK ©

La cathédrale Saint-Guy, à Prague (p. 51)

LES PLUS BEAUX CHÂTEAUX

Admirez la magnificence du **château de Prague** ❶, l'un des plus vastes du monde. Le cadre naturel environnant est splendide. (p. 48)

Laissez-vous éblouir par le **château de Karlštejn** ❷, où furent conservés les joyaux de la couronne de Bohême lors des guerres hussites au XVe siècle. (p. 110)

Litomyšl ❸ possède le plus beau château Renaissance du pays. (p. 192)

Le parc du **château de Lednice** ❹, domaine ancestral de la famille Liechtenstein, comprend une serre somptueuse et un minaret. (p. 218)

Construit sur le modèle du château de Windsor en Angleterre, **Hluboká** ❺ montre toute l'exubérance du néogothique. (p. 160)

Telč (p. 222)

LE CŒUR DE LA VILLE

On trouve une jolie place pavée au cœur de chacune des villes du pays. Le mot tchèque *náměstí*, “la place”, signifie d'ailleurs “la ville” au sens propre du terme. La République tchèque possède parmi les plus vastes et les plus belles places d'Europe.

Un écrin architectural

La place centrale d'une ville tchèque réunit souvent le plus bel échantillon du patrimoine architectural urbain.

Des lieux d'animation

Les places furent d'abord consacrées aux marchés et aux foires. Aujourd'hui, c'est ici que sont en général organisés fêtes, festivals et concerts en plein air.

LES PLUS BELLES PLACES DU PAYS

La **place de la Vieille-Ville** ❶ est l'un des hauts lieux du tourisme de Prague. (p. 65)

La place principale de **Telč** ❷, inscrite au Patrimoine mondial, est l'une des plus jolies du pays. (p. 222)

La **Náměstí Přemysla Otakara II** ❸, à České Budějovice, est l'une des plus grandes places du pays. (p. 159)

Sur l'une des 4 places remarquables d'**Olomouc** ❹ se dresse la colonne de la Sainte-Trinité. (p. 220)

La **Náměstí** ❺ de Mikulov est aussi petite que charmante. (p. 213)

UNE SOIRÉE AU PUB

Vous ne goûterez la culture tchèque, au sens propre et figuré, que dans un pub. Bien plus qu'un bar ou qu'une simple affaire de bière, le pub est un lieu de vie à part entière. On s'y retrouve plusieurs fois par semaine pour voir ses amis, échanger les dernières nouvelles et prendre un repas.

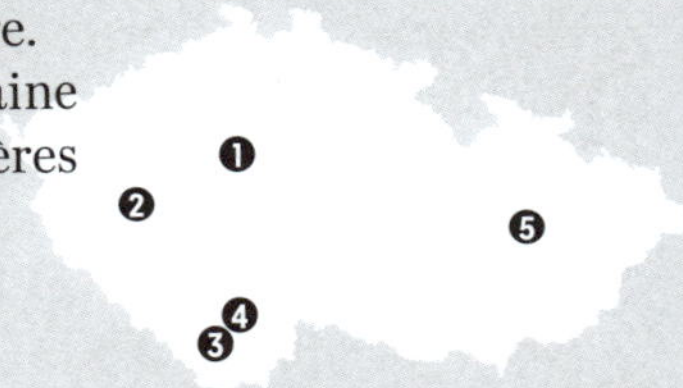

Service à table

Dans les pubs traditionnels, les serveurs apportent les bières sans qu'il soit nécessaire de commander. Faites leur signe quand vous en avez assez.

Cuisine populaire

La plupart des pubs ont une carte et servent une cuisine traditionnelle. Ils proposent au moins des snacks pour accompagner la bière.

Inspiration littéraire

Jaroslav Hašek a écrit de nombreux livres au pub. *Les Aventures du brave soldat Švejk*, son roman le plus célèbre, commence dans un pub où le héros abuse un peu de la bière locale.

LES MEILLEURS PUBS

À Prague, dégustez une Pilsner Urquell au **U Černého Vola ❶**, établissement *old school* par excellence. (p. 56)

À Plzeň, pas de visite de la brasserie Pilsner Urquell sans un détour par le pub **Na Spilce ❷**. (p. 151)

À Český Krumlov, **Hospoda Na Louži ❸** est une taverne intime où l'on mange bien et où la bière locale Eggenberg est à l'honneur. (p. 157)

Institution de České Budějovice, **Masné Krámy ❹** est l'endroit idéal pour déguster la Budvar, brassée localement. (p. 160)

À Olomouc, le **Svatováclavský Pivovar ❺** propose des bières artisanales et des assiettes de spécialités moraves. (p. 221)

LE HOUBLON ROI

Tout le monde s'accorde à dire que, depuis l'invention de la bière blonde moderne en 1842, les Tchèques produisent certaines des meilleures bières au monde. Aujourd'hui, les marques locales de renommée internationale, telles que Pilsner Urquell, Staropramen et Budvar (la Budweiser tchèque), ont été égalées, voire surpassées, par un grand nombre de bières tchèques régionales, artisanales et de microbrasseries.

À l'origine de la lager moderne

Plzeň (Pilsen) est connu des amateurs de bière du monde entier comme le berceau des lagers. La bière Pilsner y a été inventée en 1842.

Budvar contre Budweiser

La Budvar tchèque et la Budweiser américaine se disputèrent leur nom au cours d'une longue bataille juridique. Leurs goûts diffèrent...

La révolution des bières artisanales

L'engouement pour les bières artisanales a gagné la République tchèque, surtout à Prague, où quelques pubs brassent leur propre bière.

DE GAUCHE À DROITE : ARTHUR MATSUO/SHUTTERSTOCK ©, RADOMIR REZNY/SHUTTERSTOCK ©, GUTEKSK7/SHUTTERSTOCK ©

La brasserie Pilsner Urquell (p. 150)

LE MONDE DE LA BIÈRE EN 5 SITES

La **brasserie Pilsner Urquell** ❶ est le temple de la bière, là où tout a commencé. La visite s'achève sur une dégustation de la fameuse mousse. (p. 150)

Faites une halte au **musée de la Bière de Plzeň** ❷ pour apprendre comment on fabriquait la bière avant la Pilsner Urquell. (p. 150)

Découvrez le lieu de naissance de la première "Budweiser", la **brasserie Budweiser Budvar** ❸. La longue tradition d'excellence se poursuit ici. (p. 160)

Visitez l'unique grande brasserie de Prague encore en activité, **Staropramen** ❹, et parcourez un siècle d'histoire du brassage. (p. 102)

Savourez une bière noire maison à la taverne **U Fleků** ❺, institution pragoise depuis 1499. (p. 83)

VILLES ET RÉGIONS

Composez votre voyage selon vos envies.

Prague

MÉDIÉVALE ET MODERNE À LA FOIS

Outre sa riche architecture, qui mêle styles gothique, Renaissance, baroque et Art nouveau, la capitale tchèque possède l'un des plus vastes châteaux du monde, véritable ville dans la ville. Prague, c'est aussi une foule de restaurants, de pubs, de clubs, de parcs et de musées ; une ville dynamique du XXIe siècle dotée d'une belle énergie.

p. 42

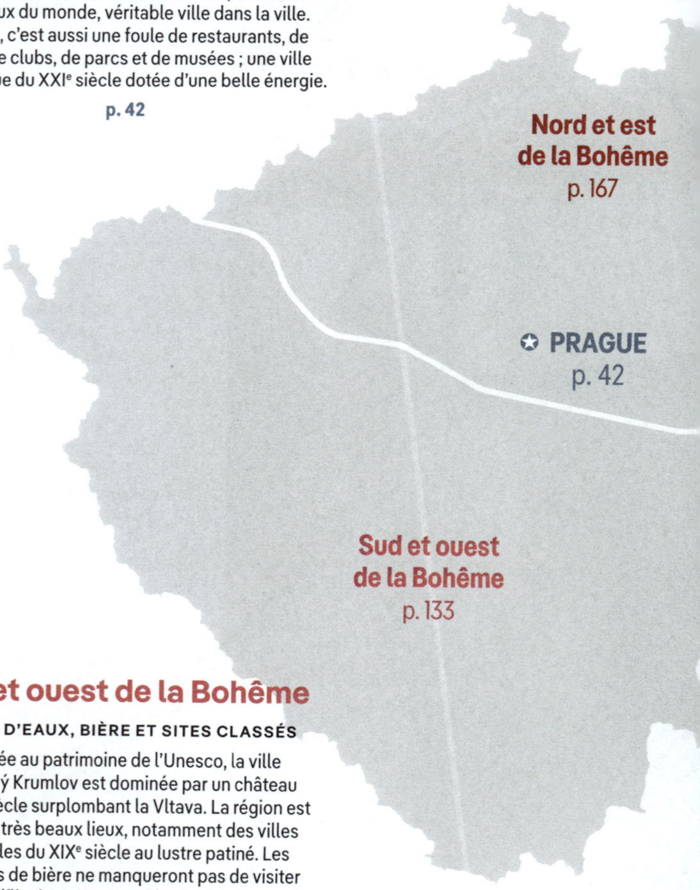

Sud et ouest de la Bohême

VILLES D'EAUX, BIÈRE ET SITES CLASSÉS

Classée au patrimoine de l'Unesco, la ville de Český Krumlov est dominée par un château du XIIIe siècle surplombant la Vltava. La région est riche de très beaux lieux, notamment des villes thermales du XIXe siècle au lustre patiné. Les amateurs de bière ne manqueront pas de visiter České Budějovice et surtout Plzeň, où se trouve la célèbre brasserie tchèque Pilsner Urquell.

p. 133

Environs de Prague

CHÂTEAUX DE RÊVE ET CICATRICES DE L'HISTOIRE

Prague est une base idéale pour explorer les châteaux et forteresses qui l'entourent. Celui de Karlštejn est digne d'un conte de fées. L'ancienne garnison des Habsbourg à Terezín fut quant à elle transformée par les nazis en camp de transit pour les prisonniers juifs au cours de la Seconde Guerre mondiale.

p. 110

Nord et est de la Bohême

DE GRÈS ET D'OS

Peu de visiteurs étrangers se rendent en Bohême du Nord, région encore peu fréquentée. Le parc national de la Suisse tchèque surprend par ses spectaculaires formations rocheuses. La ville minière de Kutná Hora, parfaitement préservée, compte quant à elle des merveilles architecturales, ainsi qu'une étrange chapelle dont la décoration est entièrement réalisée avec des ossements humains.

p. 167

Moravie

VIGNOBLES ET COLLINES

Nichée dans les collines de la région viticole du sud de la Moravie, Mikulov offre de multiples occasions de randonnées à pied ou à vélo en s'arrêtant pour déguster des crus locaux dans un cadre bucolique. Les grandes villes que sont Brno et Olomouc allient animation urbaine et richesse architecturale. Quant à la petite ville de Telč, elle cache une splendide place, bordée par des façades Renaissance et baroques.

p. 201

Château de Karlštejn (p. 110)

ITINÉRAIRES

Prague et ses environs

Durée : 6 jours **Distance :** 200 km

Après la découverte de la capitale, aussi belle que riche en sites à découvrir, consacrez une journée à la visite de l'impressionnant château de Karlštejn, puis recueillez-vous à Terezín, forteresse devenue camp de concentration et de transit vers Auschwitz-Birkenau.

1

STARÉ MĚSTO 1 JOUR

Flânez dans le vieux Prague (p. 65), arrivez à l'heure pile devant l'horloge astronomique pour voir ses automates en action ; du haut du beffroi de l'hôtel de ville, admirez la place de la Vieille-Ville.

Détour : *Visitez les synagogues du* ***Musée juif de Prague*** *(p. 69). Ne partez pas sans avoir vu le* ***vieux cimetière juif****.*

2

PONT CHARLES ET MALÁ STRANA 1 JOUR

Franchissez le **pont Charles** (p. 56) tôt le matin et prenez le temps d'en admirer les statues. Arpentez **Malá Strana** (p. 56) et le parc de l'île Kampa. Visitez la belle église baroque Saint-Nicolas.

Détour : *La* ***colline de Petřín****, lieu apprécié des enfants, domine la ville. Accès à pied ou en funiculaire.*

3

CHÂTEAU DE PRAGUE ET HRADČANY 1 JOUR

Comptez une demi-journée pour visiter le **château de Prague** (p. 48) et la cathédrale Saint-Guy (entrée payante). Vous pouvez aussi vous promener gratuitement dans les jardins.

Détour : *Flânez dans les jardins du château ou visitez la bibliothèque de Strahov, chef-d'œuvre médiéval.*

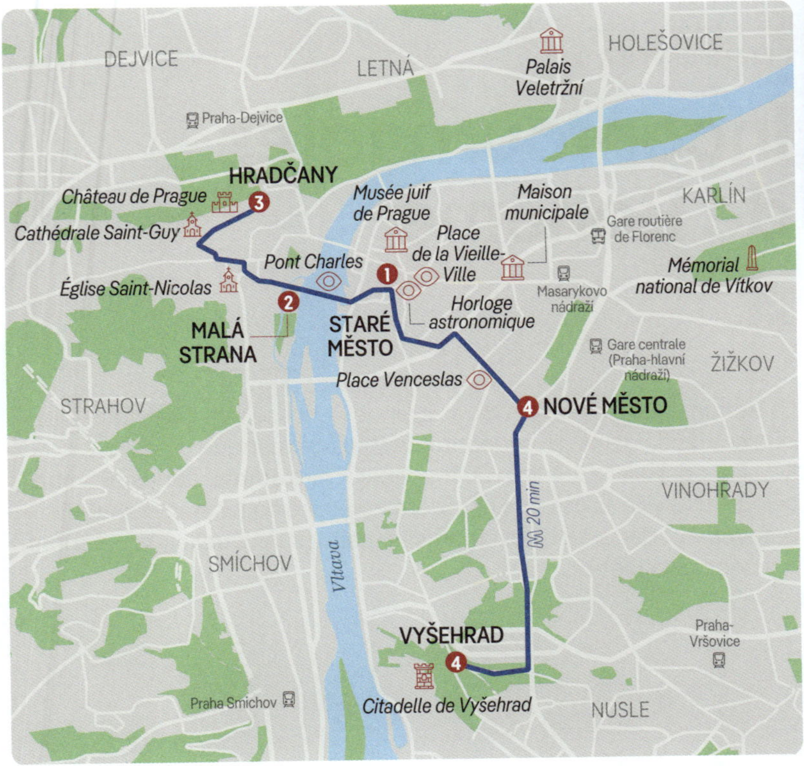

4

NOVÉ MĚSTO ET VYŠEHRAD 1 JOUR

Traversez la vaste place Venceslas, dominée par le Musée national, dans le quartier de **Nové Město** (p. 76). Prenez le métro jusqu'à **Vyšehrad** (p. 106) : la citadelle en ruine est "l'autre château de Prague".

Détour : *Dînez et prenez un verre dans l'un des quartiers périphériques tendance de la ville, comme Karlín.*

5

KARLŠTEJN 1 JOUR

Prenez le train pour **Karlštejn** (p. 110) : les bijoux de la couronne de Bohême furent autrefois entreposés dans le château. Pensez à réserver sur le site Web du château.

Détour : *Randonnez dans deux villages proches, Svatý Jan pod Skalou et Beroun, où le train vous ramènera à Prague.*

6

TEREZÍN 1 JOUR

L'ancienne forteresse de **Terezín** (p. 113) est un lieu de sinistre mémoire de la Seconde Guerre mondiale. Une propagande nazie savamment orchestrée fit un temps passer ce camp de concentration pour une ville refuge pour les Juifs. La réalité était tout autre. Accessible en bus.

À 1 heure de Prague

ITINÉRAIRES

Incontournables de Bohême

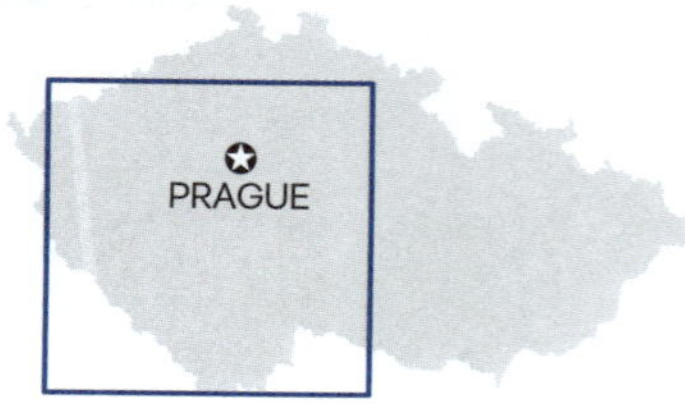

Durée : 8 jours
Distance : 400 km

La Bohême est une région d'une grande richesse tant historique que culturelle et les sites incontournables ne manquent pas. Ils allient parfois le sublime au macabre. Entre autres étapes de votre séjour : une ville ravissante et pittoresque, une hallucinante chapelle entièrement décorée d'ossements humains, sans oublier un parcours consacré à la bière.

1

PRAGUE 2 JOURS

Commencez par **Prague** (p. 42) : consacrez deux jours à la Vieille Ville et à Malá Strana. Traversez le pont Charles et remontez la rue Nerudova pour voir le château de Prague.

Louez une voiture ou prenez un bus à la gare routière de Florenc pour Karlovy Vary (2 heures).

2

KARLOVY VARY 1 JOUR

La station thermale de **Karlovy Vary** (p. 138) attira au XIXe siècle les célébrités de l'Europe entière, qui venaient ici pour les eaux de source bienfaisantes et les élégantes colonnades. Il est toujours agréable d'y séjourner.

Détour : *Prévoyez une journée dans la jolie ville de* ***Loket*** *(p. 143) ou à* ***Mariánské Lázně*** *(p. 145), autre station thermale proche.*

3

PLZEŇ 1 JOUR

Les amateurs de bière se pressent à **Plzeň** (p. 150) pour visiter la brasserie Pilsner Urquell. C'est ici que fut inventée, au XIXe siècle, la lager moderne. Si vous voyagez avec des enfants, Techmania offrira de belles heures de découverte et d'amusement.

2 heures

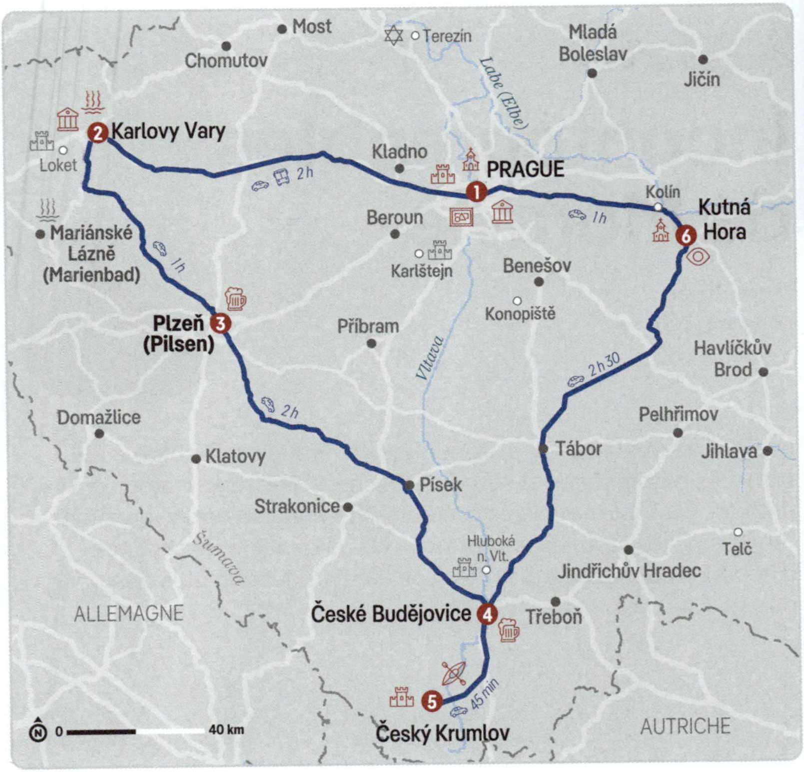

4

ČESKÉ BUDĚJOVICE

1 JOUR

Visitez la **brasserie Budvar** (p. 160). Les amateurs d'architecture apprécieront l'une des plus vastes et jolies places d'Europe centrale. D'ici, Český Krumlov, ville inscrite au patrimoine de l'Unesco, est accessible en train ou en voiture.

45 minutes

5

ČESKÝ KRUMLOV

2 JOURS

Český Krumlov (p. 155) rivalise avec Prague en matière de beauté. Flânez dans ses ruelles pittoresques et montez jusqu'à son château Renaissance. Vous pourrez passer la deuxième journée dans la nature, en louant par exemple des kayaks pour une excursion sur la Vltava.

2 heures 30

6

KUTNÁ HORA 1 JOUR

Sur le chemin du retour vers Prague, faites un petit détour par **Kutná Hora** (p. 187), somptueuse ville médiévale, et visitez l'une des plus étranges curiosités du pays : l'ossuaire, situé dans la périphérie de Sedlec.

À 1 heure de Prague

ITINÉRAIRES

Incontournables de Moravie

Durée : 8 jours
Distance : 300 km

La province orientale de la République tchèque est réputée pour ses villes pittoresques et son vin. C'est aussi une région propice à la détente. Vignobles et pistes cyclables couvrent sa partie méridionale. Brno réunit les atouts d'une grande ville (en matière de services, d'hébergement et de loisirs), tout en étant beaucoup plus épargnée par les flots de touristes que Prague.

1

BRNO 2 JOURS

Votre voyage commence dans la capitale de la Moravie, **Brno** (p. 206), qui vous ouvre les portes de ses pubs et restaurants. Réservez bien à l'avance pour une visite guidée de la Villa Tugendhat. Découvrez la ville au cours du deuxième jour, en grimpant notamment au château de Špilberk.

1 heure

2

OLOMOUC 1 JOUR

Ancienne capitale morave, **Olomouc** (p. 220) fut longtemps un bastion catholique, ainsi qu'en témoignent le dessin baroque de la colonne de la Sainte-Trinité et les édifices religieux de la ville. Nombreux parcs et promenades à proximité de la vieille ville.

1 heure

3

KROMĚŘÍŽ 1 JOUR

La visite de la tranquille **Kroměříž** (p. 224) prend une journée depuis Olomouc. Vous y visiterez le somptueux château baroque de l'archevêque et pourrez y admirer un chef-d'œuvre de Titien, *Le Supplice de Marsyas*.

2 heures

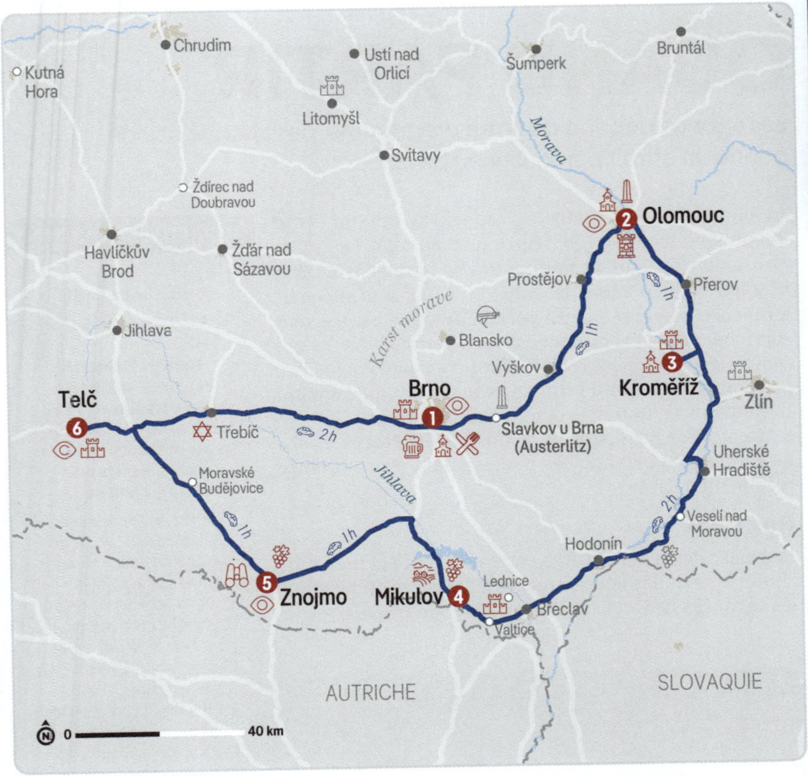

4

MIKULOV 2 JOURS

Mikulov (p. 213), au cœur de la région viticole, a tout d'une cité italienne. Promenez-vous sur la grand-place pavée et admirez les majestueux bâtiments de style Renaissance et baroque. Le jour suivant, visitez le château des Liechtenstein à Lednice, non loin de là, ou offrez-vous une dégustation de vins tchèques à Valtice.

1 heure

5

ZNOJMŎ 1 JOUR

Le vin demeure la thématique du séjour à **Znojmo** (p. 218). Entre deux dégustations, explorez le réseau de tunnels souterrains qui s'étend sous la ville et admirez la vue époustouflante sur la vallée de la Thaya (Dyje).

1 heure

6

TELČ 1 JOUR

Telč (p. 222), ville Renaissance classée au patrimoine de l'Unesco et dotée de la plus belle place du pays, est assez loin de tout. Venez y passer une journée depuis Brno ou faites-y étape sur votre chemin vers Brno ou Prague.

2 heures

QUAND PARTIR

La réponse dépend de votre programme, car chaque saison donne un attrait particulier au pays.

La plupart des touristes se rendent à Prague et en République tchèque l'été, entre juin et août. Les jours sont longs (fin juin, la nuit ne tombe parfois qu'à 22h), le soleil brille, et tous les sites à visiter sont ouverts. Malheureusement, à cette période, Prague est souvent surfréquentée, et la chaleur estivale, plutôt élevée, ce qui rend le séjour moins agréable. C'est pourquoi il peut être préférable d'y aller au printemps ou en automne, quand il y a moins de touristes et qu'il fait plus frais.

Attenton : certains sites, comme des châteaux et des musées, *a fortiori* dans les petites villes, ferment entre octobre et avril.

Bon plan

La baisse des températures entre novembre et mars fait chuter le tarif des hébergements à Prague, sauf pendant les vacances de Noël, du Nouvel An et de Pâques.

PAROLE D'HABITANT

PENSÉES AUTOMNALES

Markéta Hradecká est guide touristique privée (caputregni.cz). Elle réside à Prague et passe beaucoup de temps à sillonner les rues de la capitale.

"L'automne donne toujours à Prague une touche de mélancolie et une certaine intimité. La fin d'après-midi projette une grande ombre sur la ville, et on ressent les premiers frimas de l'hiver. Ces jours-là, j'aime marcher le long de la Vltava. En observant l'eau pendant les dernières heures du jour, j'ai parfois l'impression de vivre une expérience existentielle."

Brno (p. 205)

CHUTES DE NEIGE PRÉCOCES

L'hiver peut arriver assez tôt en altitude. Si septembre et octobre restent chauds et ensoleillés à Prague et Brno, par exemple, il n'est pas rare de voir tomber les premiers flocons en montagne.

La météo au fil des mois

JANVIER
Temp. diurne moy. : **2°C**
Jours de pluie/neige : 6 (Prague)

FÉVRIER
Temp. diurne moy. : **4°C**
Jours de pluie/neige : 5 (Prague)

MARS
Temp. diurne moy. : **9°C**
Jours de pluie/neige : 6 (Prague)

AVRIL
Temp. diurne moy. : **19°C**
Jours de pluie : 9 (Prague)

MAI
Temp. diurne moy. : **22°C**
Jours de pluie : 10 (Prague)

JUIN
Temp. diurne moy. : **24°C**
Jours de pluie : 10 (Prague)

PRINTEMPS PRAGOIS

Le printemps est vraiment une saison magnifique à Prague et dans le reste du pays. Avril, notamment, est un ravissement pour les yeux : les arbres commencent à bourgeonner, et dans les parcs et jardins tchèques, c'est une explosion de rose et jaune vif.

Les grands rendez-vous

Le **Printemps de Prague** est de loin le plus grand événement culturel. Ce festival international de musique débute le 12 mai, date anniversaire de la mort du compositeur tchèque Bedřich Smetana, avec une vibrante interprétation de sa symphonie *Má vlast* (Mon pays). **Mai**

Le **Festival de musique chorale** (p. 220) d'Olomouc célèbre le chant choral pendant 5 jours. **Mai/Juin**

Le **Festival international du film de Karlovy Vary** (p. 138) est la plus illustre manifestation tchèque pour les cinéphiles. Il attire des stars nationales et internationales du 7e art, et se déroule dans de splendides bâtiments du XIXe siècle, au cœur de la montagne. **Juillet**

Le **Festival international de musique de Český Krumlov** (p. 156) est le principal rendez-vous culturel de Bohême du Sud. Un mois de musique classique, avec un clin d'œil à la folk, à la pop et au jazz. **Août**

Fêtes locales et festivals

Le 6 janvier, l'**Épiphanie** marque la fin officielle de la période de Noël. Les Tchèques la fêtent avec des chants de Noël, des carillons et des cadeaux pour les pauvres. **Janvier**

Autrefois interdit par les communistes, le carnaval **Masopust**, qui débute le vendredi précédant le Mardi gras, est l'occasion de fêtes de rue, feux d'artifice et concerts. **Février**

Chaque printemps, lors de la fête païenne annuelle du **Bûcher des sorcières** (*Pálení čarodějnic*, ou *Walpurgisnacht* en allemand), des gens se réunissent dans tout le pays pour allumer des feux de joie. **Avril**

La nuit du 5 décembre, la veille de la **Saint-Nicolas**, des habitants se déguisent en ce saint, voire en ange ou en diable effrayant pour distribuer des friandises aux enfants sages (et du charbon aux autres !). **Décembre**

PAROLE D'HABITANT

UN HIVER CHALEUREUX

La Tchèque Martina Sulková gère les comptes de réseaux sociaux d'une grande *data company* à Prague.

"Ici, l'hiver peut être magique. J'aime les marchés de Noël, et le vin chaud en vente partout, même dans des cafés branchés. Après le Nouvel An, l'ambiance retombe, et j'en profite pour aller au cinéma ou au ski. C'est la période idéale pour se rendre à Český Krumlov, village digne d'un conte de fées."

CHAUD, CHAUD, CHAUD

Le réchauffement climatique impacte nettement les températures estivales du pays. Il y a encore peu de temps, elles dépassaient rarement 30°C. Désormais, les jours à 30°C sont assez courants, avec certains pics à 35°C.

JUILLET	AOÛT	SEPTEMBRE	OCTOBRE	NOVEMBRE	DÉCEMBRE
Temp. diurne moy. : **24°C**	Temp. diurne moy. : **24°C**	Temp. diurne moy. : **19°C**	Temp. diurne moy. : **13°C**	Temp. diurne moy. : **7°C**	Temp. diurne moy. : **3°C**
Jours de pluie : 10 (Prague)	Jours de pluie : 10 (Prague)	Jours de pluie : 7 (Prague)	Jours de pluie : 6 (Prague)	Jours de pluie/neige : 6 (Prague)	Jours de pluie/neige : 6 (Prague)

À GAUCHE : VITALII MATOKHA/SHUTTERSTOCK © À DROITE : ALBUM/ALAMY STOCK PHOTO ©

AVANT DE PARTIR POUR LA RÉPUBLIQUE TCHÈQUE

Nos recommandations pour bien se préparer.

Dans sa valise

Vêtements La météo tchèque est parfois imprévisible. Où que vous alliez, l'été peut être étouffant ou inhabituellement frais. Même les jours chauds, la température chute parfois tant la nuit que, dehors, il faut un pull ou une veste. Les hivers peuvent être froids, voire glaciaux, surtout en altitude.

Chaussures Tout voyage dans ce pays implique beaucoup de marche. Nombre de sites historiques, dont une grande partie au centre de Prague, sont pavés. Mieux vaut donc des chaussures plates confortables, et des chaussures de marche si vous prévoyez un peu de rando.

Tenue habillée Des vêtements décontractés conviennent presque toujours, sauf pour aller à un concert, à l'opéra ou au théâtre : veste chic pour les hommes, et robe ou jupe pour les femmes.

À savoir

Les Tchèques peuvent être protocolaires avec les étrangers. Serrez-leur la main à la première rencontre et, pour les saluer, privilégiez *dobrý den* (plus poli) à *ahoj*.

Ôtez vos chaussures en entrant chez quelqu'un, ce qui implique de vous assurer d'avoir mis des chaussettes impeccables.

Si vous êtes invité à une fête, apportez un petit cadeau, comme une bouteille de vin ou un bouquet de fleurs.

LIRE

Le Palais de verre (Simon Mawer, 2009) Récit chatoyant sur la vie à Brno pendant les années d'entre-deux-guerres.

Le Livre du rire et de l'oubli (Milan Kundera, 1979) Peinture tragi-comique de la vie dans la Tchécoslovaquie communiste.

Le Procès (Franz Kafka, 1925) Roman d'anticipation sur une bureaucratie déjà marquée par l'ère communiste à venir.

Moi qui ai servi le roi d'Angleterre (Bohumil Hrabal, 1983) Prague sous l'occupation nazie par l'un des plus grands auteurs tchèques.

Les Aventures du brave soldat Švejk (Jaroslav Hašek, 1921) Satire de l'autorité et de la bêtise universelle : un chef-d'œuvre de la littérature tchèque.

Lettres à Olga (Václav Havel, 2009) Formidable témoignage écrit en prison entre 1979 et 1983.

L'Éducation des jeunes filles en Bohême (Michal Viewegh, 1996) Amusant portrait de la Prague capitaliste.

Les Sept Églises (Miloš Urban, 2011) Brillant thriller gothique qui se déroule de nos jours entre les sept grandes églises de Nové Město.

En quelques mots

Ahoj (*a*·hoï) Les Tchèques se saluent le plus souvent avec ce terme, mais il est familier et s'utilise donc juste entre amis. Pour s'adresser à un étranger ou marquer leur respect, ils emploient **dobrý den** (*do*-bri den) bonjour

Na shledanou (na·*chlé*·da·nou) au revoir

Děkuji (*dyé*·kou·yi) merci

Prosím (*pro* sîm) s'il vous/te plaît

Ano/ne (a no/né) est direct et signifie oui/non. Dans la conversation, *ano* devient souvent juste *no*.

Promiňte (*pro* min' té) est la formule pour s'excuser, bien utile si vous heurtez quelqu'un par hasard ou si vous voulez solliciter l'attention d'une personne.

Pivo (*pi* vo) bière. Pour en commander une dans un bar, dites **jedno pivo, prosím** (*yed* no *pi* vo *pro* sîm)

Na zdraví! (na *zdra*·vî) "Santé !" À dire en levant son verre et en regardant la personne dans les yeux.

Jídelní lístek (*yî*·dél·nî·*lîs*·tek) ou juste **lístek** permet de demander le menu dans un restaurant.

Nerozumím (*né*·ro·zou·mîm) je ne comprends pas.

Mluvíte anglicky? (*mlou* vî te *an* glit ski) parlez-vous anglais ?

V kolik jede příští autobus? (f *ko* lik *ye* de prjî chtî ao to bous) quand est le prochain bus ?

Můžete mi to ukázat na mapě? *moû*·jé·té mi to *ou*·ka·zat na ma·pyé pouvez-vous me montrer sur la carte ?

VOIR

Les Amours d'une blonde (Miloš Forman, 1965 ; photo ci-dessus) Histoire d'amour douce-amère entre une ouvrière et un pianiste.

Trains étroitement surveillés (Jiří Menzel, 1966) Brillante adaptation d'un classique sur la Seconde Guerre mondiale, qui révéla la nouvelle vague tchèque.

Kolya (Jan Svěrák, 1996) Rencontre émouvante et oscarisée d'un célibataire vieillissant et d'un enfant russe.

Cosy Dens (Jan Hřebejk, 1999) Comédie dramatique qui, au travers de querelles familiales, dresse un tableau très juste de l'époque communiste.

ÉCOUTER

Modlitba pro Martu (Marta Kubišová, 1969) Cette émouvante "Prière pour Marta" est devenue un hymne de la révolution de Velours de 1989.

Bratříčku, zavírej vrátka (Karel Kryl, 1969) "Petit frère, ferme la porte" évoque le désespoir des Tchécoslovaques après l'invasion issue du pacte de Varsovie en 1968.

Trezor (Karel Gott, 1964) L'un des innombrables tubes de l'extraordinaire crooner tchèque, décédé en 2019.

Traktor (Visací Zámek, 1990) Rockeur populaire et accrocheur, et vidéo particulièrement réussie.

STEPANEK PHOTOGRAPHY/SHUTTERSTOCK ©

À TABLE !

À base de viande et de pommes de terre, la cuisine tchèque est hautement calorique mais savoureuse.

Même au restaurant, la nourriture tchèque a toujours un côté familial. Ainsi, des plats classiques, comme le bœuf braisé en sauce avec des quenelles ou le rôti de porc accompagné de choucroute, ont toujours l'air d'avoir été faits maison. Même s'ils paraissent simples, les sauces, soupes et ragoûts peuvent s'avérer très raffinés.

La cuisine tchèque s'apparente à toutes celles d'Europe centrale. Le plat principal se compose de viande, d'ordinaire du porc, mais aussi du bœuf, du poulet ou du canard. Les Tchèques adorant la chasse, certains menus proposent du lapin, du chevreuil ou du sanglier.

Les serveurs sont toujours de très bon conseil, notamment pour les accompagnements. Ainsi, un plat principal en sauce s'accompagne traditionnellement de *knedlíky* (quenelles à base de pain), mais en l'absence de sauce, on préférera des pommes de terre ou un autre légume. Comme boisson, vous commanderez bien sûr une bière locale !

Les basiques tchèques

Outre les épices classiques, les Tchèques apprécient les produits locaux : paprika, aneth, marjolaine et graines de carvi (indispensables pour le goulasch). Le repas pris à la maison se compose toujours d'une soupe, puis d'un plat de porc ou de bœuf, accompagné de légumes-racines de saison : fenouil, poireaux, oignons, céleri, carottes ou betteraves.

Pour le *řízek* (mince filet de poulet ou de veau pané et frit, comme un *schnitzel*),

Les essentiels

VEPŘO KNEDLO ZELO
Rôti de porc, *knedlíky* et choucroute.

SVÍČKOVÁ NA SMETANĚ
Rôti de bœuf mariné, sauce à la crème.

GOULASCH
Bœuf ou porc mijoté dans une sauce tomate, oignons, paprika.

VEPŘOVÝ ŘÍZEK
Schnitzel tchèque : filet de porc pané et frit.

chapelure, œufs et farine sont indispensables. Celle-ci sert aussi souvent à épaissir les soupes et les sauces (adeptes du sans gluten, méfiance !), et est essentielle pour la confection des *knedlíky*.

La plupart des Tchèques achètent leur pain, mais ceux qui le font eux-mêmes privilégient les farines complètes et ajoutent des graines de carvi ou de seigle.

Au restaurant

Après des décennies de régime communiste, donc de menus standard de qualité moyenne, l'offre de restauration a explosé ces vingt dernières années. Outre les restaurants familiaux qui utilisent des produits frais et locaux, le choix en cuisine internationale est pléthorique. On trouve des pizzerias partout, et la communauté vietnamienne locale est si importante qu'il y a toujours un endroit où manger un phô (soupe de nouilles de riz).

Végétariens et végans

Depuis ces dix dernières années, le discours sur l'importance d'une alimentation saine est de plus en plus répandu et des restaurants végétariens et végans sont apparus dans toutes les grandes villes du pays. En revanche, peu de restaurants tchèques traditionnels proposent des plats végétariens. À défaut, tous servent du *smažený sýr* (excellent, au demeurant), du fromage frit accompagné de sauce tartare et/ou à la canneberge.

Dans les grandes villes, on peut aussi manger indien ou vietnamien.

CCAT82/SHUTTERSTOCK ©

PECOLD/SHUTTERSTOCK ©

ÉVÉNEMENTS CULINAIRES

Fête de la gastronomie de MD Rettigovát (*gastroslavnosti.cz, mai*) Célèbre la cuisine traditionnelle, en hommage à l'auteur d'un des premiers livres de cuisine tchèque.

Fête des microbrasseurs de Prague (*minipivo.cz, juin*) Salon de petits brasseurs et producteurs de bière artisanale de tout le pays au château de Prague.

Fête des burgers de Prague (*burgerfest.cz, septembre*) Fête annuelle du burgers et de la bière, le plus populaire de ces festivals. Parc des expositions de Výstaviště.

Fête du vin de Znojmo (*znojemskevinobrani.cz, septembre*) Plus grand festival œnologique du pays. Musique, parades et théâtre de rue (photo).

Jour de la Saint-Martin Chaque 11 novembre, les restaurateurs du pays sortent les nappes blanches pour servir des mets fins à base d'oie rôtie.

SMAŽENÝ SÝR Morceau de fromage pané et frit.

KULAJDA Soupe consistante : crème, pommes de terre, aneth, champignons et œuf.

BRAMBORÁK Galette de pommes de terre râpées à l'ail, et frite.

KAPR Carpe d'étang, souvent servie panée et frite.

ŠPANĚLSKÝ PTÁČEK Roulade de bœuf, cornichons, œuf dur et porc.

Spécialités locales

Des desserts délicieux et des en-cas originaux.

Pour les curieux

Dršťková polévka – tripes (classique des pubs et cantines scolaires).
Olomoucké tvarůžky – un fromage plutôt bon, mais à l'odeur incommodante.
Koprová omáčka – sauce à l'aneth servie pour napper les quenelles.
Utopence – grosses saucisses marinées ("hommes noyés") servies dans les pubs.

Koláč

En-cas et cuisine de rue

Klobásy – saucisses (porc ou bœuf) épicées, servies en accompagnement d'une bière.
Párky – saucisse de Francfort accompagnée de moutarde et de pain de seigle.
Chlebíčky – tartines au jambon, fromage, œuf et mayonnaise.
Nakládaný hermelín – fromage à pâte molle mariné.
Trdelník – gâteau roulé, cuit à la broche, recouvert de sucre, parfois servi avec de la glace ; malgré ce que l'on entend, ce n'est pas une pâtisserie traditionnelle.

Plaisirs sucrés

Ovocné knedlíky – quenelles fourrées aux fruits rouges, prunes ou abricots.
Palačinky/lívance – crêpes à la confiture.
Jablkový závin – strudel aux pommes, souvent servi avec de la chantilly.
Koláč – gâteau fourré aux fruits ou aux graines de pavot.
Zmrzlina – glace (multitude de parfums).

TABLES D'EXCEPTION

Field (p. 74) Restaurant étoilé au Michelin. Recettes traditionnelles à base de produits locaux. Prague.

U Modré Kachničky (p. 62) Pour faire une folie. Malá Strana, Prague.

La Villa (p. 211) Restaurant gastronomique de Zlín et meilleure table de Moravie. Mériterait une étoile au Michelin.

Terasa U Zlaté Studně (p. 62) Excellente cuisine et joli cadre au sommet d'une demeure Renaissance proche du château.

Pension Kladská (p. 149) Cuisine traditionnelle au cœur de la forêt de Slavkov, près de Mariánské Lázně (Marienbad).

UNE ANNÉE DANS L'ASSIETTE

PRINTEMPS

Pâques apporte son lot d'œufs peints, de viandes rôties, de pains et de gâteaux : *mazanec*, brioche aux raisins et aux amandes, ou *beránek*, en forme d'agneau.

ÉTÉ

Après les premiers fruits de la saison, fraises et cerises, arrivent les prunes, abricots, poires et pastèques. C'est aussi la saison des barbecues : les Tchèques adorent !

AUTOMNE

C'est la saison des champignons. Les fêtes des vendanges jalonnent septembre et octobre ; le 11 novembre, on célèbre la Saint-Martin avec du vin nouveau et de l'oie rôtie.

HIVER

Les Tchèques font des conserves en prévision de l'hiver. La saison du carnaval, en février, est parfois prétexte à tuer le cochon. On prépare le lard et le boudin à l'ail.

ACTIVITÉS DE PLEIN AIR

Les paysages et les conditions saisonnières de l'Europe centrale sont propices aux activités de plein air toute l'année.

Les Tchèques passent beaucoup de temps dehors. Dès la fonte des neiges, ils se lancent sur les sentiers de montagne, arpentent les gorges, filent sur les pistes cyclables, se font chahuter par les rapides, escaladent des parois rocheuses et naviguent sur des plans d'eau. Sitôt les derniers rayons de l'automne dissipés, les skieurs et snowboardeurs partent à l'assaut des pentes enneigées.

Marche et randonnée

Avec ses 40 000 km de sentiers, la République tchèque est le paradis des marcheurs et des randonneurs. On y trouve des circuits de tous niveaux, de 60 minutes à 60 jours, bien balisés, répertoriés sur les cartes de randonnée du *Klub českých turistů* (KČT, Club des touristes tchèques).

Les parcours les plus longs et les plus beaux se situent dans le massif de moyenne altitude de la Šumava (p. 153). À plus haute altitude, le parc forestier des monts des Géants (monts Krkonoše, p. 177) offre un sentier balisé sur les crêtes, des deux côtés de la frontière. Le parc national de la Suisse tchèque (p. 180), lui, surprend par ses formations de grès.

Divers sentiers de grande randonnée européens passent par la République tchèque. Le E10 la traverse du nord au sud, et le E8 longe la frontière sud. Le *Cesta*

Sports populaires

BAIGNADE
On se baigne de juin à août. Le **réservoir de Brno** offre un plan d'eau adapté, propre, mais très fréquenté. (p. 209)

SPÉLÉOLOGIE
Le pays est truffé de grottes spectaculaires, surtout dans le **Karst morave**, au nord de Brno. (p. 211)

RAFTING ET CANOË
Descendez la Vltava, jusqu'à **Český Krumlov** au sud. Des parcours relax ou des sorties musclées sont organisées. (p. 155)

EN FAMILLE

Toboggans, piscines extérieures, Jacuzzis : Aquaforum (p. 144) à Františkovy Lázně.
Sur la colline de Petřín de Prague (montée à pied ou en funiculaire) : tour d'observation, Jardin des roses, Palais des glaces (p. 62)...
Une balade accompagnée à cheval au parc miniature Boheminium de **Mariánské Lázně** (p. 146).
Les amateurs de foot assisteront à un match au **stade Letná** du Sparta (p. 101).
Une sortie en bateau dans les grottes de la Punkva (Karst morave) ravira grands et petits (p. 211).

Českem (stezkaceskem.cz) de 1 000 km, en 10 étapes, fait le tour du pays.

Vélo

Le vélo est l'une des meilleures façons de visiter le pays sillonné par des dizaines de pistes cyclables balisées (*cyklotrasy*). Le VTT et le gravel ont le vent en poupe. Les grandes villes comme Prague et Brno développent leur réseau. Les parcours empruntent parfois des routes, mais beaucoup suivent des chemins forestiers ou de campagne, plus confortables avec des pneus larges. Vous trouverez des cartes des circuits un peu partout. Dans la région viticole morave, notamment autour de Mikulov, Valtice et Lednice, des parcours touristiques balisés permettent d'allier vélo et haltes dans des caves locales. Les contreforts de la Šumava (p. 153) et la Suisse tchèque (p. 180) sont propices au vélo. La voie verte Prague-Vienne (pragueviennagreenways.org) de 456 km emprunte routes et chemins. Un itinéraire de 240 km relie Prague à Dresde (Allemagne), en suivant la Vltava et l'Elbe, mais tous les tronçons ne sont pas finalisés. Certains parcours sont connectés au réseau européen EuroVelo (fr.eurovelo.com). Trois itinéraires passent par la République tchèque : l'EV4 (ouest-est) traverse Prague et Brno, l'EV7 (nord-sud) transite par Prague pour finir à Berlin, et l'EV9 (nord-sud) passe par Olomouc pour rejoindre Vienne ou la Pologne.

MARTIN VOREL/SHUTTERSTOCK ©

SKI

Même loin des Alpes, le ski et le snowboard sont très appréciés.

Ski et snowboard

Les Tchèques aiment beaucoup le ski et le snowboard, dont la pratique reste abordable. La saison court de fin décembre à début avril, mais les domaines skiables étant assez petits, les amateurs de poudreuse se bousculent pendant les vacances scolaires. Les meilleurs spots se trouvent en Bohême du Nord, dans les monts des Géants (p. 177) : Špindlerův Mlýn, Pec pod Sněžkou et Harrachov. Les montagnes de plus faible altitude, au relief moins accidenté, comme la Šumava en Bohême et les Beskides et Jeseníky en Moravie, se prêtent mieux au ski de fond et de randonnée.

ALPINISME ET ESCALADE
Les Tchèques sont de bons grimpeurs. Citons les **Svatošské Skály**, rochers qui bordent l'Ohře. (p. 141)

RUNNING
La pratique du running est en plein essor. Presque tous les sentiers s'y prêtent (avec prudence). Le **marathon de Prague** a lieu en mai.

PÊCHE
Les rivières de Bohême du Sud et de Moravie sont prisées des pêcheurs, mais il faut un permis. Tentez votre chance dans un lac près de **Telč**. (p. 222)

GOLF
Le golf s'est démocratisé. Celui de **Mariánské Lázně** propose de superbes parcours historiques. (p. 145)

LES MEILLEURS SPOTS

Notre sélection d'activités de plein air.

Ski et snowboard
1 Klínovec (p. 142)
2 Pec pod Sněžkou (p. 246)
3 Špindlerův Mlýn (p. 177)
4 Harrachov (p. 177)
5 Ještěd (p. 173)
Marche et randonnée
1 Svatošske Skaly (p. 141)
2 Mont Kleť (p. 158)
3 Mont Sněžka (p. 176)
4 Porte de Pravčice (p. 180)
5 Région de Jetřichovice (p. 181)
Vélo
1 Piste cyclable de l'Ohře (p. 141)
2 Route des vins de Mikulov (p. 216)
3 Trail Park de Klínovec (p. 142)
4 Valtice-Lednice (p. 218)
5 Piste cyclable de la Vltava (p. 84)
Monts des Géants
Trutnov
POLOGNE
Orlické hory
Jeseníky
Hradec Králové
Rychnov
Pardubice
Chrudim
Ustí nad Orlicí
Šumperk
Bruntál
Opava
Ostrava
Karviná
Litomyšl
SILÉSIE
Vysočina
Frýdek-Místek
Havlíčkův Brod
Žďár nad Sázavou
Olomouc
Nový Jičín
Beskides
Boskovice
Prostějov
Přerov
Rožnov pod Radhoštěm
Jihlava
Velké Meziříčí
Blansko
Vyškov
Kroměříž
Zlín
Brno
Třebíč
Telč
Slavkov u Brna (Austerlitz)
Jihlava
Carpates blanches
Morava
Uherské Hradiště
MORAVIE
SLOVAQUIE
Hodonín
Znojmo
Mikulov
Lednice
Valtice
Břeclav
AUTRICHE
VIENNE
BRATISLAVA

PRAGUE ET LA RÉPUBLIQUE TCHÈQUE

SUR LA ROUTE

Les chapitres de cette partie s'organisent autour des sites essentiels, qui pourront vous servir de base pour partir à la découverte des environs. Vous y trouverez toutes nos recommandations ainsi que des conseils d'habitants de la région pour vivre des expériences uniques.

La Vieille Ville, à Prague (p. 65)

ARTONO/SHUTTERSTOCK ©

PRAGUE

MÉDIÉVALE ET MODERNE À LA FOIS

La capitale tchèque est un splendide manuel d'histoire à ciel ouvert.

Prague est le point de départ incontournable d'une visite de la République tchèque. Grandeurs et décadences des siècles passés, empires, guerres, pestes, périodes de prospérité, tout est gravé dans l'âme de cette ville qui compte parmi les capitales européennes les plus attrayantes, avec son architecture gothique et son centre médiéval préservé. Comment oublier la vision du pont Charles, dominé par les remparts du château et les flèches de la cathédrale Saint-Guy, qui relie depuis le XIVe siècle les deux quartiers historiques situés de part et d'autre de la Vltava (Moldau) ? Sans compter qu'au-delà de son patrimoine exceptionnel, Prague est aussi une ville pleine de vitalité, offrant une pléiade d'événements artistiques et de spectacles.

ADISA/SHUTTERSTOCK ©

Il y a un peu plus de trente ans, Prague, revenue sur la scène européenne avec la fin de la période communiste, mettait le monde en émoi. Après des années de l'autre côté du rideau de fer, la "ville aux cent clochers" semblait à l'abandon, même si sa riche histoire et sa beauté intrinsèque étaient restées intactes.

Mais à mesure qu'on démontait les échafaudages des bâtiments après rénovation, le nombre de visiteurs explosait. Prague était même devenue, juste avant le Covid-19, un des symboles du tourisme de masse, à l'instar de Venise ou d'Amsterdam.

La pandémie a mis un terme à cette économie du tourisme effréné, obligeant les autorités à repartir de zéro et à prendre des mesures pour enrayer certaines dérives. Aujourd'hui, l'accent est mis sur les équipements culturels, les musées et les parcs plutôt que sur les pubs et la bière bon marché. La tâche n'est pas mince.

Une bonne partie de l'attrait de Prague réside aussi et surtout dans sa mystique propre, visible dans les deux flèches gothiques caractéristiques de Notre-Dame-de-Týn, derrière la place de la Vieille-Ville, ou dans les ombres mouvantes de ses ruelles, le soir venu. Il y a un peu plus de cent ans, celles-ci inspiraient des auteurs comme Franz Kafka.

QUARTIERS PRINCIPAUX

CHÂTEAU DE PRAGUE ET HRADČANY
Royal et raffiné.
p. 48

MALÁ STRANA
Petit mais plein de richesses.
p. 56

STARÉ MĚSTO
Le cœur de Prague.
p. 65

NOVÉ MĚSTO
Le quartier commerçant de Prague.
p. 76

ŽIŽKOV ET KARLÍN
Bars à flanc de colline, berges rénovées. p. 85

DENIS POLTORADNEV/SHUTTERSTOCK ©

S'orienter

Prague dispose d'un très bon système de transports en commun : métro, trams, bus de jour comme de nuit. Mais pour circuler dans les vieux quartiers relativement compacts que sont Staré Město (Vieille Ville), Malá Strana et le château de Prague, il est plus pratique et plus agréable de se déplacer à pied.

Aéroport Václav Havel (15 km)

DEPUIS L'AÉROPORT

Le bus n° 119 relie l'aéroport Václav Havel à la station de métro Nádraží Veleslavín (ligne A, verte), qui dessert le centre. Les bus Airport Express (AE) partent de l'aéroport pour la gare centrale (Praha-hlavní nádraží) toutes les 30 minutes. Ils circulent tous les jours de 5h à 23h.

À PIED

Le centre historique est compact et sans dénivelés (sauf la montée au château) et se visite de préférence à pied. Il y a beaucoup de pavés à Staré Město et Malá Strana : chaussures de sport ou de marche confortables conseillées.

MÉTRO

Le métro est pratique pour faire rapidement de longs trajets. Certains arrêts de la ligne A (verte) sont commodes pour les sites proches de Staré Město (Vieille Ville), Malá Strana et de la place Venceslas. La ligne C (rouge) dessert la gare centrale (Praha-hlavní nádraží).

TRAM

Prenez le tram pour les trajets courts ou pour éviter de monter à pied au château de Prague. La ligne n°22 est surnommée le tram "touristique" parce qu'elle passe par nombre de quartiers historiques, dont le château et Malá Strana, avant de desservir Vinohrady, joli quartier animé. La n°9, l'une des plus fréquentées, relient Žižkov, la gare centrale, la place Venceslas, le Théâtre national et Smíchov.

TROJA
Praha-Holešovice
LIBEŇ
Stromovka
Holešovice
Palais Veletržní
PALMOVKA
LETNÁ
Parc Letná (Letenské sady)
Musée juif de Prague
Staré Město
Žižkov et Karlín
Maison municipale
Mémorial national de Vítkov
Horloge astronomique
Place de la Vieille-Ville
Gare centrale (Praha-hlavní nádraží)
Place Venceslas
Nové Město
Vinohrady et Vršovice
Vyšehrad
Citadelle de Vyšehrad
NUSLE
NA BOHDALCE
Veslařský ostrov
N
0
2 km

Planifier son séjour

Comptez trois jours pour découvrir la riche histoire de Prague en prenant votre temps. Mettez de bonnes chaussures, préparez-vous à faire plus de 10 000 pas par jour… et à être ébloui.

ALEXANTON/SHUTTERSTOCK ©

Pont Charles (p. 56)

JOUR 1

Matin

- Commencez votre découverte à **Staré Město** (Vieille Ville), où l'**horloge astronomique** (p. 66) sonne toutes les heures, puis allez sur la **place de la Vieille-Ville** (p. 65) admirer ses différents styles d'architecture et les flèches de **Notre-Dame-de-Týn** (p. 68). Faites une pause à **Bakeshop Praha** (p. 74).

Après-midi

- Explorez les différents sites qui composent le **Musée juif de Prague** (p. 69). À côté, le **couvent Sainte-Agnès** (p. 71) abrite de jolies pièces d'art médiéval.

Soir

- Revenez place de la Vieille-Ville et suivez ses ruelles tortueuses pour avoir un premier aperçu du superbe **pont Charles** (p. 56) avec le **château de Prague** (p. 48) au second plan.

VOUS AIMEREZ AUSSI…

Quitter le centre pour voir la ville sans la foule, faire une pause dans un bar et assister à un match de hockey sur glace.

BOIRE UNE BIÈRE DANS UN PUB TRADITIONNEL

Passage obligé, à Prague, le Hostinec U Černého vola est un pub typique, tout proche du château.

ASSISTER À UN MATCH DE HOCKEY SUR GLACE

L'Extraliga tchèque est la plus haute ligue professionnelle de hockey sur glace en République tchèque. .

GOÛTER À LA CUISINE TCHÈQUE

Une cuisine solide, pleine de saveurs. 100% tchèques, le canard rôti et les boulettes sont à découvrir à U Modré Kachničky.

DIETMAR RAUSCHER/GETTY IMAGES ©, CTK/ALAMY STOCK PHOTO©, KAPRIK/SHUTTERSTOCK ©, MARKETA1982/SHUTTERSTOCK ©

JOUR 2

Matin

- Partez tôt et revenez au **pont Charles**, côté Staré Město, pour le traverser jusqu'à Malá Strana. Passez la matinée à visiter les jolies ruelles pittoresques et le **parc Kampa** (p. 59). Déjeunez au **Café Savoy** avant de monter au château.

Après-midi

- Visiter le château et la **cathédrale Saint-Guy** (p. 51) vous prendra le reste de la journée. Ne manquez pas le **Jardin royal** (p. 52), du côté nord du château.

Soir

- Faites une balade dans les jolies allées de **Hradčany** (p. 48) et savourez la cuisine traditionnelle tchèque (et une bière locale) chez **Klášterní Pivovar Strahov** (p. 55).

JOUR 3

Matin

- Commencez par un café au **Café Slavia** (p. 83), qui a vue sur le château. Passez au **Théâtre national** (p. 82) voir s'il n'y a pas de billet de dernière minute pour un opéra ou un ballet. De là, remontez Národní třída jusqu'à l'historique **place Venceslas** (p. 76).

Après-midi

- Allez admirer les salles du **Musée national** (p. 77). Déjeunez à **Garden's Restaurant** (p. 83) avant de prendre le métro pour vous rendre à **Vyšehrad** (p. 106) et découvrir l'ancienne forteresse et visiter les tombes de Dvořak et Mucha.

Soir

- Passez la soirée hors du centre. Réservez une table chez **Eska** (p. 88), à Karlín, pour goûter à la cuisine tchèque moderne.

VISITER UN MARCHÉ DE PRODUCTEURS

Le samedi quand il fait bon, Pragois et Pragoises se retrouvent sur les marchés. Celui de Náplavka est très intéressant.

ÉCOUTER UN CONCERT CLASSIQUE

Dvořák et Smetana sont des héros nationaux et on les joue souvent dans les opulentes salles de concert comme le Rudolfinum.

SE DÉTENDRE DANS UN JOLI PARC

Prague est étonnamment verte ; son plus beau parc, Stromovka, est un ancien terrain de chasse royal.

SE LAISSER GLISSER SUR L'EAU

Plusieurs prestataires proposent des croisières sur la Vltava. On peut aussi louer un pédalo à Slovanský ostrov (l'île Slave).

CHÂTEAU DE PRAGUE ET HRADČANY

ROYAL ET RAFFINÉ

Le quartier de Hradčany, en haut de la colline où trône l'ancien Palais royal, a gardé sa noblesse malgré la disparition des empereurs et des rois qui y vivaient autrefois. Il y a des années, les grandes familles se disputaient les faveurs des dirigeants et firent bâtir des palais grandioses autour du château. Ces derniers sont aujourd'hui transformés en musées ou en administrations. La plupart des visiteurs se rendent dans ce secteur pour le château et la cathédrale Saint-Guy – le plus prestigieux des édifices religieux tchèques –, pour lesquels une demi-journée de visite n'est pas de trop. Mais il y a bien d'autres richesses à découvrir : Notre-Dame-de-Lorette (ou Loreta), sanctuaire baroque du XVIIe siècle, et haut lieu de pèlerinage ; le monastère de Strahov fondé en 1140 et sa bibliothèque, l'une des plus belles d'Europe, ou encore la ruelle d'Or, jalonnée de maisonnettes colorées. Aux côtés de ces sites somptueux, on trouve des bars, des restaurants ainsi que des points de vue stupéfiants sur Malá Strana et la Vieille Ville.

Pour les infos pratiques, voir le Carnet d'adresses p. 120

À SAVOIR

La majorité des visiteurs arrivent à Hradčany par la rue Nerudova qui monte en pente raide depuis Malá Strana. Le tram n°22 s'arrête aux portes du château, ce qui évite de grimper. Les plus aventureux prendront le funiculaire de Petřín jusqu'au sommet de la colline (p. 62) et se laisseront redescendre à travers d'agréables jardins. La vue y est magnifique.

Château de Prague (Pražský hrad)

SIÈGE DES EMPEREURS ET DES ROIS

Le château royal – Pražský hrad, ou simplement "hrad" pour les Tchèques – fut fondé au IXe siècle par le prince přemyslide Bořivoj. Dominant la Vltava (Moldau), c'est une ville dans la ville, dont les rangs serrés de flèches, de palais et de tours, surplombent le centre-ville telle une forteresse. L'enceinte du château cache un vaste ensemble de résidences princières, de musées et de galeries qui recèlent des trésors artistiques et culturels. La totalité se déploie sur 7,5 hectares et l'on peut aisément y passer la journée.

Sur la place Hradčany, l'entrée principale du château est flanquée de statues baroques représentant le combat de Titans (1767-1770), à côté desquelles les gardes du château semblent bien minuscules. Après la chute du régime communiste en 1989, Václav Havel demanda au costumier du film *Amadeus* (Miloš Forman), de redessiner leurs uniformes. Une fois par heure, à l'heure pile, se déroule la relève de la garde.

Le domaine, c'est-à-dire les cours et jardins, est en accès libre. Mais il faut un billet pour entrer dans les bâtiments (y compris la **cathédrale Saint-Guy**). Si l'histoire du château vous intéresse, un conseil, commencez par visiter l'exposition du musée d'Histoire du château de Prague (ci-contre) avant de poursuivre votre exploration.

PINACOTHÈQUE DU CHÂTEAU

La galerie de peintures située dans les belles écuries Renaissance du château, réunit une collection d'art européen (XVIe-XVIIIe siècles) où l'on retrouve les noms de Holbein le Jeune, Cranach, Titien, Tintoret et Rubens.

ECSTK22/STOCK.ADOBE.COM ©

Château de Prague et cathédrale Saint-Guy

Ancien Palais royal

FASTES D'ANTAN ET DISGRÂCES

L'ancien Palais royal, à l'extrémité est de la troisième cour du château, a d'abord été réservé aux princesses avant de devenir le palais du souverain du XIIIe au XVIe siècle. Magnifique exemple du gothique flamboyant, la **salle Vladislav** (1498-1502) est remarquable pour son immense voûte. Elle accueillait banquets, conseils et couronnements, et même des tournois - d'où la présence, côté nord, de l'escalier des Cavaliers, également voûté, qu'empruntaient les chevaliers juchés sur leur monture. Depuis 1934, tous les présidents de la République ont prêté serment ici.

Dans l'angle sud-ouest de la salle, une porte donne accès aux anciens bureaux de la **chancellerie de Bohême**. Là, le 23 mai 1618, des nobles protestants, en rébellion contre les États de Bohême et l'empereur Habsbourg, défenestrèrent deux de ses conseillers et leur secrétaire. Ceux-ci survécurent, leur chute ayant été amortie par la boue qui remplissait le fossé, mais cette "seconde défenestration" de Prague (p. 82) fut l'élément déclencheur de la guerre de Trente Ans.

À l'extrémité est de la salle Vladislav, une porte sur la droite mène à une terrasse dominant la ville. À droite de l'escalier des Cavaliers, une porte Renaissance surprenante, encadrée de colonnes torsadées, débouche sur la salle de la Diète, ou Assemblée nationale, elle aussi ornée d'une magnifique voûte gothique.

Logé dans les caves gothiques, le **musée d'Histoire du château de Prague** abrite l'une des collections les plus intéressantes du château. Il couvre mille ans d'histoire, de l'édification de la première palissade en bois jusqu'à nos jours. Parmi les pièces exposées, citons la tombe d'un guerrier du IXe siècle découverte sur les lieux, le heaume et la cotte de mailles de saint Venceslas, et une copie de sa couronne d'or, réalisée pour Charles IV en 1346.

BILLETS

Le principal billet d'entrée au château comprend l'accès à l'ancien Palais royal, à la basilique Saint-Georges, à la ruelle d'Or et à la cathédrale Saint-Guy. Il faut un autre billet pour l'exposition "Histoire du Château de Prague". Prenez les billets aux centres d'information, dans la deuxième ou la troisième cour. Essayez d'arriver au moment de la solennelle relève de la garde à la porte principale, toutes les heures.

INCONTOURNABLES
1 Ancien Palais royal
2 Basilique Saint-Georges
3 Cathédrale Saint-Guy
4 Château de Prague
5 Jardin royal
6 Ruelle d'Or

VOIR
7 Bibliothèque de Strahov
8 Loreta
9 Monastère de Strahov
10 Palais Černín
11 Palais Lobkowicz
12 Palais Schwarzenberg
13 Palais Šternberg
14 Quartier de Nový Svět

SE RESTAURER
15 Host
16 Kuchyň
17 Malý Buddha
18 U Ševce Matoušee
19 U Zavěšenýho Kafe
20 Villa Richter

PRENDRE UN VERRE
21 Bistro Loreta
22 Café Nezisk
23 Cafe Novy Svět
24 Hostinec U Černého Vola
25 Kavárna Fejeton
26 Klášterní Pivovar Strahov
27 Lobkowicz Palace Café
28 Vinobona Wine & Bistro

CHÂTEAU DE PRAGUE ET HRADČANY

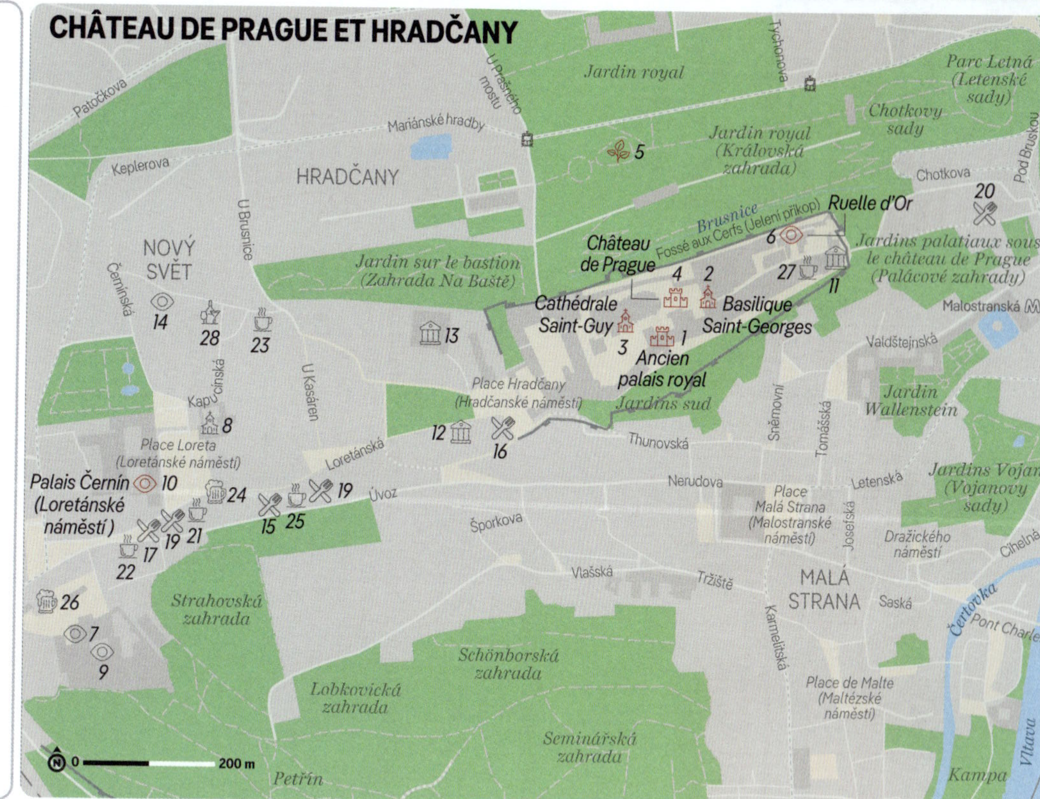

Cathédrale Saint-Guy

LE LIEU DE CULTE NATIONAL

La construction de la plus importante église du pays commença en 1344, sur le site d'une rotonde romane du Xe siècle. Si elle semble gothique, une bonne partie de la cathédrale Saint-Guy ne fut achevée que juste avant sa consécration tardive, en 1929. Les rois de Bohême s'y sont fait couronner jusqu'au milieu du XIXe siècle. C'est aujourd'hui le siège de l'archevêché de Prague, et les plus illustres personnages du pays y sont enterrés. L'entrée sud de la cathédrale, appelée la porte Dorée, est un élégant porche gothique à trois arches surmontées d'une mosaïque du XIVe siècle sur fond doré représentant le Jugement dernier.

La nef est stupéfiante. Son premier architecte, Mathieu d'Arras, la conçut dans le style gothique français. Son successeur allemand, Peter Parler – qui avait travaillé à la cathédrale de Cologne –, construisit presque toute la partie est. Elle baigne dans la lumière colorée des **vitraux** créés par des artistes tchèques du début du XXe siècle ; admirez celui d'Alfons Mucha dans la troisième chapelle, côté nord (à gauche en rentrant). L'immense vitrail représentant le Jugement dernier, côté sud, est l'œuvre du maître Max Švabinský.

La partie est de la cathédrale est entourée de chapelles latérales. La plus grande et la plus belle est la **chapelle saint Venceslas**. Ses murs sont revêtus de panneaux dorés garnis de dalles de pierres polies semi-précieuses. Des fresques du début du XVIe siècle montrent la vie du saint patron des Tchèques, d'autres, plus anciennes, la vie du Christ.

Le mausolée royal trône au centre. Faites le tour du déambulatoire pour passer devant le tombeau de saint Guy. Plus loin, spectaculaire et baroque, se trouve le tombeau en argent (il en contient 2 tonnes !) de saint Jean Népomucène.

UN PEU PLUS PRÈS DU CIEL

Après avoir admiré l'intérieur de la cathédrale, montez les 297 marches de son clocher pour avoir une très belle vue et admirer de près le mécanisme de l'horloge, qui date de 1597. La cloche Sigismond, fondue en 1549 par Tomáš Jaroš, est la plus grande du pays. L'accès au clocher se fait de l'extérieur, depuis la troisième cour du château (non inclus dans le billet d'entrée du château).

Cathédrale Saint-Guy

Basilique Saint-Georges

UN STYLE ROMAN TRÈS BIEN PRÉSERVÉ

Voisine de la cathédrale Saint-Guy, la basilique romane la mieux préservée du pays se cache derrière une façade baroque de brique rouge. L'église fut édifiée au Xe siècle par Vratislav Ier (le père de saint Venceslas). Ce qu'on voit aujourd'hui est le fruit de restaurations plus récentes. L'austérité de la nef romane contraste avec le double escalier baroque qui mène à l'abside, où subsistent des fragments de fresques du XIIe siècle. Face à l'escalier, les tombeaux des princes Boleslav II (mort en 999) et Vratislav Ier (mort en 921). L'arche sous l'escalier permet d'apercevoir la crypte du XIIe siècle où sont enterrés les rois přemyslides.

Explorer le Jardin royal

FOLIES ET JARDIN RENAISSANCE

Le château de Prague, outre ses bâtiments, est aussi un ensemble pittoresque d'espaces verts. Pour vous rendre au Jardin royal, passez par la porte nord du château menant au pont Poudrier, qui enjambe le fossé aux Cerfs. Le Jardin royal était initialement un jardin dans le style Renaissance italienne créé pour Ferdinand Ier en 1534. Il abrite quelques jolies folies dissimulées sous les arbres. Le plus beau de ces édifices est le pavillon du Jeu de paume de 1569, chef d'œuvre de décor Renaissance en sgraffite, où jouaient les Habsbourg. À l'est, le palais d'été, ou Belvédère (1538-1560), est un des plus authentiques exemples de style Renaissance italienne en dehors de l'Italie, tandis qu'on trouve à l'ouest un ancien manège (1695). Ces trois bâtiments accueillent des expositions temporaires.

Ruelle d'Or

EN HAUT : RESUL MUSLU/SHUTTERSTOCK © ; EN BAS : ROMAN BABAKIN/SHUTTERSTOCK ©

Ruelle d'Or

LE REFUGE DE KAFKA

En vous baladant autour du château, ne manquez pas cette ruelle pittoresque et colorée (l'entrée est comprise dans le billet principal) qui longe le mur nord. Ces minuscules maisons furent construites aux XVIe siècle pour les archers de la garde, avant d'héberger des orfèvres. Aux XIXe et XXe siècles, elles furent occupées par des artistes dont Franz Kafka, qui a passé beaucoup de temps au numéro 22, dans la maison de sa sœur, entre 1916 et 1917.

POUR LES AMOUREUX DE KAFKA

Franz Kafka a vécu à divers endroits de Prague, notamment à plusieurs adresses de **Staré Město** (p. 65). Il est inhumé au Nouveau cimetière juif de Prague (p. 69).

À VOIR AUSSI AU CHÂTEAU DE PRAGUE ET À HRADČANY

Palais Lobkowicz

TABLEAUX ET PARTITIONS MUSICALES INESTIMABLES

Ce palais du XVIe siècle abrite un musée privé, la collection Lobkowicz, qui présente meubles, tableaux et objets musicaux inestimables.
La visite audioguidée est commentée par le propriétaire, William Lobkowicz, et sa famille, des aristocrates qui possèdent les lieux depuis près de 400 ans. Confisqué par les nazis, puis par les communistes en 1948, le palais fut finalement restitué en 2002 à William Lobkowicz, promoteur immobilier américain, petit-fils de Maximilian, dixième prince du nom, qui s'était réfugié aux États-Unis en 1939. On peut y admirer des tableaux de Cranach, Brueghel l'Ancien, Canaletto et Piranèse, des partitions originales annotées par Mozart, Beethoven ou Haydn et une très belle collection d'instruments de musique.

Palais Šternberg

GALERIE BAROQUE

Ce majestueux palais baroque datant du XVIIIe siècle est l'ancienne résidence d'une des plus grandes familles nobles de Bohême. Il accueille une partie de la collection des maîtres européens de la Galerie nationale, ainsi qu'un joli jardin baroque (ouvert de mai à septembre). Parmi ses trésors, la *Célébration du Rosaire* (1505) d'Albrecht Dürer, une collection rare d'icônes russes, et des tableaux italiens des XIVe et XVe siècles ayant appartenu à l'archiduc d'Autriche, François-Ferdinand.

Palais Šternberg

GALINA SAVINA/SHUTTERSTOCK ©

Palais Schwarzenberg

ART BAROQUE, DANS UN CADRE RENAISSANCE

Derrière une surprenante façade en sgraffite typiquement Renaissance (mais ne datant que du XIXe siècle), ce palais héberge une partie de la superbe collection de toiles des maîtres européens de la Galerie nationale (l'autre étant au palais Šternberg, p. 53). Le palais Schwarzenberg fut bâti pour la famille Lobkowicz en 1567.

La collection permanente présente surtout des œuvres du XVIe au XVIIIe siècle, d'artistes comme Lucas Cranach, Albrecht Dürer, Le Greco, Hans Holbein, Rembrandt ou Rubens.

Loreta

LIEU DE PÈLERINAGE

Le sanctuaire Notre-Dame-de-Lorette, appelé Loreta, est une église emblématique de la Contre-Réforme fondée par Catherine de Lobkowicz en 1626. C'est un lieu de pèlerinage qui abrite au centre d'un beau cloître baroque, une réplique de la **Santa Casa** (Sainte Maison), résidence de la Vierge, rapportée de Terre sainte jusqu'à Loreto (Lorette) en Italie, pour la protéger de l'avancée des Turcs. Au-dessus de l'entrée de la cour, 27 cloches fabriquées à Amsterdam au XVIIIe siècle jouent toutes les heures "Mille fois nous Te saluons". Derrière le sanctuaire, l'église de la Nativité de Notre-Seigneur, de 1737, a été dessinée par Kristof Dientzenhofer.

À l'angle de la cour, se dresse la **chapelle Notre-Dame-des-Douleurs**. La représentation d'une femme barbue en croix retient l'attention. Sainte Wilgeforte (svata Starosta), pieuse fille d'un roi portugais, fut promise contre son gré au roi de Sicile. Après une nuit de prières destinées à empêcher cette union, elle se réveilla le visage couvert de barbe. Furieux, son père la fit crucifier. Elle devint plus tard la patronne des malheureux et des indigents.

À l'étage du cloître est exposé un incomparable trésor d'objets liturgiques. La pièce maîtresse en est le **Soleil de Prague**, un ostensoir haut de 90 cm en or et en argent, serti de 6 222 diamants.

EFESENKO/STOCK.ADOBE.COM ©

Palais Černín

LIEU D'HISTOIRE

Sis en face de la Loreta, ce palais imposant bâti à la fin du XVIIe siècle, au début du baroque, présente la plus grande façade monumentale de la ville. Il héberge le ministère des Affaires étrangères depuis la création de la Tchécoslovaquie en 1918, avec un intermède durant la Seconde Guerre mondiale où il fut le quartier général du Reichsprotektor nazi. C'est ici que fut signée, en 1991, la dissolution du pacte de Varsovie.

OÙ SE RESTAURER

Malý Buddha
Atmosphère de maison de thé extrême-orientale et authentiques recettes thaïlandaises, chinoises et vietnamiennes, dont de nombreux plats végétariens. **€**

Villa Richter
Le cadre de ce restaurant logé dans une villa du XVIIIe siècle au cœur d'un vignoble a du cachet et le menu tchèque est à la hauteur. **€€**

Host
Carte fournie et éclectique (viande, plats tchèques revisités avec créativité) et vue spectaculaire depuis la terrasse fermée. **€€**

Se promener au calme à Nový Svět

PRAGUE PITTORESQUE

Fuyez la foule et retrouvez un peu d'espace dans le joli quartier de Nový Svět (Nouveau Monde), ancien faubourg populaire dont la construction a démarré au XIVe siècle. Les maisonnettes qui bordent la rue du même nom, pavée et sinueuse, au nord de Loreta, étaient habitées par le personnel du château. Aujourd'hui, beaucoup ont été restaurées, repeintes de tons pastel, et sont habitées par des artistes. Moins fréquenté que la très touristique ruelle d'Or, ce quartier plus authentique vaut une petite balade. L'astronome danois Tycho Brahe a vécu à Nový Svět.

Monastère de Strahov

COUVENT BAROQUE

Le monastère de Strahov, situé dans un coin calme de Hradčany, a été fondé par Vladislav II en 1140 pour l'ordre des Prémontrés. Les bâtiments actuels, achevés aux XVIIe et XVIIIe siècles, ont servi jusqu'à ce que le gouvernement communiste les ferme et jette en prison la plupart des moines ; ceux-ci y sont revenus en 1990. Ils y brassent une bière artisanale, la Saint-Norbert, du nom du fondateur de l'ordre.

Une fois franchie la porte principale, on accède à l'église Saint-Roch construite en 1612 et reconvertie en galerie d'art et à l'église Notre-Dame de l'Assomption, de 1143, enrichie au XVIIIe siècle dans le style baroque. Mozart y aurait joué de l'orgue.

Bibliothèque de Strahov

GRAVURES, INCUNABLES ET SALLES BAROQUES

Le monastère de Strahov abrite la plus grande bibliothèque monastique de la République tchèque. Elle se compose de deux magnifiques salles baroques datant des XVIIe et XVIIIe siècles abritant des gravures, des manuscrits enluminés, des incunables inestimables et des globes terrestres. Hélas ! on ne peut les admirer que de loin, depuis les portes d'entrée – l'humidité créée par la respiration des visiteurs endommagerait les fresques. Mais quel ravissement !

PAROLE D'HABITANTE : HRADČANY

Johana Grohova habite Prague depuis toujours et travaille depuis des années au palais Černín. Elle nous confie quelques-uns de ses endroits préférés pour déjeuner ou prendre un verre.

"J'adore boire un café au **Cafe Novy Svět**. Le **Bistro Loreta** et **Kavárna Fejeton**, dans Uvoz, sont aussi de très bon choix. Pour déjeuner, j'aime aller à **Malý Buddha**, **U Zavěšenýho Kafe** ou à **U Ševce Matouše**. Rue Pohořelec, un nouveau lieu associatif, le **Café Nezisk**, soutient une ONG différente chaque semaine. Dans le petit quartier de Novy Svět, il y a un nouveau bar à vins, le **Vinobona Wine & Bistro**. Et bien sûr, **Kuchyň**, avec son excellente cuisine tchèque, juste à côté du château, est une valeur sûre."

OÙ PRENDRE UN VERRE

Klášterní Pivovar Strahov
Bar convivial proche du monastère de Strahov qui sert ses propres bières (Saint-Norbert) et une très bonne cuisine tchèque.

Hostinec U Černého Vola
Bar bruyant authentiquement tchèque, à un jet de pierre des portes du château.

Lobkowicz Palace Café
Ce café est la meilleure halte du château. Le balcon à l'arrière offre une vue superbe sur la ville.

MALÁ STRANA

PETIT MAIS PLEIN DE RICHESSES

Dédale de rues pavées, le quartier baroque de Malá Strana ("le petit côté") occupe le flanc de la colline Petřín qui sépare le château de Prague de la Vltava. On est souvent surpris de découvrir qu'il est par certains aspects plus beau que Staré Město (Vieille Ville). Aux XVIIe et XVIIIe siècles, beaucoup de familles nobles y firent construire des palais somptueux et de vastes jardins. Le quartier concentre monuments historiques, églises baroques et musées originaux, sans oublier le pont Charles, dont la traversée fait partie des expériences emblématiques de Prague. Le meilleur moyen de visiter ce quartier est de déambuler dans ses ruelles ou de traverser le parc Kampa le long de la Vltava, et d'admirer ses jolis édifices et ses petites places. Au sommet de la colline de Petřín, que l'on rejoint à pied ou en funiculaire la plateforme d'observation de la tour panoramique offre une vue spectaculaire. Diverses attractions y attendent les enfants.

Pour les infos pratiques, voir le Carnet d'adresses p. 121

À SAVOIR

Pour entrer dans Malá Strana à la manière des rois d'autrefois, traversez le pont Charles. Plusieurs trams, notamment les n°s 9, 12, 20, 22 et 23, s'arrêtent sur la place principale du quartier, la Malostranské náměstí. Le quartier est également desservi par la ligne A (verte) du métro, arrêt "Malostranská".

Pont Charles

PONT AVEC VUE

Comment imaginer, avant de l'avoir vu, qu'un pont puisse être aussi beau ? Ou que dresser trente statues baroques sur ses parapets puisse transformer une jolie structure gothique en une véritable galerie d'art à ciel ouvert ?

Quitter les rues encombrées de la Vieille Ville pour déboucher sur ce pont toujours animé par des marchands ambulants, des caricaturistes et des musiciens de rue est l'un des plus grands plaisirs de Prague. Le château, à l'arrière-plan, ne fait qu'ajouter au spectacle, tout comme les dizaines de flèches et de coupoles qui bordent les deux rives de la Vltava. Le pont, long d'environ 520 m, a vu le jour en 1357 quand l'empereur Charles IV demanda à Peter Parler (architecte de la cathédrale Saint-Guy) de remplacer le vieux pont Judith du XIIe siècle, emporté par des inondations en 1342. Le nouveau pont fut achevé en 1402 et ne prit le nom de Charles qu'au XIXe siècle. Il s'appelait simplement jusqu'alors *Kamenný most* (le pont de pierre).

Le crucifix érigé en 1657 près de l'extrémité est fut la première sculpture à orner le pont, suivie en 1683 d'une statue de saint Jean Népomucène, hommage des Jésuites, qui inspira d'autres commandes de la part d'ordres religieux sur une période de trente ans.

Construite à la fin du XIVe siècle à l'extrémité est du pont, l'élégante **tour du pont de la Vieille Ville** était destinée non seulement à servir de fortification, mais aussi à marquer l'entrée de la Vieille Ville, à la manière d'un arc de triomphe. Son sommet offre une belle vue sur le pont.

Frotter la plaque

STATUE CÉLÈBRE

Frotter la plaque en bronze fixée sur le socle de la statue de saint Jean Népomucène porterait bonheur. Le saint patron de la Bohême fut jeté du haut du pont en 1393 sur ordre de Venceslas IV car il refusait de lui divulguer les propos tenus par la reine en confession.

TOUTES LES STATUES NE SONT PAS D'ORIGINE

Plusieurs statues du pont Charles, abîmées par le temps, ont été remplacées par des copies. Les originales sont à **Vyšehrad** (p. [illegible]6) et au **Lapidarium** du Musée national (p. 98).

INCONTOURNABLES
1 Église Saint-Nicolas
2 Musée Franz Kafka
3 Musée national de la Musique
4 Pont Charles

VOIR
5 Funiculaire
6 Jardins palatiaux
7 Jardins Vojan
8 Jardin Vrtbov
9 Jardin Wallenstein
10 Kunsthalle
11 Mur John Lennon
12 Musée Kampa
13 Musée Karel Zeman
14 Musée de l'Enfant-Jésus de Prague
15 Palais Wallenstein
16 Petřín
17 *Proudy* (sculpture de David Černý)
18 *Quo Vadis* (sculpture de David Černý)
19 Rue Nerudova

SE RESTAURER
20 Café Savoy
21 Cukrkávalimonáda
22 Ichnusa Botega Bistro
23 Luka Lu
24 Nebozízek
25 Terasa U Zlaté Studně
26 U Modré Kachničky

PRENDRE UN VERRE
27 Baráčnická Rychta
28 Hostinec U Kocoura
29 Kolkovna Olympia
30 U Hrocha

SE LOGER
31 Aria Hotel
32 Dům U Velké Boty
Golden Well Hotel (voir 25)

Église Saint-Nicolas

CHEF D'ŒUVRE BAROQUE

Les Pragois sont attachés à l'église Saint-Nicolas, un des fleurons du baroque pragois dont l'imposante coupole verte domine le quartier de Malá Strana. Au plafond s'y déploie l'*Apothéose de saint Nicolas* (1770), la plus grande fresque d'Europe, dont les motifs en trompe l'œil se confondent avec l'architecture. Mozart joua sur les orgues (1787), dotées de 2 500 tuyaux, et y eut les honneurs d'une messe de requiem le 14 décembre 1791. Empruntez les escaliers qui montent à la galerie pour observer le cycle de la Passion du Christ réalisé dans les années 1760 par Karel Škréta, ainsi que les inscriptions laissés sur la balustrade par des touristes des années 1820 et des émules de Franz Kafka.

Clocher de l'église Saint-Nicolas

GUERRE FROIDE

Sous le régime communiste, le clocher de l'église Saint-Nicolas servit à espionner l'ambassade américaine voisine – en montant, notez le petit urinoir en fonte blanche installé à l'usage des guetteurs. La belle vue depuis le sommet embrasse Malá Strana et le pont Charles.

CLOCHER AVEC VUE

Le clocher est accessible par une entrée séparée de l'église Saint-Nicolas, à l'angle de Malostranské náměstí et Mostecká.

Musée Franz Kafka

L'ÉCRIVAIN ET SA VILLE

Cette exposition consacrée à la vie et à l'œuvre du célèbre écrivain né à Prague en 1883 met en lumière sa relation intime avec la ville qui l'a façonné, à travers lettres, photos, journaux et publications d'époque, ainsi que des installations audio et vidéo.

EN HAUT : GAGARIN IURII/SHUTTERSTOCK © ; EN BAS : ROBSON90/SHUTTERSTOCK ©

Proudy, de David Černý

Musée national de la Musique

UNE ÉPATANTE COLLECTION D'INSTRUMENTS

Prague est une ville de musiciens, et son Musée national de la musique a pour cadre une belle église baroque du XVIIe siècle : Sainte-Marie-Madeleine.

L'exposition permanente illustre la relation entre l'homme et les instruments de musique au fil du temps au travers d'une incroyable collection de violons, guitares, luths, trompettes, flûtes et harmonicas. On peut y voir le pianoforte sur lequel Mozart a joué en 1787, et les instruments à vent de l'orchestre de la cour des Rožmberk (Rosenberg), du XVIe siècle.

Des enregistrements permettent d'entendre le son des instruments exposés et donnent vie à l'ensemble.

Musée Kampa

UN MOULIN D'ART MODERNE

Situé sur l'agréable île Kampa qui s'étire entre la Vltava et l'un de ses bras, la Čertovka (ruisseau du Diable), ce musée est souvent ignoré à tort. Installé dans un ancien moulin rénové (le premier de la ville !), il plaira aux amateurs d'art moderne de la première moitié du XXe siècle. L'exposition permanente réunit une vaste collection de bronzes du sculpteur cubiste Otto Gutfreund (1889-1927) et des peintures de František Kupka (1871-1957), dont *La Cathédrale* (1912), un ensemble de diagonales dans les tons de bleu et de rouge créant l'effet de vitraux illuminés dans l'obscurité. Le musée accueille aussi des expositions de premier ordre.

RADOMIR REZNY/SHUTTERSTOCK ©

Musée Kampa

Proudy, Quo Vadis et Miminka

SCULPTURES

Plusieurs sculptures de l'artiste tchèque David Černý (p. 267), né à Prague en 1967, valent le détour à Malá Strana. *Proudy* ("jet", 2004) est une sculpture animée représentant deux hommes qui urinent dans une flaque ayant la forme du pays, et fait souvent rire. *Quo Vadis*, représente une Trabant (voiture fabriquée en RDA à l'époque) en bronze juchée sur quatre jambes. C'est un hommage aux Allemands de l'Est qui occupèrent le jardin de l'ambassade d'Allemagne de l'Ouest en 1989, avant de se voir accorder l'asile politique et de laisser leurs Trabant derrière eux. On peut la voir à travers la clôture derrière l'ambassade d'Allemagne. Montez Vlašská, tournez à gauche dans le parc pour enfants et de nouveau à gauche. Enfin *Miminka* ("les Bébés") est un groupe de dix bébés sans visage installé le long de la tour de la télévision de Žižkov (p. 87).

ŒUVRES DE DAVID ČERNÝ

On trouve partout dans Prague des œuvres de l'artiste David Černý. Autres statues à voir : **Kůň** (Cheval, p. 80) au palais Lucerna, et **K** (p. 82), envoûtant buste pivotant géant de Franz Kafka. Les deux se trouvent dans Nové Město.

Palais Wallenstein

UN PRÉTENDANT AU TITRE D'EMPEREUR

Le général de l'armée des Habsbourg, Albrecht de Wallenstein (1583-1634), fut un personnage exubérant, souvent considéré comme le rival des empereurs et des rois qui finançaient ses guerres. Son immense palais, qui accueille aujourd'hui le Sénat de la République tchèque, visait à égaler le château de Prague et témoigne encore de sa richesse et de son ego, immenses. Toutes les salles ne sont pas accessibles mais la visite autoguidée comprend les parties du palais à la décoration la plus ostentatoire. La salle baroque possède un plafond peint qui montre Wallenstein en guerrier conduisant un char, et la salle des Audiences une fresque représentant Vulcain dans sa forge.

JAN ZEMAN/GETTY IMAGES ©

Palais Wallenstein

Musée de l'Enfant-Jésus de Prague

UN OBJET D'ADORATION

L'église baroque Notre-Dame-de-la-Victoire bâtie en 1613, est réputée pour la statuette que porte son maître-autel : une représentation en bois et en cire de l'Enfant Jésus haute de 47 cm, datant du XVIe siècle et rapportée d'Espagne en 1628. Appelée l'Enfant Jésus de Prague, l'effigie aurait sauvé la ville de la peste et des destructions de la guerre de Trente Ans. Un prieur allemand du XVIIIe siècle rapporta ces miracles et déclencha un véritable culte à l'Enfant Jésus au-delà des frontières nationales. L'église attire depuis les fidèles tchèques, ainsi qu'un flux continuel de pèlerins étrangers. La tradition veut que la statue soit vêtue de robes somptueuses. Au fil des ans, différents donateurs lui ont offert des parures richement brodées dont certaines sont exposées dans le petit musée, à l'arrière de l'église.

Mur John Lennon

GIVE PEACE A CHANCE

Après son assassinat, le 8 décembre 1980, John Lennon devint une figure du pacifisme aux yeux de la jeunesse tchèque. Son portrait fut peint sur le mur d'une place, en face de l'ambassade de France, accompagné de messages politiques ou de paroles des Beatles. Le portrait fut régulièrement effacé, mais la police secrète ne parvint jamais à empêcher de nouvelles inscriptions. Le mur John Lennon devint un enjeu politique pour la jeunesse pragoise.

Après 1989, les tags moins engagés eurent raison de la dimension politique, et il ne resta plus de Lennon, à un moment donné, que ses yeux. Aujourd'hui les touristes y ajoutent leur touche : images du musicien, messages de paix et inscriptions sans grand sens se côtoient.

CTK/ALAMY STOCK PHOTO ©

Kunsthalle

UN ESPACE ARTISTIQUE FLAMBANT NEUF

En 2022, cette ancienne centrale électrique, face à la station de métro Malostranská, est devenue un espace artistique pluridisciplinaire qui a l'ambition de monter des expositions éclectiques, rigoureuses et avant-gardistes. Les premières étaient en effet de haut niveau, jouant même avec l'activité originelle du lieu. La Kunsthalle abrite aussi un bistrot et une boutique de souvenirs. Programme sur le site Internet.

Musée Karel Zeman

ANIMATION ET EFFETS SPÉCIAUX

Karel qui ? Né en Bohême, le réalisateur Karel Zeman (1910-1989) a été en son temps un pionnier des effets spéciaux mais son œuvre reste méconnue en dehors de son pays natal. Les amateurs de cinéma passeront ici voir quelques trucs et techniques qu'il perfectionna. On peut s'y filmer avec son téléphone devant des décors et des maquettes en 3D. L'utilisation inventive que Zeman fit de l'animation et du *matte painting* associés aux scènes filmées – visible notamment dans *Voyage dans la préhistoire* (*Cesta do pravěku*, 1955) et *Le Baron de Crac* (*Baron Prášil*, 1961) – a influencé des cinéastes comme George Lucas, Tim Burton et Terry Gilliam (qui a tourné en 1988 *Les Aventures du baron de Münchausen, remake du Baron de Crac*).

OÙ SE RESTAURER

Café Savoy
Un café Belle Époque bien restauré, dont le personnel élégant sert un menu viennois, composé de soupes, salades, viandes rôties et pâtisseries. **€**

Luka Lu
Cette adresse slave du sud spécialisée dans les viandes grillées et autres plats des pays balkaniques est sans doute le restaurant le plus coloré de Prague. **€€**

Cukrkávalimonáda
Un charmant petit café-restaurant qui sert en journée pâtes fraîches, omelettes, ciabatta, salades et crêpes. **€**

Gravir la colline de Petřín

FUNICULAIRE ET PALAIS DE GLACES

Monter à pied (ou en funiculaire) au sommet de la **colline de Petřín** (318 m de haut), qui marque la limite ouest de Malá Strana, est une des activités préférées des Pragois. L'endroit est ravissant en avril ou début mai, quand les arbres bourgeonnent.

L'exercice, modéré, prend 20 minutes. Il n'y a pas de chemin précis pour le sommet, on se contente de monter. Si vous préférez vous ménager, le **funiculaire de Petřín** part toutes les 10-20 minutes, près de l'arrêt de tram "Újezd" (trams n°s 9, 12, 20, 22). Il fut inauguré en 1891 pour l'Exposition universelle de Prague.

Petřín est idéale pour les familles : les deux attractions du sommet plaisent aux enfants. La **tour d'observation de Petřín**, haute de 60 m, a été édifiée en 1891 sur le modèle de la tour Eiffel. En gravissant les 299 marches qui mènent au sommet (ou en prenant l'ascenseur), on a une vue splendide sur la ville en contrebas et, au loin, les forêts de la Bohême centrale. Le **labyrinthe des Glaces**, quant à lui, est un dédale de miroirs déformants qui vous donnent un air comique.

La colline elle-même, jadis planté de vignes, est charmante. Notez le **mur de la Faim**, des remparts massifs allant d'Újezd à Strahov, que Charles IV fit bâtir en 1362 afin de fournir du travail aux plus démunis, menacés par la famine.

Revenez dans le centre par le funiculaire ou à pied. Un bon restaurant qui sert une cuisine tchèque midi et soir est installé à l'arrêt du funiculaire **Nebozízek**. D'agréables sentiers conduisent au **château** et à **Hradčany** par le nord (p. 48).

Funiculaire de Petřín

Découvrir des jardins secrets

BALADE DE JARDIN EN JARDIN

C'est à Malá Strana que l'on trouve la plus grande concentration de parcs et jardins de la ville, mais beaucoup se dissimulent derrière des murs. Voici un petit itinéraire pour en découvrir quelques-uns. De la station de métro Malostranská, suivez Valdštejnská vers l'ouest jusqu'à l'entrée des **jardins palatiaux sous le château de Prague**.

LES MEILLEURS PUBS TRADITIONNELS TCHÈQUES

Kolkovna Olympia
Grande brasserie accueillante pour les visiteurs, avec beaucoup de Pilsner Urquell à la pression et une carte correcte de plats tchèques à prix raisonnables.

Baráčnická rychta
Bancs de bois, plancher et trophées de chasse : on se croirait revenu dans le Prague de jadis.

Hostinec U Kocoura
Bar tchèque à l'ancienne avec une très bonne bière à la pression et une clientèle souvent chahuteuse.

U Hrocha
Bar très prisé de Malá Strana qui a peu changé depuis la République socialiste tchécoslovaque... Et adoré par le personnel de l'ambassade britannique voisine.

OÙ SE RESTAURER

U Modré Kachničky
Atmosphère de vieux pavillon de chasse, avec ses recoins éclairés aux chandelles. Le traditionnel canard rôti est très bon. **€€€**

Terasa U Zlaté Studně
Au sommet d'une demeure Renaissance proche du château, ce "restaurant du Puits d'or" allie excellente cuisine et joli cadre. **€€€**

Ichnusa Botega Bistro
Cuisine italienne délicieuse et vins venus tout droit de Sardaigne, d'où est originaire le propriétaire. **€€**

PAROLE D'HABITANTE : MALÁ STRANA

Bonita Rhoads est américaine et vit à Prague depuis 19 ans. Elle a cofondé Insight Cities (insightcities.com), qui propose des circuits organisés à Prague. Voici quelques-uns de ses endroits préférés.

Jardin Vrtbov
Souvent négligé par les touristes, ce jardin baroque clos donne un bel aperçu de la vie des nobles de l'époque. La cour supérieure offre une vue panoramique.

Jardin Wallenstein
Un jardin secret avec des paons blancs, des statues maniéristes et des fontaines mythologiques. L'histoire tragique de la famille Wallenstein couvre 400 ans. Notez que le jardin est fermé l'hiver.

Jardins palatiaux
Les visiteurs ignorent souvent, hélas, ce jardin en terrasses méticuleusement entretenu, sur les pentes au pied du château. Il est fermé l'hiver, lui aussi.

Après vous y être promené, regagnez Valdštejnská et tournez à droite, puis à gauche jusqu'au palais Wallenstein (p. 60) et traversez la cour pour rejoindre le **jardin Wallenstein**, un havre de paix au milieu de l'agitation des rues de Malá Strana. Prenez la sortie qui jouxte la station de métro Malostranská.

Engagez-vous ensuite à droite dans Klárov et empruntez U Lužického semináře. Un portail sur la droite mène aux **jardins Vojan**, un site tranquille où les Pragois apprécient de paresser au soleil sur les bancs.

Poursuivez dans U Lužického semináře et franchissez à gauche le petit pont au-dessus du ruisseau du Diable (Čertovka). Passez sous le pont Charles et traversez la place **Na Kampě** pour gagner l'**île Kampa** (p. 59) et son parc verdoyant,

Rebroussez chemin et prenez à gauche la petite rue Hroznová qui conduit au pont sur la Čertovka jouxtant une roue à aubes. Le pont débouche sur une placette pavée, flanquée par le **mur John Lennon** (p. 61) et l'ambassade de France, qui s'incurve à droite à son extrémité devant les austères tours gothiques de l'église Notre-Dame-sous-la-Chaîne. Tournez à gauche en face de l'édifice, puis prenez Prokopská à droite, avant de traverser la rue Karmelitská, très fréquentée, et de bifurquer de nouveau à droite. Une petite rue à gauche rallie le **jardin Vrtbov**, un charmant jardin baroque de style italien très peu visité.

Jardin Wallenstein

CATARINA BELOVA/SHUTTERSTOCK ©

LES MEILLEURS HÉBERGEMENTS

Dům U Velké Boty
La pittoresque "Maison de la grande botte" donne sur une place calme, à cinq minutes à pied seulement du château et du pont Charles. **€€**

Golden Well Hotel
Hôtel Renaissance discret et élégant, très apprécié des jeunes mariés en voyage de noce. **€€€**

Aria Hotel
Une luxueuse résidence cinq étoiles. Chaque chambre a son thème musical. La vue du toit-terrasse est fantastique. **€€€**

KIRILL RUDENKO/GETTY IMAGES ©

Rue Nerudova

Repérer les symboles sur les maisons de la rue Nerudova

VIOLONS, FERS-À-CHEVAL ET SOLEILS

La rue Nerudova qui monte en pente raide de Malá Strana au château de Prague est une artère majeure sur le plan architectural. Son histoire longue et riche se lit au travers des symboles qui ornent les façades de ses maisons. Elle porte le nom de l'écrivain et poète tchèque Jan Neruda, auteur du recueil de nouvelles *Les Contes de Malá Strana*.

La **maison des Trois Violons** (n° 12) a appartenu, on s'en doute, à une famille de luthiers. La **maison de saint Jean Népomucène** (n° 18) s'orne d'une effigie du saint patron de la Bohême. Le **palais Bretfeld** (n° 33) a accueilli, entre autres, Mozart et Casanova.

La **maison du Fer-à-cheval doré** (n° 34) a été baptisée ainsi car le bas-relief au-dessus de l'entrée représente saint Venceslas sur son destrier que la légende disait chaussé d'or. Neruda, lui, vécut dans la **maison des Deux Soleils**, (n° 47) de 1845 à 1857. La plupart des bâtiments sont ornés d'une enseigne.

STARÉ MĚSTO

LE CŒUR DE PRAGUE

Staré Město, la Vieille Ville, est le cœur de Prague depuis plus de mille ans. Les monuments, les églises, les places majestueuses, l'ancien hôtel de ville, l'horloge astronomique et l'église Notre-Dame-de-Týn sont autant de témoignages de l'influence et de la richesse des marchands et des artisans de Prague. Cette splendeur rivalisait avec celle des empereurs, des rois et des familles nobles, sur l'autre rive de la Vltava. Les anciennes douves délimitent toujours ses contours, visibles dans les rues Na příkopě et Národní. De ses portes en revanche, il ne reste que la tour Poudrière. La Vieille Ville concentre ses principaux sites d'intérêt sur la voie Royale qui suit Celetná de la tour Poudrière jusqu'à la place de la Vieille-Ville et la Petite Place (Malé náměstí), puis emprunte Karlova jusqu'au pont Charles. Les monuments du Musée juif de Prague et les collections d'art médiéval du couvent de Sainte-Agnès se trouvent un peu plus au nord.

Pour les infos pratiques, voir le Carnet d'adresses p. 122

À SAVOIR

Une grande partie de Staré Město est fermée à la circulation, la marche est souvent le meilleur moyen de se déplacer. La station de métro la plus proche de la place de la Vieille Ville est Staroměstská (ligne A, verte). Les stations Můstek (lignes A et B) et Náměstí Republiky (ligne B, jaune) sont assez proches.

Place de la Vieille-Ville

LE POULS DE PRAGUE

Ceux qui la découvre pour la première fois ont la sensation de remonter plusieurs siècles en arrière en débouchant sur la place de la Vieille-Ville. Site du marché principal jusqu'au XIXe siècle, elle est particulièrement majestueuse la nuit, quand ses bâtiments baroques et gothiques sont illuminés. Les étals ont disparu depuis longtemps, remplacés par un ensemble hétérogène de musiciens de rue et de marchés saisonniers, à Noël ou à Pâques, sous le regard austère de la **statue de Jan Hus** (ci-contre)..

La place est encadrée par les principaux monuments du quartier comme l'**ancien hôtel de ville** (p. 66) du XIVe siècle, surmonté d'une haute tour gothique, et la splendide **horloge astronomique** (p. 66). Le bâtiment le plus spectaculaire est l'**église Notre-Dame-de-Týn** (p. 68), avec ses deux flèches, qui se dresse étrangement derrière une rangée de façades baroques. Sur sa gauche, la **maison à la Cloche de pierre** (p. 67), du XIVe siècle, est considérée comme le plus ancien bâtiment de la place. Ce majestueux édifice gothique côtoie l'exubérant **palais Kinský** de style baroque tardif. Sa façade rosâtre est sans doute la plus belle du genre à Prague. Elle fut achevée en 1765. Pour nombre de Pragois, le lieu évoque un souvenir moins rose : c'est de son balcon que Klement Gottwald proclama, en février 1948, l'avènement du communisme en Tchécoslovaquie. L'édifice héberge aujourd'hui une annexe de la Galerie nationale où se tiennent des expositions, généralement d'art tchèque. Autre bâtiment important, l'**église Saint-Nicolas** (p. 57), se situe dans l'angle nord-ouest.

Jan Hus et la Vierge

UN RÉFORMATEUR RELIGIEUX

Deux statues se dressent au centre de la place de la Vieille-Ville. De style Art nouveau, la représentation de Jan Hus par le sculpteur Ladislav Šaloun fut inaugurée le 6 juillet 1915, pour le 500e anniversaire de la mort du théologien sur le bûcher. Plus récente, la colonne mariale voisine fut édifiée en 2020 pour remplacer l'originale, datant de 1650, détruite en 1918 par les nationalistes opposés aux Habsbourg. Sa restauration reste un sujet de polémique mais les deux statues offrent l'occasion de s'asseoir et de se détendre.

INCONTOURNABLES
1 Église Notre-Dame-de-Týn
2 Église Saint-Nicolas
3 Horloge astronomique
4 Maison à la Cloche de pierre
5 Maison municipale
6 Musée juif de Prague
7 Place de la Vieille-Ville

VOIR
8 Cour de Týn
9 Couvent Sainte-Agnès
10 Église Saint-Jacques-le-Majeur
11 Musée du Cubisme tchèque
12 Musée des Arts décoratifs
13 Retro Muzeum Praha
14 Rudolfinum
15 Théâtre des États
16 Tour Poudrière

SE RESTAURER
17 Bakeshop Praha
18 Field
19 Kolacherie
20 Lehká Hlava
21 Lod' Pivovar
22 Lokál
23 Perníčkův sen
24 U Medvídků

PRENDRE UN VERRE
25 Bokovka
Grand Cafe Orient (voir 11)
27 Hemingway Bar
28 U Tří Růží
29 U Zlatého Tygra

ACTIVITÉS
30 Prague Boats
31 Prague Venice
32 Wittmann Tours

SE LOGER
33 Ahoy! Hostel
34 Design Hotel Josef
35 Dominican Hotel

Ancien hôtel de ville et horloge astronomique

SPECTACLE MÉDIÉVAL INCONTOURNABLE

L'ancien hôtel de ville de Prague, édifié en 1338, est un ensemble de bâtiments médiévaux dominés par une haute tour gothique. Son aile est fut dynamitée par les nazis à la fin de la Seconde Guerre mondiale. Mais c'est bien sûr l'horloge astronomique qui retient l'attention quand on observe cet édifice. Datant de 1410, cette horloge fut perfectionnée en 1490 par le maître horloger Hanuš, qui réalisa la merveille mécanique que l'on voit aujourd'hui. Toutes les heures, de 9h à 21h, des automates s'animent et offrent un court spectacle de 45 secondes. Autour de l'horloge, des allégories de péchés capitaux ou des grandes peurs des Pragois du XVe siècle : la Vanité (avec un miroir), l'Avarice (avec une bourse), la Mort (le squelette) et la Volupté (représentée par un prince Turc). À chaque heure pleine, la Mort sonne le glas de la précédente et retourne son sablier tandis que les douze apôtres défilent devant les fenêtres au-dessus des cadrans en saluant la foule. Notez qu'il est possible de regarder le spectacle à l'intérieur, depuis le premier étage.

Maison à la Cloche de pierre

UNE MAJESTÉ GOTHIQUE DÉPOUILLÉE

Lors d'une restauration dans les années 1980, on a ôté à cet élégant bâtiment médiéval proche de Notre-Dame-du-Týn sa façade baroque en stuc pour faire apparaître la maçonnerie gothique d'origine, datant du XIVe siècle. La cloche de pierre qui lui donne son nom est à l'angle de la bâtisse sur le côté droit. À l'intérieur, deux chapelles gothiques restaurées constituent désormais des annexes à la Galerie de la ville de Prague qui présentent des expositions temporaires d'art moderne et contemporain de qualité et des salles de concerts de musique de chambre.

Église Saint-Nicolas

SALLE DE CONCERTS BAROQUE

À l'angle nord-ouest de la place de la Vieille-Ville, cette église baroque des années 1730 est l'œuvre de Kilian Dientzenhofer (à qui on doit aussi l'autre église Saint-Nicolas à Malá Strana, qu'il a conçue avec son père). Celle-ci, bâtie sur une église bien plus ancienne (du XIIIe siècle) également consacrée à saint Nicolas, est grandiose malgré son espace restreint. Elle était à l'origine serrée contre l'aile est de l'ancien hôtel de ville, détruite par les nazis lors de leur retraite en mai 1945. L'église accueille souvent des concerts de musique de chambre dans ce superbe décor de stucs.

Église Saint-Nicolas

Église Notre-Dame-de-Týn

FLÈCHES GOTHIQUES ET TYCHO BRAHE

Aisément repérable avec ses deux flèches gothiques culminant à quelque 80 m, l'église du Týn qui semble sortie d'un conte de fées, se détache des façades pastel qui l'entourent. Elle fut l'épicentre de l'église hussite pragoise au XVe siècle. Sur le pignon, la représentation de la Vierge Marie a été réalisée vers 1620 avec l'or fondu du calice qui ornait autrefois l'église, emblème hussite par excellence. Si l'extérieur impressionnant est gothique, l'intérieur très chargé est baroque. Il vaut notamment pour le maître-autel rococo, avec une Vierge et une Sainte-Trinité signées du peintre Karel Škréta, et pour le tombeau de Tycho Brahe, astronome danois qui fut un des plus célèbres savants de la cour de Rodolphe II. Il serait mort en 1601 d'un éclatement de la vessie à la suite d'un banquet royal, n'ayant pas osé quitter la table afin de se soulager.

Église Notre-Dame-de-Týn

Écouter un concert classique

SMETANA, DVOŘÁK ET LES AUTRES

Staré Město est le quartier des meilleures salles de musique classique de Prague. Le **Rudolfinum** (p. 71) et la **salle Smetana** de la Maison municipale (p. 70) brillent par leur acoustique et par le talent de leurs musiciens. Un peu partout également, les églises de la Vieille Ville ouvrent leurs portes à de bons concerts de musique de chambre, notamment l'église **Saint-Nicolas** (p. 67) sur la place de la Vieille-Ville, et l'église **Saint-Jacques-le-Majeur** (p. 72), avec son orgue superbe et sa célèbre acoustique. Le **théâtre des États** (p. 72) accueille de temps en temps de très bons concerts baroques.

Cour de Týn

POSTE DE DOUANE

Cour de Týn

Cette jolie cour cachée derrière l'église Notre-Dame-de-Týn était à l'origine une sorte de caravansérail médiéval – hôtel fortifié, centre de commerce et bureau de douane pour les marchands étrangers de passage. Joliment restaurée, la cour, que l'on appelle aussi Ungelt ("droit de douane") en allemand, abrite des boutiques, des restaurants et des hôtels. Établie dès le XIe siècle, elle était encore très animée sous Charles IV. Dans l'angle nord-ouest, le palais Granovsky est du XVIe siècle. Il présente une élégante loggia Renaissance, des ornements peints et un décor de sgraffite représentant des scènes bibliques et mythologiques.

Musée juif de Prague

SYNAGOGUES ET CIMETIÈRE HISTORIQUES

Le vieux quartier juif de Prague, Josefov, est à quelques rues au nord de la place de la Vieille-Ville. Pendant près de 800 ans, la population juive de la ville fut contrainte de vivre dans cet espace assez limité. Le remarquable Musée juif de Prague se compose de six monuments importants qui détaillent la longue histoire culturelle et spirituelle des Juifs pragois. Ce sont les synagogues Maisel, Pinkas, espagnole et Klaus, la salle de cérémonie et le Vieux Cimetière juif. Sans oublier la synagogue Vieille-Nouvelle, l'un des édifices anciens de la capitale tchèque, encore utilisée pour les offices religieux et dont l'entrée se prend séparément (ou avec un supplément sur le billet principal).

L'histoire de Josefov est intéressante. Le quartier fut rasé au tournant du XXe siècle, pour assainir ce qui était devenu un taudis. Plus tragique, pendant l'occupation allemande de la Seconde Guerre mondiale, la plupart des Juifs qui vivaient là furent envoyés au camp de Terezín (p. 113) puis dans les camps d'extermination nazis de Pologne.

La **synagogue Pinkas**, de 1535, est un des sites les plus intéressants du quartier. Sur ses murs sont gravés les noms de 77 297 tchèques victimes de la barbarie nazie. On peut y voir une émouvante collection de dessins d'enfants détenus au camp de Terezín. À côté, le **vieux cimetière juif**, le plus ancien d'Europe, remonte au XVe siècle. Il conserve une atmosphère de recueillement malgré deux siècles d'abandon (il fut fermé en 1787), même si le grand nombre de visiteurs peut perturber le silence. Environ 12 000 stèles se serrent (certaines issues de cimetières disparus), et quelque 100 000 tombes gisent en dessous, empilées faute d'espace.

VISITER LE MUSÉE

Le billet d'entrée standard donne accès aux six monuments principaux. Mais il ne comprend pas l'entrée à la synagogue Vieille-Nouvelle, la plus ancienne d'Europe encore en fonction (1270). Prenez vos billets sur le site Internet du musée ou au centre de réservation, Maiselova 15. Certaines synagogues ont leur propre guichet. Plusieurs opérateurs proposent des visites du musée et d'autres sites historiques, dont le camp de Terezín (p. 113). Wittmann Tours est l'une des meilleures agences. Choisissez et réservez votre visite en ligne.

Synagogue espagnole

LA TOMBE DE KAFKA

Kafka est inhumé au **Nouveau cimetière juif** de Prague (p. 69), en limite du quartier Žižkov.

Maison municipale

ÉLÉGANCE DE L'ART NOUVEAU

Tout proche de la tour Poudrière, le bâtiment Art nouveau le plus exubérant de Prague a été dessiné avec attention, chacun de ses détails soigneusement étudiés, avec des tableaux et des sculptures chargés de symboles. La Maison municipale se dresse sur le site de l'ancienne Cour royale, siège des rois de Bohême de 1383 à 1483 (Vladislav II s'installa ensuite au château), qui fut démolie à la fin du XIXe siècle. La construction de ce splendide bâtiment qui y pris place dura de 1906 à 1912. Une trentaine d'artistes tchèques, dont Alfons Mucha, y participèrent. La mosaïque surmontant l'entrée, **Hommage à Prague**, est encadrée de sculptures symbolisant l'oppression et la renaissance du peuple tchèque. Au sommet de la façade, d'autres statues allégoriques incarnent l'histoire, la peinture, la musique et l'architecture. Une marquise en fer forgé et vitraux débouche sur un intérieur 100% Art nouveau.

L'endroit a toujours été un lieu de divertissement pour les Pragois. Outre la salle Smetana, le rez-de-chaussée accueille un grand café et un restaurant plutôt chic. Au sous-sol, on trouve un pub tchèque joliment décoré et un bar à cocktails évoquant l'Amérique du début du XXe siècle.

INFOS PRATIQUES

On peut réserver une visite guidée (avec document traduit en français) sur le site Internet ou à la billetterie sur place afin d'accéder à l'étage. Principal intérêt, la salle du Bourgmestre, octogonale, dont les fenêtres donnent sur l'entrée principale. Sa décoration est l'œuvre d'Alfons Mucha, qui peignit aussi les fresques sombres des murs et du plafond. Le site Internet donne aussi la programmation de la salle Smetana.

Maison municipale

LA SALLE SMETANA

La **salle Smetana** est la plus grande salle de concerts classiques de la ville : 1 200 spectateurs peuvent prendre place sous sa coupole Art nouveau. Le festival de musique du Printemps de Prague, le 12 mai, débute toujours là.

Rudolfinum

Rudolfinum

SALLE DE CONCERT

Achevé en 1884, l'imposant Rudolfinum est l'œuvre de Josef Schulz et Josef Zítek. Il est l'un des plus beaux bâtiments néo-Renaissance de Prague. Il fit office de Parlement tchécoslovaque dans l'entre-deux-guerres et de bureaux de l'administration nazie pendant la Seconde Guerre mondiale. Il abrite aujourd'hui l'Orchestre philharmonique tchèque, et sa "salle Dvořák" est une des meilleures de Prague pour la musique classique. Consultez le programme ou réservez une visite guidée sur son site Internet. Vous pouvez aussi prendre un café dans la splendide salle des colonnes et visiter une galerie d'art dans la partie nord.

Couvent Sainte-Agnès

ARTS DU MOYEN ÂGE ET DU DÉBUT DE LA RENAISSANCE

Dans le nord-est de Staré Město, au milieu d'un dédale de ruelles, l'ancien couvent Sainte-Agnès abrite la collection d'art du Moyen Âge et du début de la Renaissance (1200-1500) de la Galerie nationale. Inestimable ! Une pépite où vous pourrez notamment admirer de lumineuses peintures d'autels de l'époque gothique et des statues polychromes. Le bâtiment lui-même est le plus ancien exemple d'architecture gothique de la ville encore debout. Son histoire est passionnante. En 1234, le roi přemyslide Venceslas Ier fonda le couvent franciscain de l'ordre des Clarisses et fit de sa sœur Anežka (Agnès) la première abbesse du couvent. Celle-ci fut béatifiée au XIXe siècle et, ce qui n'est pas une coïncidence, canonisée sous le nom de sainte Agnès de Bohême quelques semaines seulement avant la révolution de novembre 1989.

Outre les collections d'art et le cloître du XIIIe siècle, on peut visiter l'**église Saint-Sauveur**, de style gothique français, où reposent sainte Agnès et la reine Cunégonde, épouse de Venceslas Ier. C'est dans la plus petite **église Saint-François**, voisine, que repose Venceslas Ier ; des concerts sont donnés dans sa nef en ruine.

Couvent Sainte-Agnès

Musée des Arts décoratifs

VERRE ET TAPISSERIES D'ÉPOQUE

Ce gracieux musée regorge d'objets en verre, de mobilier, de tapisseries et de vêtements tchèques d'époque, mais toute la collection n'était pas visible lors de notre passage. Il a ouvert ses portes en 1900 dans le cadre d'un mouvement européen visant à rétablir les valeurs esthétiques sacrifiées sur l'autel de la révolution industrielle. Le lieu a été rénové il y a quelques années, et n'a accueilli depuis que des expositions temporaires (dont certaines très intéressantes). Programme sur le site Internet.

Retro Muzeum Praha

LE KITSCH DE L'ÈRE COMMUNISTE

Plus de trente ans après la chute du communisme, il manque toujours à Prague un grand musée qui permettrait aux visiteurs de mieux comprendre cette période. Cette exposition au quatrième étage du grand magasin Kotva n'en est pas un mais elle s'en rapproche. Elle comprend plusieurs salles avec des objets usuels, des vêtements, des jouets et du mobilier de l'époque communiste qui plairont aux historiens en herbe comme aux décorateurs d'intérieur.

Retro Muzeum Praha

Église Saint-Jacques-le-Majeur

UN BRAS HUMAIN MOMIFIÉ

De l'extérieur, cette église gothique paraît petite. Ce n'est qu'une fois entré à l'intérieur que l'on prend sa véritable mesure. Monastère de frères mineurs conventuels au XIVe siècle, l'église a été rénovée dans le style baroque au début du XVIIIe siècle. Malgré les dorures et les stucs, une relique macabre est resté : sur le mur ouest (à droite en entrant) un bras humain momifié est suspendu. D'après la légende, un voleur tenta de dérober les joyaux de la statue de la Vierge vers l'an 1400, mais celle-ci saisit son poignet avec tant de vigueur qu'il fallut lui couper le bras (la vérité n'est sans doute pas très éloignée : l'église était fréquentée par la guilde des bouchers, lesquels furent sans doute prompts à réagir face au voleur).

EN SAVOIR PLUS SUR LE COMMUNISME

En plus du **Retro Muzeum Praha**, les amateurs d'histoire contemporaine trouveront d'autres sources d'information au **musée du Communisme** (p. 81) et au **Mémorial national** de Vítkov (p. 85).

Théâtre des États

MOZART ET DON JUAN

Ce théâtre néoclassique de 1783 accueillit la première de *Don Giovanni* le 29 octobre 1787, dirigée par Mozart lui-même.

La salle était au départ fréquentée par la noblesse allemande, ce qui lui valut ce nom, les États désignant la noblesse traditionnelle.

Il fait aujourd'hui partie des superbes salles du Théâtre national et est le cadre inoubliable de représentations théâtrales ou, parfois, de concerts de musique baroque. Consultez le site du Théâtre national (p. 82) pour participer à une visite guidée du bâtiment et pour connaître la programmation.

Musée du Cubisme tchèque

UN CUBISME UNIQUE

Pour les artistes pragois du début de l'art moderne, le cubisme ne se limitait pas à la peinture et s'appliquait tout aussi bien à l'architecture ou au design industriel. Ce musée qui présente objets en verre, céramiques et meubles cubistes est hébergé dans la splendide **maison à la Vierge noire** (Dům U černé Matky Boží) signée Josef Gočár, elle-même un bel exemple d'architecture cubiste. Le **Grand Cafe Orient**, au premier étage, cubiste dans les moindres détails, vaut le coup d'œil.

Maison à la Vierge noire

Tour Poudrière

LA DERNIÈRE PORTE DE LA VIEILLE VILLE

Jadis, la Vieille Ville de Prague était entourée de remparts et de douves, et on n'y entrait que par une de ses treize portes. La splendeur de la tour Poudrière (65 m de haut), datant de 1475, donne une idée des dimensions de ces points d'entrée dans la Vieille Ville.

Elle est restée inachevée jusqu'au XIXe siècle ; l'architecte néogothique Josef Mocker y mit la touche finale en 1886. Son nom vient de ce qu'elle a servi d'entrepôt de poudre au XVIIIe siècle. On a une jolie vue sur la Vieille Ville depuis le sommet.

La tour Poudrière marque le départ de la voie Royale, l'itinéraire qu'empruntaient les rois tchèques lors de leur couronnement à la cathédrale Saint-Guy. Elle suit Celetná, traverse la place de la Vieille-Ville et la Petite Place (Malé náměstí), longe Karlova et traverse le pont Charles pour rejoindre la place Malá Strana (Malostranské náměstí), avant de gravir la rue Nerudova (p. 64) jusqu'au château.

Faire une croisière sur la Vltava

UN JOURNÉE (OU UNE SOIRÉE) SUR L'EAU

Plusieurs opérateurs proposent des croisières sur la Vltava (Moldau), en journée ou en soirée. Certaines sont couplées à des concerts de jazz ou à des dîners, d'autres sont de simples excursions touristiques. **Prague Boats** en décline toute une gamme. La plupart des bateaux sont amarrés au pied du pont Tchèque (Čechův most), au nord de la rue Pařížská. **Prague Venice** organise d'amusantes balades de 45 minutes dans des petits bateaux qui passent sous les arches du pont Charles et longent la Čertovka, près de **Kampa** (p. 59).

Goûter à la fée verte

SAVOURER UNE ABSINTHE

Il n'y a pas que la bière à Prague. Depuis trente ans, la ville est devenue un haut lieu de consommation de l'absinthe, la "fée verte", boisson aux prétendus effets hallucinogènes, en vogue en France au XIXe siècle et longtemps interdite. L'absinthe est légale en République tchèque, mais sa qualité varie selon l'endroit où on y goûte.

Le **Hemingway Bar** est sans doute un des meilleurs bars à cocktails de la ville, avec un service compétent et un large choix d'absinthes. Réservez votre table.

ROMAN YANUSHEVSKY/SHUTTERSTOCK ©

OÙ SE LOGER

Ahoy! Hostel
Auberge de jeunesse agréable, accueillante et calme, avec un personnel plein d'attention, mais qui n'est pas faite pour les amateurs de grandes tournées des bars. €

Design Hotel Josef
Hôtel dessiné par Eva Jiřičná, architecte tchèque installée à Londres, au thème minimaliste bien visible dans la réception, toute blanche, et dans son escalier de verre en spirale. €€

Dominican Hotel
Dans l'ancien monastère Saint-Gilles, cet hôtel de luxe est plein de cachet. €€€

OÙ PRENDRE UN VERRE

U Zlatého Tygra
Ce "Tigre d'Or" est un pub tchèque classique et une institution pragoise, protégé avec zèle par ses habitués (ne venez pas en groupe trop important).

Bokovka
Bar à vins "dans son jus", plein de cachet, l'endroit idéal pour goûter les meilleurs vins tchèques.

U Tří Růží
Ces "Trois Roses" offrent six bières maison à la pression et sont à la pointe du mouvement de renouveau des brasseries locales.

OÙ SE RESTAURER

Field
Restaurant étoilé. Produits tout frais issus de la ferme, design minimaliste et atmosphère sans apprêt. €€€

Lehká Hlava
L'accent ici est mis sur les plats sains, frais, végétariens ou végétaliens, souvent inspirés des cuisines du monde. €

Bakeshop Praha
Boulangerie où on sert pâtisseries, gâteaux, sandwichs et salades à emporter. Prise d'assaut le midi. €

Marcher dans les pas de Kafka

LES ENDROITS OÙ IL A VÉCU ET TRAVAILLÉ

Prague est un personnage omniprésent et silencieux dans l'œuvre de Franz Kafka, et Kafka est présent partout dans la Vieille Ville de Prague. Il est né dans une maison de la place qui porte aujourd'hui son nom, **náměstí Franze Kafky**, juste à l'ouest de l'église Saint-Nicolas (p. 67). La maison a brûlé, mais une plaque commémorative marque son emplacement (au n°3).

Kafka a passé sa petite enfance (1889-1896) dans la **Maison de la Minute**, (Dům U Minuty), édifice Renaissance attenant à l'ancien hôtel de ville. La famille Kafka vécut ensuite, de 1896 à 1907, au 3, rue Celetná, dans la **Maison des Trois Rois**.

Non loin, se trouve la **Maison à la Licorne blanche** (Staroměstské náměstí 17), où Kafka et le jeune Albert Einstein fréquentèrent les salons littéraires mondains de Berta Fanta. Son travail d'employé de bureau nourrissait ses fictions : Kafka a travaillé durant 14 ans pour la compagnie d'assurances contre les accidents des travailleurs du royaume de Bohême au n° 7, Na poříčí, non loin de Náměstí Republiky (place de la République).

Franz Kafka, par Karel Hladík

FRED DE NOYELLE/GETTY IMAGES ©

Lokál
Bière excellente et cuisine tchèque roborative, servies dans l'équivalent moderne d'une cantine de l'ère communiste. **€**

U Medvídků
Pub animé où on trouvera de la Budvar ainsi que quelques bières maison, et une très bonne cuisine tchèque. **€€**

PAROLE D'HABITANTE : STARÉ MĚSTO

Eva Brejlová, née à Prague, est guide touristique pour Eating Prague (www.eatingeurope.com/prague). Voici quelques-uns de ses mets typiques préférés.

Lod' Pivovar (bateau-brasserie)
Cette microbrasserie installée dans un bateau amarré sur la Vltava, au pied du pont Štefánik, sert des bières artisanales uniques, faites à partir de "l'or vert" tchèque, le célèbre houblon Saaz. Goûtez le *nakladaný hermelín* (fromage mariné).

Perníčkův sen (rêve de pain d'épice)
Cette boulangerie familiale de la Vieille Ville est la seule de Prague où vous pourrez manger un traditionnel *sakrajda* de Bohême, strudel de pain d'épice fourré à la confiture de prune et aux noix.

Kolacherie
Oubliez les *trdelník* (gâteaux en forme de cheminée) : les *koláče* (pâtisseries rondes) sont encore plus traditionnels !

NOVÉ MĚSTO

LE CENTRE COMMERÇANT DE PRAGUE

Dans les rues animées du quartier le plus commerçant de Prague, la ville ressemble plus à une vraie métropole qu'à un musée à ciel ouvert. Nové Město signifie "Nouvelle Ville", mais ce quartier n'a de nouveau que le nom. Sa construction remonte en effet à 1348, sous le règne de Charles IV. Il épouse les limites de Staré Město en un grand croissant qui suit le tracé des anciennes fortifications de la Vieille Ville, partant de Revoluční (à l'est de la place de la Vieille-Ville) à Na Příkopě et jusqu'à la grande avenue Národní třída, au sud de Staré Město. Les principaux sites – surtout des musées et des édifices historiques – se concentrent sur la place Venceslas, ancien marché aux chevaux et plus grande place de Prague, et ses environs. Nombre de pâtés de maisons ont des arcades piétonnières – les célèbres *pasážy* (passages) de Prague – jalonnées de boutiques, cafés, cinémas et théâtres.

Pour les infos pratiques, voir le Carnet d'adresses p. 124

À SAVOIR

La place Venceslas, cœur du quartier, est bien desservie par le métro. Sur son côté nord (bas), les lignes A (verte) et B (jaune) se croisent à la station Můstek, là où autrefois un petit pont reliait Nové Město et Staré Město. En haut de la place, les lignes A et C (rouge) se croisent à la station Muzeum.

Place Venceslas

MARCHÉ AUX CHEVAUX ET SITE HISTORIQUE

Cette immense place, qui a longtemps accueilli le marché aux chevaux, domine le centre de Nové Město. Elle est aujourd'hui le cœur commerçant de Prague. Avec à son extrémité l'imposant **Musée national**, elle est bordée d'hôtels, de fast-foods, de boutiques et de galeries marchandes. Lieu de rassemblement, elle a été le théâtre de nombreux épisodes de l'histoire tchèque : à commencer par une grand-messe célébrée lors des soulèvements de 1848. C'est aussi là que fut fêtée la création de la république de Tchécoslovaquie en 1918 et annoncée la chute du régime communiste en 1989. La place est en travaux pour plusieurs années afin de réduire la circulation automobile et d'y faire passer des lignes de trams.

À son extrémité sud, se dresse la statue équestre de saint Venceslas, duc de Bohême au Xe siècle. Elle est l'œuvre de Josef Myslbek. Flanquée de représentations d'autres grands personnages de Bohême, Procope, Adalbert, Agnès et Ludmila, elle est aujourd'hui le principal point de rendez-vous des Pragois car elle se situe devant l'une des entrées de la station de métro Muzeum. Près de la statue, un mémorial aux victimes du communisme comporte des photos et des épitaphes dédiées aux militants anticommunistes, Jan Zajíc et Jan Palach. Une croix de bronze, en contrebas des marches menant à l'entrée du musée, marque l'endroit précis où ce dernier s'est immolé par le feu en janvier 1969 pour protester contre l'invasion soviétique de la Tchécoslovaquie.

RÉVOLUTION DE VELOURS

La place Venceslas restera dans l'histoire tchèque comme le lieu symbolique du soulèvement anticommuniste de novembre 1989. Après la dispersion musclée par la police de la manifestation du 17 novembre 1989 (un monument commémore l'événement au 16 de l'avenue Nationale (Národní třída), la foule en colère s'y rassembla les soirs suivants. Une semaine plus tard, le réformateur Alexander Dubček et Václav Havel, se présentaient au balcon de l'immeuble Melantrich pour proclamer la fin du régime communiste, sous un tonnerre d'applaudissements.

INCONTOURNABLES
1 Mémorial national aux héros de l'attentat contre Heydrich
2 Musée Mucha
3 Musée national
4 Place Venceslas

VOIR
5 Museum of Senses
6 Palais et passage Lucerna
7 Musée du Communisme
8 Abri antiatomique de l'Hôtel Jalta
9 Maison dansante
10 Musée Dvořák
11 Musée de la ville de Prague
12 *K* (sculpture de David Černý)
13 Nouvel hôtel de ville
14 Slovanský ostrov (île Slave)
15 Náplavka

SE RESTAURER
16 Artic Bakehouse
17 Cukrárna Myšák
18 Globe Bookstore & Cafe
19 Kantýna
20 Sansho
Garden's Restaurant (voir 6)

PRENDRE UN VERRE
21 Café Slavia
Kavárna Lucerna (voir 6)
22 U Fleků
23 Vinograf

SORTIR
Lucerna Music Bar (voir 6)
27 Théâtre national
28 Opéra de Prague

SHOPPING
29 100 Class Concept Store
Quadrio (voir 12)
30 Restart Shop
31 Výtvarné Potřeby v Soukenicke

ACTIVITÉS
32 Praha Bike

SE LOGER
33 Almanac X Hotel
34 Icon Hotel
35 Sophie's Hostel

Musée national

FIERTÉ NATIONALE

Dominant la place Venceslas, ce splendide édifice de style néo-Renaissance conçu dans les années 1880 par Josef Schulz renferme des collections illustrant l'histoire culturelle, intellectuelle et scientifique du pays. En 1968, il essuya les tirs de soldats russes qui l'avaient confondu avec le parlement national. Son intérieur splendide vaut à lui seul le prix d'entrée. Depuis 2022, deux nouvelles expositions thématiques ont vu le jour : "Miracles de l'évolution" et "Histoire des territoires tchèques du VIIIe au XXe siècle".

Mémorial national aux héros de l'attentat contre Heydrich

Mémorial national aux héros de l'attentat contre Heydrich

TRAGÉDIE DE LA SECONDE GUERRE MONDIALE

La crypte de l'église Saints-Cyrille-et-Méthode abrite un émouvant mémorial en l'honneur des sept parachutistes tchécoslovaques impliqués dans l'assassinat du vice-gouverneur du Reich en Bohême-Moravie, Reinhard Heydrich, le 27 mai 1942. Après l'assassinat de l'officier SS, les parachutistes, entraînés par les services secrets britanniques dans le cadre de l'opération Anthropoid, se réfugièrent durant trois semaines dans la crypte. Dénoncés par l'un de leurs compatriotes, ils furent assiégés et abattus. On distingue les impacts de balles sur les murs de la crypte, ainsi que les traces des efforts des parachutistes pour creuser un tunnel vers les égouts. Côté rue Resslova, l'étroite brèche dans la paroi par laquelle les Allemands glissèrent leurs lances à incendie porte aussi des impacts de balles.

Une exposition et une vidéo illustrent les persécutions qui eurent lieu à Prague et en Tchécoslovaquie après l'attentat (p. 112).

Musée Mucha

UN MAÎTRE DE L'ART NOUVEAU

Passionnant et très fréquenté, ce musée présente les affiches, tableaux et panneaux décoratifs voluptueux du célèbre illustrateur tchèque Alfons Mucha (1860-1939), ainsi que des esquisses, des photos et autres souvenirs du maître de l'Art nouveau. On peut y voir beaucoup de portraits de jeunes filles slaves à la chevelure flottante et aux yeux bleus portant guirlandes et branches de tilleul, les sujets de prédilection de l'artiste né en Moravie.

Pour vous plonger dans l'atmosphère de l'époque, observez les clichés pris dans son atelier parisien, dont l'un montre Gauguin en caleçon jouant de l'harmonium, la belle toile intitulée *Vieille femme en hiver*, et l'affiche originale de 1894 de l'actrice Sarah Bernhardt en Griselda qui fit la renommée de Mucha. Le documentaire vidéo offre un éclairage intéressant sur sa vie et son art.

PLUS D'ŒUVRES DE MUCHA

Pour voir d'autres œuvres de Mucha, réservez la visite guidée de la **Maison municipale** (p. 70). Mucha a été le principal concepteur d'une des plus belles salles, la salle du Bourgmestre.

Musée Mucha

À VOIR AUSSI À NOVÉ MĚSTO

Museum of Senses

ILLUSIONS D'OPTIQUE

Les illusions d'optique de ce centre interactif bluffent tous les visiteurs, notamment les enfants et les adolescents, qui peuvent déposer leur tête sur un plateau de fruits, entrer dans une discothèque infinie, marcher au plafond d'une salle de bains ou s'allonger sur un lit de clous.

Comptez au moins une heure pour la visite, et essayez d'y aller le matin, quand il y a moins de monde.

Museum of Senses

Palais et passage Lucerna

ART NOUVEAU ET MODERNISTE

L'élégante façade du palais Lucerna, de style Art nouveau et moderniste, date de 1920. Sa beauté attire l'œil depuis la place Venceslas. Dessiné par le grand-père de l'ancien président Václav Havel, le palais appartient encore en partie à sa famille. Il est traversé par le passage du même nom où l'on trouve entre autres un séduisant cinéma, un café plein de charme, le **Kavárna Lucerna**, et le très populaire **Lucerna Music Bar**, très bonne salle de musique. Dans son atrium de marbre, la sculpture *Kůň* ("Cheval"), de David Černý, est le pendant ironique de la statue équestre de saint Venceslas, sur la place qui porte son nom. Ici, saint Venceslas chevauche un cheval mort suspendu par les sabots. La galerie Novák, voisine, offre une des plus belles façades Art nouveau de Prague, avec des scènes champêtres en mosaïques.

Musée du Communisme

DERRIÈRE LE RIDEAU DE FER

Aménagé par un Américain expatrié, ce musée privé raconte les années tchécoslovaques du temps du rideau de fer au travers de photos, de textes et d'une collection intéressante d'objets variés. Les magasins vides, la corruption, la peur et le double discours de l'époque sont bien restitués. Ne manquez pas les photos rares du monument à Staline qui se dressait autrefois dans le parc Letná (à l'emplacement actuel du bar le Métronome) et de sa destruction spectaculaire. Ne passez pas non plus à côté de la vidéo sur les manifestations qui déclenchèrent la révolution de Velours.

Musée de la ville de Prague

PRAGUE DE LA PRÉHSITOIRE AU XXᴱ SIÈCLE

Actuellement fermé pour travaux, cet excellent musée inauguré en 1898 retrace l'histoire de la ville, de la préhistoire au XXe siècle. Installée dans un bel édifice néo-Renaissance, son intéressante collection comprend notamment une extraordinaire maquette d'Antonín Langweil, qui reproduit à l'échelle 1/480 la ville entre 1826 et 1834, et le cadran d'origine de l'horloge astronomique (1866), dont les beaux panneaux peints par Josef Mánes symbolisent les mois ; vous remarquerez janvier, en haut, qui se réchauffe les pieds devant un feu, et août, vers le bas, qui moissonne à l'aide d'une faucille.

Musée Dvořák

LE PLUS CÉLÈBRE COMPOSITEUR TCHÈQUE

Ce musée consacré à la vie et à l'œuvre du compositeur tchèque Antonín Dvořák se situe dans la Villa Amerika, résidence d'été à la française dessinée vers 1720 par le maître baroque Kilian Dientzenhofer. Des concerts y sont donnés de mai à octobre, avec des œuvres de Dvořák au programme. Ce musée est rattaché au Musée national. Consultez le site Internet pour en savoir plus.

VERONIKA PRIMM/LONELY PLANET ©

MAISON DANSANTE

Datant de 1996, cet immeuble audacieux, proche de la Vltava, sur le quai Rašínovo, est l'œuvre des architectes Vlado Milunić et Frank Gehry. Les lignes courbes de la tour de verre à la "taille cintrée", serrée contre son partenaire plus droit, lui ont valu le surnom de bâtiment "Ginger et Fred", en référence au légendaire duo de danseurs.

Abri antiatomique de l'Hôtel Jalta

MISE SUR ÉCOUTE

Place Venceslas, l'Hôtel Jalta, datant des années 1950, est bâti sur un abri antiatomique de l'ère communiste, autrefois réservé aux dignitaires du régime et ouvert au public depuis 2013. Sa visite, menée par un guide en uniforme de la police de l'époque, permet de voir une série de salles secrètes. Celle des communications, qui servait à espionner les clients importants de l'hôtel, donne des frissons. Réservez la visite sur le site de l'hôtel.

K (sculpture de David Černý)

LES MÉTAMORPHOSES DE KAFKA

Cette tête monumentale de Franz Kafka datant de 2014 est peut-être l'œuvre la plus connue de David Černý. Elle est visible dans la cour du centre commercial **Quadrio**, au-dessus de la station de métro Národní třída. Composée de disques mobiles en inox réfléchissant, l'œuvre de 39 tonnes tourne et se déforme, allusion à la personnalité changeante et aux doutes de l'écrivain.

STLJB/SHUTTERSTOCK ©

Théâtre national

Théâtre national

LA PRINCIPALE SCÈNE TCHÈQUE

Emblème néo-Renaissance du Réveil national tchèque, ce chef-d'œuvre de l'architecte Josef Zítek est l'un des plus beaux bâtiments de Prague. Il a été entièrement financé par des dons privés, et décoré par des artistes tchèques de renoms. Il a brûlé quelques semaines après son inauguration en 1881 mais a pu être reconstruit (et refinancé) en moins de deux ans. Aujourd'hui, c'est la salle de théâtre, d'opéra et de ballet la plus prestigieuse de la ville. Allez le voir le soir, il est magnifiquement illuminé. Programmation sur le site Internet.

Nouvel hôtel de ville

LA "PREMIÈRE" DÉFENESTRATION

Édifié à la fin du XIVe siècle, au moment de la construction de la Nouvelle Ville, ce bâtiment fut le théâtre de la défenestration, en 1419, de deux échevins catholiques par des partisans du prédicateur Jan Želivský. L'acte, déclencheur des croisades contre les hussites, devint un geste politique récurrent. On peut voir la salle de justice gothique où il se déroula, et gravir les 221 marches qui mènent au sommet de la tour.

UNE AUTRE DÉFENESTRATION TRAGIQUE

L'autre défenestration de Prague, parfois appelée "seconde défenestration", eut lieu en 1618 au château de Prague (p. 48). Comme la première, elle déclencha une guerre tragique.

Une nuit à l'opéra

CULTURE SAVANTE

Nové Město est *le* quartier de la culture avec deux des institutions culturelles phares du pays. Outre le Théâtre national (ci-contre), l'opéra d'État de Prague (Státní opera), proche du Musée national, qui vient d'être magnifiquement rénové, programme des opéras et des opérettes italiennes classiques.

Faire du pédalo sur la Vltava

AVENTURE AUTOPROPULSÉE

JAKAPONG PAOPRAPAT/SHUTTERSTOCK ©

L'été, les Pragois aiment se rendre sur la jolie île Slave (Slovanský ostrov), qui se situe au pied du Théâtre national, et louer un pédalo pour glisser sur la Vltava. N'oubliez pas votre pique-nique. Sur l'île se trouvent l'élégant palais Žofín et une grande aire de jeux à son extrémité sud. Pour échapper à la foule de ce quartier animé, vous pouvez aussi aller flâner sur Střelecký ostrov (photo), autre île de la Vltava, plus grande et plus paisible.

Se promener à Náplavka

UNE RIVE ANIMÉE

Depuis quelques années, les Pragois redécouvrent les quais de Nové Město. Le plus populaire s'appelle Náplavka, qui s'étend sur 2 km du pied de la Maison dansante (p. 81) à l'arrêt de tram Výtoň. Il est très fréquenté le samedi quand, à partir de 8h, se déploie le marché de producteurs le long de la rivière. Le soir venu, une fois les fruits et légumes remballés, des centaines de gens viennent s'asseoir sur les berges et se détendre, une bière ou un verre de vin à la main.

LES MEILLEURS ENDROITS POUR SE RESTAURER

Kantýna
Boucherie très populaire. Choisissez votre pièce de viande que les chefs vont préparer, puis savourez-la dans le cadre opulent de ce qui fut une banque. **€€**

Garden's Restaurant
Face à l'entrée du palais Lucerna, un passage donnant sur la rue Vodičkova, mène à ce jardin secret. Idéal pour déjeuner ou pour un simple café avec des douceurs. **€€**

Cukrárna Myšák
Confiserie datant de 1911, redessinée par Josef Čapek en 1922, où café et gâteaux sont excellents. **€**

Globe Bookstore & Cafe
Ce sympathique café-librairie d'expatriés sert des *nachos*, des burgers, des salades jusqu'à 23h tous les soirs. Excellent brunch le week-end. **€**

Sansho
Restaurant avant-gardiste qui travaille les produits locaux pour proposer une somptueuse cuisine asiatique-fusion. **€€€**

OÙ PRENDRE UN VERRE

Vinograf
Bar à vins moderne et plaisant, idéal pour découvrir les meilleurs vins de Moravie.

U Fleků
Fondée en 1499, cette antique brasserie est appréciée pour l'excellente bière brune brassée sur place.

Café Slavia
Un endroit qu'affectionnait le président Václav Havel, avec un bon café et la vue sur le château de Prague.

Pédaler le long de la Vltava

SE DÉGOURDIR LES JAMBES

L'un des itinéraires cyclistes les plus pittoresques (et les plus plats) de Prague commence à Nové Město et longe la Vltava vers le sud sur au moins 20 km. Il convient même aux débutants. Trouvez le chemin indiqué "A2", sur la berge juste au pied de la Maison dansante (p. 81). Louez votre vélo chez **Praha Bike** ou optez pour un vélo en libre-service de l'opérateur **Rekola** ; les stations sont reconnaissables à leurs vélos roses.

PAROLE D'HABITANTE : NOVÉ MĚSTO

Nina Rail est céramiste (ninarail.com) et travaille dans un atelier proche de chez elle à Nové Město. Voici quelques-unes de ses boutiques préférées :

100 Class Concept Store
Dans la charmante boutique de Vendula Stoklásková, tout vient de créateurs indépendants du pays, ou des pays voisins.

Restart Shop
Il y a toujours de jolies pièces dans la vitrine de cette boutique de vêtements d'occasion, dont les bénéfices vont à des programmes d'action sociale.

Výtvarné Potřeby v Soukenicke
Ce magasin de beaux-arts vend peintures à l'huile, carnets, crayons, toiles et autres matériels de loisirs créatifs.

Artic Bakehouse
Mon mari adore leurs pains rustiques, mais leurs petits pains à la cannelle, croissants et pâtisseries sont aussi très bons.

OÙ SE LOGER

Almanac X Hotel
Hôtel séduisant des années 1930, où il reste encore beaucoup d'éléments Art déco d'origine, en marbre et en verre. **€€€**

Icon Hotel
Dans cet adorable boutique-hôtel, presque tout porte la marque d'un designer. **€€**

Sophie's Hostel
Auberge de jeunesse un bon cran au-dessus de la moyenne. Style contemporain, sol plaqué chêne et décor minimaliste. **€**

ŽIŽKOV ET KARLÍN

PUBS À FLANC DE COLLINE ET BERGES REVITALISÉES

Combien de nuits passées (et perdues) dans un pub de Žižkov ? Ce quartier vallonné, ancien faubourg industriel, à l'est du centre, est de loin le plus tapageur de Prague. Il ne compte que quelques monuments et ses rues en pente sont surtout appréciées pour leurs bars sans prétention et leurs clubs. Au sud et à l'est de Žižkov se trouvent deux cimetières importants, dont le Nouveau cimetière juif où repose Franz Kafka. Le quartier adjacent de Karlín est relié à Žižkov par un long tunnel piétonnier. Comme d'autres quartiers le long de la Vltava, Karlín a subi d'importantes inondations en 2002. Depuis, il s'est reconstruit et la transformation a été quasi miraculeuse. C'est aujourd'hui l'un des quartiers résidentiels les plus prisés de la ville, avec de jolis bâtiments Art nouveau abritant des dizaines de bons restaurants, cafés, pubs et bars à vins.

Pour les infos pratiques, voir le Carnet d'adresses p. 125

À SAVOIR

Le métro ne passe pas à Žižkov mais plusieurs stations de la ligne A (verte), comme Jiřího z Poděbrad, Flora et Želivského, sont accessibles à pied. Les trams nos 5, 9, 15 et 26 traversent Žižkov. Karlín est sur la ligne B (jaune), avec les stations Florenc et Křižíkova. Il est aussi desservi par les trams nos 3, 8 et 24.

Mémorial national de Vítkov

NATIONALISME EXUBÉRANT ET MACABRE

Guère plus gracieuse qu'une centrale électrique, cette massive construction fonctionnaliste au sommet de la colline de Vítkov domine le quartier de Žižkov. Elle dissimule cependant un riche intérieur Art déco rehaussé de marbres, d'ors et de mosaïques. Un passionnant musée y traite de l'histoire tchécoslovaque du XXe siècle.

Bien que datant des années 1930, l'édifice reste pour beaucoup de Pragois d'un certain âge étroitement associé à la Tchécoslovaquie communiste, en particulier à son premier président Klement Gottwald, dont il fut le mausolée de 1954 à 1962.

La salle centrale du monument renferme désormais un émouvant mémorial de guerre doté de sculptures de Jan Sturša. Y sont exposées des pièces ayant trait à la fondation de la République tchécoslovaque en 1918, à la Seconde Guerre mondiale, au "coup de Prague" en 1948, à l'invasion soviétique de 1968, et, enfin, à la révolution de Velours en 1989.

Toutefois, la partie la plus surprenante du lieu est le laboratoire où des scientifiques se démenèrent pour embaumer le corps de Klement Gottwald. Exposé dans un sarcophage en verre dans la journée, le corps était descendu dans cette crypte carrelée tous les soirs pour de nouveaux soins. Dans l'angle se trouve la chambre froide où la dépouille de Gottwald était remisée de nuit (la salle est aujourd'hui occupée par ce qu'il subsiste de son sarcophage).

Le Mémorial comprend également la tombe du soldat inconnu ainsi qu'une monumentale statue équestre de Jan Žižka (1370-1424), chef de guerre hussite et héros de l'histoire tchèque, qui se dresse au sommet de la colline depuis 1950.

INFOS PRATIQUES

Le mémorial de Vítkov dépend du Musée national. Le billet d'entrée donne accès à tout le bâtiment dont le musée et le laboratoire de Gottwald, ainsi qu'à la tombe du soldat inconnu. Un petit café au dernier étage permet de se rafraîchir. Au sommet, la vue embrasse Stáre Město jusqu'au château de Prague. Les chemins qui entourent le mémorial ménagent une redescente pittoresque. Le mémorial est fermé de novembre à mars.

INCONTOURNABLES
1 Cimetière d'Olšany
2 Mémorial national de Vítkov
3 Nouveau cimetière juif

VOIR
4 Tour de la télévision

SE RESTAURER
5 Eska
6 Krystal Bistro
7 Lokál Hamburk
8 Nejen Bistro
9 Proti Proudu
10 U Kurelů

PRENDRE UN VERRE
11 Antonínovo Pekárna
12 Bukowski's
13 Muj Šálek Kávy
14 Přístav 18600
15 U Houdků
16 U Sadu
17 U Vystřelenýho oka
18 Veltlin

SORTIR
19 Forum Karlín
20 Kasárna Karlín
21 Palác Akropolis
22 Stade du Viktoria Žižkov

Cimetière d'Olšany

LE PLUS GRAND CIMETIÈRE DE PRAGUE

Le plus grand cimetière de Prague n'a pas la beauté austère du **cimetière de Vyšehrad** (p. 107) mais n'est pas dénué de charme. Il fut créé en 1680 lors d'une épidémie de peste. C'est là que se trouve la tombe de Jan Palach l'étudiant qui s'immola par le feu sur la place Venceslas (p. 76) en janvier 1969 pour protester contre l'invasion soviétique. Pour la trouver, entrez par la porte principale dans Vinohradská et tournez à droite. Elle est à 50 m environ, sur la gauche de l'allée.

Les mausolées et mémoriaux Art nouveau les plus spectaculaires se concentrent autour de l'entrée principale et le long de la grande allée en direction du nord.

LA TRAGÉDIE DE JAN PALACH

L'étudiant Jan Palach s'est immolé par le feu en haut de la place Venceslas, face au Musée national (p. 76). L'emplacement est signalé par une marque au sol.

Le premier président communiste tchécoslovaque, Klement Gottwald, y est aussi enterré. Les sépultures les plus anciennes se trouvent dans la partie nord-ouest du cimetière, près de la chapelle Saint-Roch du XVIIe siècle.

Tombe de Franz Kafka

Nouveau cimetière juif

Franz Kafka repose dans ce cimetière créé vers 1890, lorsque fut fermé l'ancien cimetière qui se trouvait sur le site actuel de la tour de la télévision. Pour rejoindre la **tombe de Kafka**, suivez l'allée principale vers l'est (comme indiqué), tournez à droite dans l'allée 21 puis à gauche au niveau du mur ; elle se trouve au bout de l'allée. Les admirateurs de l'écrivain se rassemblent ici le 3 juin, jour anniversaire de sa mort. L'entrée jouxte la station de métro Želivského. Les hommes doivent se couvrir la tête (kippa fournie). Dernière entrée 30 minutes avant la fermeture.

LES MEILLEURS BARS DE ŽIŽKOV

Bukowski's
Le Bukowski's est loin d'être un bar à cocktails chic, mais il est apprécié des noctambules pour son côté débridé et ses horaires de fermeture tardifs (3h).

U Vystřelenýho oka
Une institution de Žižkov. Auberge bohème, atmosphère joyeuse et décontractée le vendredi soir, où tout est permis.

U Sadu
Un pub populaire, plutôt haut de gamme (par rapport aux autres lieux de la liste), avec une bière brassée tout exprès pour les clients, la "Sádek".

U Houdků
Bar typique de Žižkov qui se détache de ceux de la rue Bořivojova par sa bonne cuisine tchèque et son *beer garden* abrité, l'été.

À VOIR AUSSI À ŽIŽKOV ET KARLÍN

Tour de la télévision

LES GROS BÉBÉS DE LA TV

Érigée entre 1985 et 1992, la tour de la télévision est la construction la plus élevée (216 m) de la capitale, mais aussi, suivant les goûts de chacun, son bâtiment le plus laid ou le plus futuriste. Plus étonnants encore, dix gros bébés semblent ramper sur l'extérieur de la tour : il s'agit d'une œuvre de David Černý baptisée *Miminka* ("les Bébés"). Trois d'entre eux se sont échappés pour gagner Malá Strana.

Aller au concert

CLUBS DE LÉGENDE

Žižkov et Karlín possèdent de bonnes salles de concerts. Le **Palác Akropolis**, ancien théâtre transformé en sanctuaire de la musique et du théâtre alternatifs, programme une grande variété d'événements musicaux et culturels, du DJ au quatuor à cordes, des stars locales du rock aux artistes internationaux. Le **Forum Karlín** est une salle de concerts spacieuse et moderne où se produisent régulièrement les meilleurs artistes internationaux en tournée en Europe centrale.

Une balade sur la "high line" de Žižkov

L'AUTRE CÔTÉ DE ŽIŽKOV

Ce n'est pas tout à fait la *High Line* new-yorkaise mais cette ancienne voie de chemin de fer aérienne a été convertie en un lieu de promenade pour piétons, cyclistes et adeptes du roller. Elle passe au pied du Mémorial national de Vítkov (p. 85). Entrez par la passerelle à l'extrémité ouest de la rue Seifertova et prenez vers l'est. Vous passerez derrière le pub populaire de Žižkov, l'U Vystřelenýho oka (p. 87), ainsi que quelques maisons pittoresques.

ARAZU/ALAMY STOCK PHOTO ©

Se détendre à Kasárna Karlín

ANCIENNE CASERNE DEVENUE LIEU CULTUREL

Pour se faire une idée de la vocation culturelle grandissante de Karlín, rendez-vous dans cette ancienne caserne militaire reconvertie. Selon le jour, vous assisterez à une projection de film en plein air, à un concert, à un match de volley-ball ou découvrirez une exposition. La Kasárna possède aussi une grande aire de jeux pour les enfants et un café branché installé dans une piscine.

OÙ SE RESTAURER

Eska
Boulangerie artisanale et restaurant industriel-chic qui propose une cuisine intéressante à partir de produits locaux. Réservez. **€€**

Krystal Bistro
Cuisine austro-bohémienne sans prétention avec un touche française ; produits locaux de qualité. **€€**

Lokál Hamburk
Pub haut de gamme en vogue, qui sert des plats classiques tchèques d'un bon rapport qualité-prix et une bonne Pilsner. **€**

Prendre un verre en admirant la rivière

KARLÍN-SUR-VLTAVA

Depuis quelques années, Karlín redécouvre ses bords de rivière, et ses quais ombragés composent un bel endroit pour se détendre devant une bière. D'avril à septembre, **Přístav 18600** sert de *beer garden* improvisé, avec deux kiosques, quelques tables çà et là et de gros cubes de béton sur lesquels s'asseoir. C'est un endroit très prisé des employés qui viennent s'y détendre après le bureau. La grande aire de jeux sablonneuse plaît aux familles et de nombreux chemins piétonniers et cyclistes permettent de longer la rivière. À quelques pas, une nouvelle passerelle mène à Holešovice (p. 94), sur l'autre rive.

Applaudir le Viktoria Žižkov

HÉROS DE QUARTIER

Le club de football local, le Viktoria Žižkov, joue en division inférieure, et assister à un match ici est bien plus couleur locale qu'aller applaudir le Sparta de Prague sur l'autre rive, à Bubeneč. Le stade de la rue Seifertova n'accueille que 3 000 spectateurs. Achetez vos billets sur le site du club ou aux guichets du stade, 1 heure 30 avant le match.

Stade du Viktoria Žižkov

PAROLE D'HABITANTE : KARLÍN

Caroline Holoubek a grandi en Suède, vit à Prague depuis l'an 2000 et habite aujourd'hui Karlín. Elle nous confie quelque-une de ses adresses préférées pour boire un café ou un verre de vin :

Muj Šálek Kávy
Le plus ancien des cafés du quartier et qui reste le meilleur. La carte est inventive, la cuisine et les pâtisseries excellentes.

Antonínovo pekárna
Boulangerie classique où le café est très bon. Le lieu est très ensoleillé parce qu'il donne plein sud, sur le parc et l'église.

Veltlin
Pour les amateurs, une sélection de vins naturels d'Europe centrale, avec des tables dehors très agréables.

OÙ SE RESTAURER

Nejen Bistro
Steaks, *ribs* et burgers sont très bons. Plus plaisant le soir, quand l'éclairage d'ambiance donne à la salle un air encore plus intimiste. **€€**

Proti Proudu
Bistrot propre et décontracté de Karlín où on sert petits-déjeuners à toute heure, soupes et sandwichs. Réservez. **€**

U Kurelů
Pub typique de Žižkov réinventé en pizzeria à l'américaine, avec une très belle carte de cocktails et de boissons. **€**

VINOHRADY ET VRŠOVICE

DES LIEUX DE DÉTENTE POUR TOUS

Bien avant que la bière tchèque ne soit en haut de l'affiche, Prague était réputée pour son vin, dont une bonne partie était produite ici à Vinohrady ("les vignes"). On en voit encore quelques pieds au fond du joli parc de Havlíčkovy sady, à flanc de colline. Les résidents les plus aisés de Prague habitent les immeubles élégants des XIXe et XXe siècles de ses rues arborées, comme Mánesova ou Americká, et fréquentent les meilleurs restaurants, pubs et cafés de la ville. Vinohrady est aussi le cœur de la communauté LGBTQI+ pragoise et on y trouve les meilleurs clubs et bars gay. Vršovice, au sud-est, est un quartier mi-industriel, mi-résidentiel en plein essor festif depuis quelques années, notamment autour de la rue Krymská.

Pour les infos pratiques, voir le Carnet d'adresses p. 126

À SAVOIR

Vinohrady est aisément accessible en métro depuis le centre. La ligne A (verte) dessert ses deux centres principaux, Náměstí Míru et Jiřího z Poděbrad. Le tram n° 22, surnommé le "tram touristique", s'arrête à Náměstí Míru avant de poursuivre vers Vršovice. Les lignes de tram n° 4, 10 et 16 desservent aussi Vršovice.

Jardins Rieger

Jardins Rieger

PHOTOGÉNIQUE LE SOIR

Ce parc est le plus grand et le plus beau du quartier de Vinohrady. Il fut conçu au XIXe siècle dans la plus pure tradition des jardins à l'anglaise, et reste un bon endroit pour se promener au vert, se prélasser dans l'herbe, ou admirer le soleil couchant. Un promontoire, au fond du parc, offre un beau point de vue sur le château. L'agréable *beer garden* est très fréquenté de mai à septembre

ÉGLISE DU SACRÉ-CŒUR-DE-JÉSUS

Cette église érigée en 1932 sur une des places les plus animées de Vinohrady, Jiřího z Poděbrad, est sans doute un des exemples d'architecture du XXe siècle les plus originaux de la ville. Elle est l'œuvre de l'architecte slovène Jože Plečnik, qui contribua aussi à rénover le château de Prague dans les années 1920.

L'église s'inspire des temples égyptiens et des basiliques chrétiennes primitives. Ordinairement, elle n'est ouverte au public que durant les offices.

VOIR
1 Église du Sacré-Cœur-de-Jésus
2 Église Sainte-Ludmila
3 Jardin Havlíček
4 Jardins Rieger

SE RESTAURER
5 Kro Kitchen Bistro
6 La Farma
7 The Tavern
8 Výčep

PRENDRE UN VERRE
9 BeerGeek
10 BoHo Café
11 Café Kaaba
12 Café Sladkovský
13 Café V lese
14 Grébovka
15 Kavárna Šlágr
16 Le Caveau
17 Lokál U Benyho
18 Prague Beer Museum
19 Ossegg Praha
20 Vinograf Korunní
21 Vinohradský Parlament
22 Vinohradský Pivovar
23 Vinotéka Noelka

SORTIR
24 Kino Pilotů
25 Radiopalác
26 TerMIX

SHOPPING
27 Marché de producteurs

Église Sainte-Ludmila

LE CŒUR RELIGIEUX DE VINOHRADY

Les Pragois considèrent cette belle église néogothique de Náměstí Míru comme le cœur de Vinohrady. Elle fut édifiée entre 1888 et 1892 d'après les plans de l'architecte et restaurateur Josef Mocker, grand amateur de style gothique.

Le parvis de l'église accueille le marché de Noël le plus divertissant de Prague, après celui de la place de la Vieille-Ville.

LA PREMIÈRE SAINTE TCHÈQUE

Cette église porte le nom de la première sainte de Bohême, la princesse Ludmila, qui fut canonisée au XIe siècle. Elle joua un rôle important dans la légende de la fondation de Prague, à **Vyšehrad** (p. 106).

PAROLE D'HABITANTE : VINOHRADY

Lori Wyant est américaine et vit à Vinohrady depuis près de trente ans. Elle tient un restaurant, The Tavern, avec son mari, Dean Selby. Voici quelques-uns de ses endroits préférés à Vinohrady :

BoHo Café
Un café-bar charmant, joliment éclairé, où on sert d'excellents cocktails au milieu de rangées de vêtements vintage. Prenez un verre et repartez avec une veste rétro très cool.

Lokál U Benyho
Une ancienne pâtisserie transformée en pub rétro. Ambiance géniale et goulasch imbattable, à accompagner d'une Pilsner servie à la perfection.

Kro Kitchen Bistro
Leur classique poulet rôti aux pommes de terre rissolées et à la sauce demi-glace est addictif. Gardez de la place pour un croissant aux amandes de la boulangerie voisine.

Marché de producteurs

EMPLETTES ET DÉTENTE

Toujours animée, la place Jiřího z Poděbrad – abrégée en "Jiřák" pour ceux qui parlent tchèque, en "JZP" parfois pour les autres – est bordée de cafés, de bars et de restaurants tendance. Les bancs installés devant l'église du Sacré-Cœur-de-Jésus (p. 90) sont parfaits pour regarder les passants. De février à décembre, du mercredi au samedi, un marché de producteurs occupe la place toute la journée. Beaucoup de Pragois y consacrent leur samedi. Après avoir fait leurs achats en début de journée ils restent sur la place pour pique-niquer.

Faire la fête à Krymská

VIE NOCTURNE DE VRŠOVICE

Les soirs de fin de semaine, les habitants se retrouvent dans la rue Krymská à Vršovice, pour boire et faire la fête. Les bars sont parfois bondés, mais beaucoup autorisent les clients à sortir avec leurs verres (tout en respectant les riverains). Parmi les endroits prisés, citons le **Café V lese** (avec de la musique live), le cinéma d'art et d'essai **Kino Pilotů**, avec un agréable bar à cocktails adjacent, et le **Café Sladkovský**, pour boire et manger. Le mieux est de se balader pour dénicher l'endroit à son goût.

N'oubliez pas les pubs

MICROBRASSERIES ET BIÈRES ARTISANALES

Vinohrady comptent de très bons pubs et microbrasseries. **Vinohradský Pivovar** et **Ossegg Praha** brassent chacun leurs propres bières et proposent une excellente cuisine tchèque en accompagnement. À Náměstí Míru, le **Prague Beer Museum** dispose d'une grande salle en sous-sol où sont proposées quelque 30 bières à la pression. Sur le trottoir d'en face, le **Vinohradský Parlament** se situe entre le pub et le restaurant. À "JZP", **BeerGeek** propose lui aussi 32 bières pression, artisanales et/ou locales, Matuška, Clock ou Klášterní Strahov notamment.

Jardin et vin de Grébovka

PROFITEZ DES VIGNES

L'"autre" joli parc de Vinohrady, le jardin Havlíček (Havlíčkovy sady, "Grébovka" pour les intimes), occupe un flanc de colline du côté sud de la rue Americká. De style néo-Renaissance italienne, c'est un petit bout de paradis, avec grottes secrètes,

OÙ PRENDRE UN VERRE

Le Caveau
Une institution de "JZP" où prendre un café ou un verre de vin. On y trouve aussi pâtisseries et sandwichs.

Kavárna Šlágr
Café-boulangerie à l'ancienne avec un grand comptoir ; on a l'impression de revenir au siècle dernier.

Café Kaaba
Élégant café-bar avec mobilier rétro et couleurs pastel, sorti tout droit d'un magazine de décoration de 1959.

gros rochers et étangs parfaitement entretenus. En contrebas, la villa Gröbe offre d'autres points de vue magnifiques, et deux endroits où déguster du vin : l'adorable Pavilon Grébovka, qui surplombe des vignes, et un kiosque en plein air, plus informel.

Aller danser à TerMIX

GAY-FRIENDLY

En dix ans, Vinohrady est devenu l'épicentre de la scène gay de Prague et le TerMIX, club toujours animé, est un bon point de départ pour découvrir son énergie et sa vitalité. Le week-end, les danseurs, gay ou non, se disputent l'espace sur la petite piste. Venez juste après l'ouverture à 22h ou soyez prêt à faire la queue. Et quand il sera l'heure d'aller ailleurs, TerMIX n'est pas loin à pied des divers clubs *gay-friendly* de l'immense Radiopalác (palais de la Radio), au centre du quartier.

Vinograf

SATURNO DONA'/ALAMY STOCK PHOTO ©

PAROLE D'HABITANTE : VINOHRADY

Andrea Kotašková est née à Vinohrady. Œnologue reconnue, elle codirige une agence de voyages autour du vin, Wine Travel in Czech (winetravelinczech.com). Voici ses conseils pour prendre un verre à Vinohrady :

Grébovka
Il y a dans ce joli parc (aussi appelé Havlíčkovy sady) des vignes merveilleuses. Dégustez le vin qui en est issu au Pavilon Grébovka, ou bien sous le kiosque en bois qui a vue sur les pieds de vigne.

Vinograf Korunní
Un bar à vins moderne avec une jolie cave en brique. Venez pour prendre un verre ou mariez-le avec un bon repas.

Vinotéka Noelka
Faites comme les habitants et passez prendre un verre ou deux dans cette vinothèque populaire. La sélection de vins tchèques est excellente.

OÙ SE RESTAURER

Výčep
Ce pub très haut de gamme propose une version moderne de plats tchèques classiques. **€€**

The Tavern
Très bon pour les burgers, le porc effiloché et autres plats roboratifs, mais il y en a aussi pour les végétariens. **€**

La Farma
Un choix idéal pour le midi ou le soir, avec des classiques tchèques ou internationaux bien maitrisés. **€€**

HOLEŠOVICE

AMBIANCE ET ART URBAINS

Ancien quartier ouvrier où se concentrent usines et ateliers désaffectés, Holešovice s'est transformé pour devenir le centre de l'art contemporain pragois. Dans la foulée de l'installation de la magnifique collection de la Galerie nationale dans le palais des Foires et Expositions, plusieurs galeries avant-gardistes y ont ouvert. Holešovice est aussi devenu un lieu de design branché, avec beaucoup de boutiques de créateurs autour de la rue Milady Horákové. Le quartier comprend en fait deux secteurs distincts, séparés par une ancienne ligne de chemin de fer. L'ouest, prospère, est un quartier résidentiel qui s'embourgeoise rapidement, avec des maisons de ville du XIXe siècle autour du palais des Foires et Expositions et du musée national des Techniques. C'est là que se trouve le parc Letná, sur une crête qui domine la Vltava. L'est, plus décrépi, est plein d'anciennes usines dont beaucoup ont été transformées en lofts d'habitation ou en ateliers de design. On y trouve aussi des clubs comme le Cross Club et le toujours intéressant centre d'art contemporain DOX.

Pour les infos pratiques, voir le Carnet d'adresses p. 127

À SAVOIR

Holešovice est sur la rive opposée à Staré Město et Nové Město. Pour aller au parc Letná depuis Staré Město, traversez le pont Čechův (pont Tchèque) et empruntez l'escalier. Holešovice est desservi par la ligne de métro C (rouge), stations Vltavská et Nádraží Holešovice. Strossmayerovo náměstí est une importante station de correspondance pour les trams (nos 1, 6, 8, 12, 17, 25, 26).

Palais Veletržní

MUSÉE D'ART MODERNE ET CONTEMPORAIN

Présentant sur quatre étages la riche collection d'art de la Galerie nationale courant du XIXe au XXIe siècle, ce palais des Foires et Expositions peut prétendre au titre de plus beau musée de Prague. Les peintures de grands maîtres comme Van Gogh, Picasso, Schiele et Klimt abondent, mais les œuvres des artistes tchèques abstraits, surréalistes et cubistes de l'entre-deux-guerres justifient à elles seules la visite.

Au troisième étage, sont présentées les œuvres d'artistes comme Monet, Gauguin, Cézanne, Picasso, Delacroix et Rodin. Ne manquez pas *Le Vol* de Gauguin et le *Champ de blé vert avec cyprès* de Van Gogh. Les œuvres tchèques de l'entre-deux-guerres (1918-1938), notamment les toiles de František Kupka retiennent elles aussi l'attention.

Le quatrième étage est consacré aux magnifiques portraits et paysages du XIXe siècle, signés notamment de Klimt, Schiele et Munch. Vous serez saisi par les deux chefs d'œuvre que sont *Les Vierges* de Klimt, composition sensuelle aux couleurs vibrantes, et la *Femme enceinte et la Mort* de Schiele, sombre et inquiétant.

Prenez un moment pour admirer l'extérieur du bâtiment. Achevé en 1928, ce "palais des Foires" fut le premier bâtiment fonctionnaliste édifié à Prague et le plus grand du genre au monde à sa construction.

FAIRE DES ÉCONOMIES

Un billet combiné donne accès à tous les sites de la Galerie nationale (ngprague.cz) qui accueillent des expositions permanentes, notamment le **palais Schwarzenberg** (p. 54), le palais Kinský (p. 65), le **palais Sternberg** (p. 53), le **couvent Sainte-Agnès** (p. 71) et le **palais Veletržní**. Le billet est valable 10 jours après la première entrée dans un musée. Entrée libre pour les moins de 18 ans et les étudiants de moins de 26 ans.

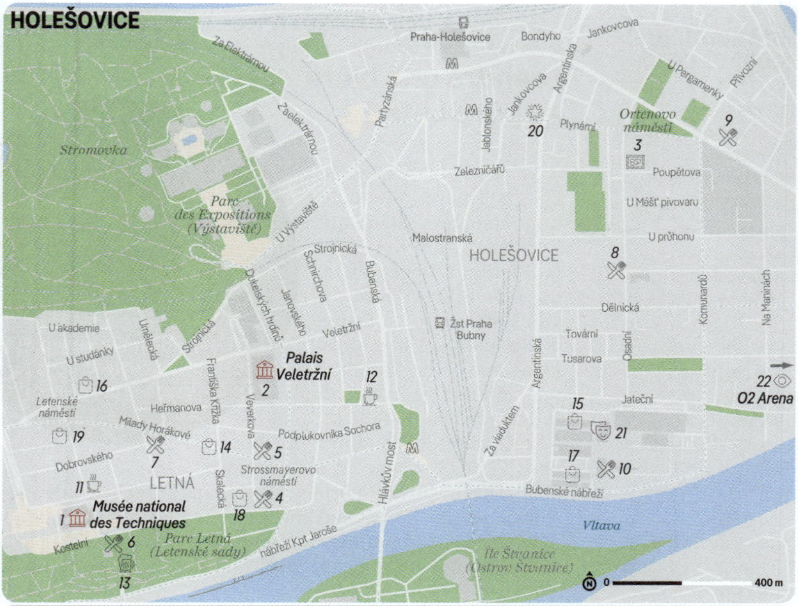

INCONTOURNABLES	SE RESTAURER	PRENDRE UN VERRE	
1 Musée national des Techniques	**4** Bistro 8	**11** Café Letka	**16** Kurâz
2 Palais Veletržní	**5** Cobra	**12** Kavárna Liberál	**17** Marché de Prague
VOIR	**6** Letenský zámeček	**13** *Beer garden* du parc Letná	**18** Page Five
3 Centre d'art contemporain DOX	**7** Mr Hot Dog/Big Smokers	**SHOPPING**	**19** The Chemistry Gallery
	8 Osada	**14** Charaktery	**SORTIR**
	9 The Eatery	**15** Halle 22	**20** Cross Club
	10 Tràng An		**21** Jatka 78
			22 O2 Arena

Musée national des Techniques

AVIONS, TRAINS ET VOITURES

Ce musée interactif présente avec brio l'héritage industriel du pays. La visite commence dans le grand hall rempli d'avions, de trains, de motos et d'automobiles d'autrefois que l'on peut approcher de près.

Les autres salles sont consacrées aux prouesses tchèques dans les domaines de la photo, de l'imprimerie, des arts ménagers, de l'architecture et de l'astronomie, entre autres. Le lieu est prisé des familles avec enfants.

THOMAS PILLER/GETTY IMAGES ©

DES BOUTIQUES COUP DE CŒUR

Charaktery
Collectif de créateurs confectionnant de très jolis bijoux et accessoires.

Kurâz
Vêtements, accessoires et cadeaux produits en République tchèque et en Slovaquie.

The Chemistry Gallery
Photos et tableaux des meilleurs artistes locaux. Éclectique et parfois abordable.

Page Five
Jolis livres, cartes et sérigraphies, dans la rue Veverkova.

Guilt
Vêtements et manteaux d'occasion sélectionnés avec soin, en mettant l'accent sur la durabilité.

À VOIR AUSSI À HOLEŠOVICE

Prendre une bière au parc Letná

L'UN DES MEILLEURS BEER GARDEN DE LA VILLE

Ce vaste parc s'étend sur un promontoire dominant la Vltava, au nord de la Vieille Ville et offre un splendide point de vue sur la ville, le fleuve et les ponts. Un endroit idéal pour une balade ou pour prendre un verre dans le *beer garden* installé (de mai à septembre) à l'extrémité est du parc. Faites la queue au petit kiosque pour acheter votre Gambrinus, servie dans des gobelets de 50 cl (consignés, 50 Kč), puis dénichez une table de pique-nique, détendez-vous et profitez de l'ambiance conviviale. En plein été, le kiosque reste ouvert jusqu'aux alentours de minuit.

À CHACUN SON BEER GARDEN

Après avoir bu une bière au *beer garde* du parc Letná, allez voir son rival sur l'autre rive, à Vinohrady. Celui du parc Rieger (**Riegrovy sady**, p. 90) est plus paisible, et certains Pragois le préfèrent.

Assister à un match de hockey

SPORT DE GLACE

De septembre à avril, l'élégante **O2 Arena**, à 5 km à l'est de Holešovice, dans le district de Libeň, abrite le club de hockey sur glace local, le Sparta Praha. Le niveau de jeu est élevé et l'Extraliga tchèque est sans doute le championnat le plus relevé en dehors de la NHL nord-américaine. Même les profanes apprécieront le spectacle et l'enthousiasme des joueurs et des supporteurs. Achetez vos billets en ligne sur Ticketportal (ticketportal.cz). La salle se trouve sur la ligne B du métro (jaune), station Českomoravská.

Un marché protéiforme

ALIMENTATION, ARTISANAT ET CULTURE

Le **marché couvert de Prague** (Pražská tržnice), dans la partie est de Holešovice, fut pendant des années le principal marché d'alimentation et d'articles de maison de la ville. Dans les années 1990, le quartier connut une mauvaise passe. Les halles sont aujourd'hui en pleine rénovation. L'animation est plus grande le samedi, quand des stands de cuisine de rue et des artisans s'y installent.

PETER FORSBERG/ALAMY STOCK PHOTO ©

OÙ SE RESTAURER

Bistro 8
Lieu végétalien accueillant, avec petits-déjeuners à toute heure, plats du jour le midi, et du bon café. **€**

Letenský zámeček
Restaurant haut de gamme avec une terrasse, à côté du *beer garden* de Letná. Réservez. **€€**

Cobra
Ce restaurant populaire est aussi un bar à cocktails, au cœur du Holešovice branché. **€€**

Les halles abritent aussi un théâtre alternatif, **Jatka 78** et une galerie d'art originale, **Trafo gallery**. On y trouve aussi un très bon restaurant vietnamien, **Tràng An**, dans le bâtiment n° 5.

Faire du lèche-vitrines

BOUTIQUES BRANCHÉES

Depuis quelques années, des dizaines de petites boutiques de créateurs et des librairies ont surgi dans l'ouest de Holešovice. On les trouve surtout dans la rue principale du quartier, Milady Horákové, et dans les rues adjacentes, Veverkova, Františka Křížka et Kamenická.

DOX - Centre d'art contemporain

UN ZEPPELIN SUR LE TOIT

Ce centre artistique occupe une ancienne usine. Ses expositions mettent en lumière des œuvres qui font feu de tout bois : vidéo, sculpture, photographie, installation et peinture. On y trouve un café et une librairie riche en livres d'art et d'architecture. Ne manquez pas le *Gulliver*, dirigeable géant en bois posé sur le toit du bâtiment depuis 2016.

Centre d'art contemporain DOX

PAROLE D'HABITANT : HOLEŠOVICE

Jan Valenta, né à Prague, concocte avec sa femme Zuzi les circuits gastronomiques Taste of Prague (tasteofprague.com). Voici quelques-une de ses adresses gourmandes préférées à Holešovice :

Halle 22
Cette halle du marché couvert est un endroit tout indiqué pour trouver des fruits et légumes bio et locaux.

Mr Hot Dog/ Big Smokers
Mr Hot Dog sert des mini-burgers, des hot-dogs et du chili. Son restaurant, Big Smokers, propose des grillades et du porc effiloché.

Osada
Osada se cache dans une cour, dans l'est de Holešovice. On y sert du café grand cru et des repas légers.

The Eatery
Cuisine moderne, haut de gamme, dans un cadre minimaliste de bon goût.

OÙ PRENDRE UN VERRE

Cafe Letka
Café de quartier joliment ornementé, à quelques pas du parc Letná.

Kavárna Liberál
Café évoquant le Vienne des années 1920, où la cuisine est excellente.

Cross Club
Le bar et night-club le plus connu de Holešovice est une ode au steampunk ; il faut le voir pour y croire.

BUBENEČ ET DEJVICE

VILLAS, PARCS ET JARDINS

Les secteurs de Bubeneč et Dejvice s'étendent au nord du château de Prague et à l'ouest de Holešovice. Ce sont deux jolis quartiers résidentiels prospères, datant de la fin du XIXe et du début du XXe siècle. Bubeneč, en particulier, abrite de splendides villas, sièges d'ambassades, et le parc Stromovka, le plus grand espace vert de la ville, bordant la rive sud de la Vltava.

Proche de Stromovka, Výstaviště, le parc des Expositions, a été créé pour le jubilé de Prague en 1891. Bien qu'il paraisse un peu à l'abandon, il héberge une intéressante section du Musée national et le plus grand aquarium de la République tchèque. Le zoo de Prague, le château de Troja et le jardin botanique sont quant à eux sur l'autre rive, au nord de Stromovka. Plus à l'ouest à Dejvice, des sentiers suivent la Šárka jusqu'à Divoká Šárka, un parc qui offre de véritables escapades dans la nature.

Pour les infos pratiques, voir le Carnet d'adresses p. 129

À SAVOIR

Les stations Hradčanská et Dejvická de la ligne A du métro (verte) permettent de rallier facilement Bubeneč et Dejvice. Les deux quartiers sont bien desservis par le tram. Les nos 1, 8, 25 et 26 relient Letenské náměstí, non loin du parc Stromovka. Les nos 12 et 17 conduisent à Výstaviště.

MILONK/SHUTTERSTOCK ©

Château de Troja

Château de Troja

OPULENCE BAROQUE

En face du parc Stromovka, sur l'autre rive de la Vltava (accessible par une passerelle, voir p. 101), ce palais baroque inspiré des villas de la campagne romaine fut dessiné au XVIIe siècle par le français Jean-Baptiste Mathey (à qui l'on doit aussi les écuries du château de Prague) pour une famille noble, les Šternberk (Sternberg). On peut y admirer sa décoration intérieure, ses salles luxueuses ornées de fresques. Son parc se visite gratuitement. Les statues de pierre et le jardin à la française sont l'occasion de jolies photos.

Villa Müller

CHEF D'ŒUVRE DU DESIGN

Les amateurs d'architecture apprécieront ce chef d'œuvre de design, à l'ouest de Dejvice dans le quartier de Střešovice. L'extérieur ultramoderne de l'édifice, construit en 1930 pour l'entrepreneur en bâtiment František Müller sur les plans du maître de l'architecture moderne, le Viennois Adolf Loos, contraste avec son intérieur classique, décoré de bois poli, de cuir et de tapis orientaux. Réservez la visite en ligne au préalable.

Jardin botanique de Prague

PAPILLONS ET BONSAÏS

Les collines de l'autre rive de la Vltava, au nord de Stromovka, forment le cadre idyllique de ce vaste jardin botanique, pourtant souvent négligé par les visiteurs. Il plaira à tout botaniste amateur : la serre "Fata Morgana", en forme de "S", abrite des papillons, un petit aquarium et de nombreuses plantes exotiques originaires d'Amérique Latine, d'Australie et d'Afrique. Un petit jardin japonais présente une impressionnante collection de bonsaïs. Des chemins sillonnent le domaine, avec une vue spendide sur la vallée de la Vltava. On pourrait y passer presque une journée. Les vignes à flanc de colline donnent un vin qu'il est possible de goûter dans le cadre d'ateliers de dégustation, à moins d'en acheter une bouteille à la boutique du parc.

UNE AUTRE VILLA SIGNÉ ADOLF LOOS

Outre la villa Müller, Adolf Loos a conçu d'autres villas à Prague et ses environs. L'une des plus impressionnantes, la dernière achevée de son vivant en 1932, est la **Villa Winternitz** (p. 104), à Smíchov.

LES MEILLEURS PUBS TRADITIONNELS TCHÈQUES

Na Slamníku
Il ressemble à un relais routier accueillant, avec deux belles salles à manger, et un feu dans la cheminée. On y sert de la Pilsner Urquell, de l'Únětice, la bière locale, et de très bons plats. Concerts le vendredi soir.

Na Urale
Pub de quartier populaire avec des tables en terrasse, sur une place calme de Bubeneč, Puškinovo náměstí.

U Veverky
Ici, on vient moins pour la bière (qui est pourtant très bonne) que pour l'excellente cuisine tchèque. Mieux vaut réserver au dîner.

À VOIR AUSSI À BUBENEČ ET DEJVICE

S'évader à Divoká Šárka

ROCHERS ET NATURE SPLENDIDE

Envie d'évasion ? Offrez-vous une balade à Divoká Šárka, l'un des parcs les plus beaux et les plus isolés de la ville. Si l'endroit est surtout connu pour son paysage lunaire de rochers et de collines en son extrémité ouest, il longe le Šárecký potok (ruisseau Šárka) sur des kilomètres à travers forêts et vallées. Pour y accéder, le plus simple est de prendre le tram ; depuis la place de la Victoire (Vítězné náměstí), les lignes 20 et 26 ont leur terminus à la lisière du parc. Au retour, vous pouvez reprendre le tram en sens inverse ou parcourir un sentier de 7 km qui revient en boucle vers la Vltava, puis prendre un tram.

L'endroit est parfait pour prendre l'air, marcher et pique-niquer. L'été, on peut profiter d'une piscine non chauffée (l'eau est glacée) et de plusieurs pubs.

Pour regagner la ville à pied, repérez le sentier (balisage rouge) qui conduit jusqu'au faubourg de Podbaba, où le ruisseau se déverse dans la Vltava. De là, cherchez la tour de l'Hotel International, coiffée d'une étoile dorée. Dirigez-vous vers l'hôtel, d'où vous pourrez prendre le tram n°8 ou 18, qui vous ramène à Vítězné náměstí ou à la station de métro Dejvická (ligne A).

Marché de producteurs

PLAISIRS DU SAMEDI MATIN

De mars à novembre, levez-vous tôt un samedi matin pour vous mêler aux chalands du marché de producteurs de Dejvice, installé dans un pré à côté de la station de métro Dejvická. L'ambiance y est très festive. On y trouve bien sûr des marchands de primeurs, mais aussi des musiciens et des stands de cuisine (tacos, burgers, etc.) pour grignoter.

Zoo de Prague

CHEVAUX DE PREZWALSKI

Sur 60 ha de terrain boisé au bord de la Vltava, ce zoo a fait de gros efforts d'investissement pour améliorer le bien-être des animaux. Il héberge des girafes et des gorilles en assez grand nombre, mais surtout un troupeau de chevaux rares, dont des chevaux de Przewalski notamment. Un téléphérique miniature et une grande aire de jeux figurent parmi les attractions. Pour s'y rendre, le plus rapide est de prendre le bus n° 112 à la station de métro Nádraží Holešovice (ligne C). Les moins pressés peuvent effectuer la jolie balade

OÙ PRENDRE UN VERRE

Cukrárna Alchymista
On vient surtout pour le jardin à l'arrière mais les gâteaux et les pâtisseries sont parmi les meilleurs de Prague.

Cafe Pod Lipami
Café et en-cas légers sous les tilleuls de la jolie rue Čechova.

Kavárna Kabinet
Café à l'ancienne, dans un coin arboré de Bubeneč. Bonne bière également.

de 30 minutes qui part du parc des Expositions (Výstaviště) à travers le parc Stromovka. Suivre les sentiers vers le nord et l'ouest (panneaux "Troja" et "zoo"), passer sous une voie ferrée et emprunter une passerelle sur la Vltava pour arriver à l'entrée principale du zoo.

Generali Arena (stade Letná)

APPLAUDIR UNE GRANDE ÉQUIPE

Le stade du Sparta Praha, le club de foot le plus titré du pays, peut accueillir plus de 20 000 spectateurs. C'est aussi ici qu'ont lieu nombre de matchs internationaux et de rencontres amicales. La saison court d'août à mai. Prenez vos billets sur le site du stade ou à la billetterie le jour-même, avant le match.

Se balader dans Stromovka

TERRAIN DE CHASSE ROYAL

Promeneurs, joggeurs, cyclistes et skateurs apprécient le parc Stromovka qui était une chasse royale au Moyen Âge. On l'appelle parfois Královská obora (parc royal aux Daims). Rodolphe II y fit planter des essences rares et creuser plusieurs lacs.

Au sud-est se trouve le **Planétarium de Prague** (www.planetum.cz) qui propose diaporamas et projections vidéo en plus des spectacles quotidiens sur les étoiles.

L'accès au parc se fait depuis le parc des expositions (Výstaviště). Autrement, de Letenské náměstí, suivez Čechova třída vers le nord jusqu'à une corniche au-dessus du parc et descendez.

Parc Stromovka

CAPTURE LIGHT/SHUTTERSTOCK ©

POURQUOI J'AIME BUBENEČ

Mark Baker, coauteur du guide *Prague et la République tchèque*

Bubeneč est un quartier paisible, et c'est pour ça que je l'aime. Mon appartement se trouve non loin de Stromovka où je vais souvent me promener. Mais je préfère encore me balader dans les rues résidentielles et admirer les villas élégantes du quartier. Bubeneč est devenu au XIXe et au début du XXe siècle le repaire des grands industriels et des banquiers. Les villas qu'ils y firent bâtir reflètent la diversité architecturale de l'époque : Art nouveau, fonctionnalisme et cubisme. Cette splendeur se reflète notamment dans la résidence de l'ambassadeur des États-Unis (ulice Ronalda Reagana 3), palais de 65 pièces édifié pour l'industriel Otto Petschek au début des années 1930.

OÙ SE RESTAURER

Lokál Nad Stromovkou
Excellente cuisine tchèque d'un bon rapport qualité-prix. Sur une hauteur dominant le parc Stromovka. Réservez. **€€**

Kavárna Místo
Plats inventifs concoctés à partir de produits locaux, dans un cadre épuré. **€**

The Farm
Lieu informel avec de très bons petits-déjeuners et burgers, à quelques pas de l'entrée de Stromovka. **€€**

SMÍCHOV

LE QUARTIER DE LA BIÈRE

Smíchov présente peu d'intérêt touristique ou architectural. La plupart de ses bâtiments datent de la seconde moitié du XIXe ou de début du XXe siècle et témoignent d'un passé très industriel. En revanche, on y trouve de la bière à foison. C'est en effet là qu'est installée la brasserie Staropramen. De ce fait, Smíchov n'est pas très loin de rivaliser avec Žižkov (p. 85) en nombre de pubs au kilomètre carré.

Toutefois, le quartier évolue peu à peu et les restaurants, notamment sur le quai (Smíchovská náplavka), où il fait bon se balader, gagnent en qualité et en variété. Les lieux comme MeetFactory pour la musique alternative, Jazz Dock pour le jazz ou Švandovo Divadlo pour le théâtre en font l'un des secteurs culturels les plus dynamiques de la ville.

Pour les infos pratiques, voir le Carnet d'adresses p. 129

À SAVOIR

Smíchov est bien desservi. La ligne B (jaune) dessert Anděl, le principal quartier commerçant, et la gare ferroviaire de Smíchov (Smíchovské nádraží). Le secteur animé autour de la station de métro Anděl est relié à tous les autres quartiers de Prague par de nombreux trams (nos 4, 5, 7, 9, 10, 12, 16, 20 et 21).

MeetFactory

MeetFactory

AMBIANCE ALTERNATIVE

Suivant un projet remarquable de l'artiste David Černý, la MeetFactory réunit des artistes du monde entier venus vivre et créer dans une immense usine désaffectée, au sud de la station Smíchovské nádraží. L'espace est utilisé pour des expositions, des happenings, des projections de films, des représentations théâtrales et des concerts. Programme sur le site Internet. Le lieu est un peu excentré. Prenez les trams nos 4, 5, 12 ou 20 jusqu'à l'arrêt Lihovar et traversez les voies ferrées

Staropramen

LA GRANDE BRASSERIE DE PRAGUE

Staropramen est la seule grande brasserie de Prague qui détonne dans un paysage brassicole composé essentiellement de microbrasseries. Contrairement aux visites des brasseries de Plzeň et de České Budějovice, le circuit de 50 minutes proposé ici ressemble plus à celui d'un musée qu'à une vraie visite d'usine, même si vous pourrez déguster plusieurs bières en chemin. La présentation met l'accent sur l'histoire de la brasserie fondée en 1869. Horaires des visites (en tchèque ou en anglais) sur le site Internet.

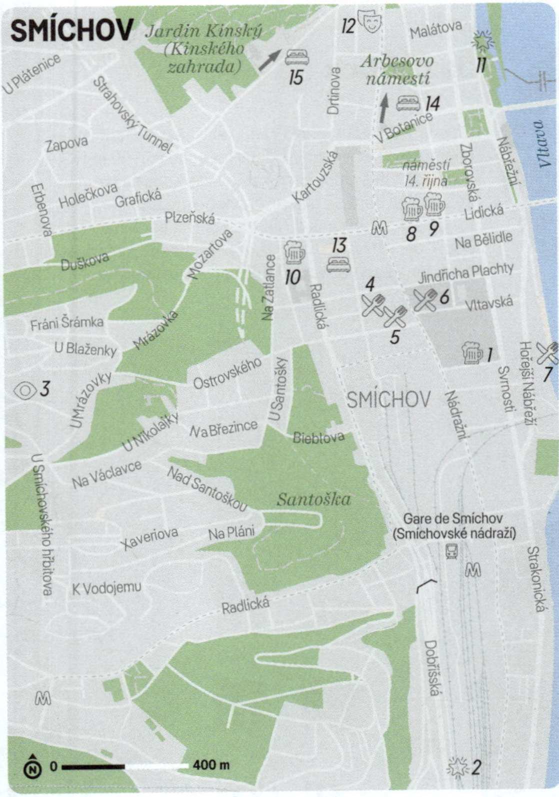

VOIR
1 Brasserie Staropramen
2 MeetFactory
3 Villa Winternitz

SE RESTAURER
4 Kavárna Co Hledá Jméno
5 Manifesto Market
6 Taro
7 The Pichers

PRENDRE UN VERRE
8 Andělský pivovar
9 Hospoda U Buldoka Na Verandách (voir 1)
10 Zlatý Klas

SORTIR
11 Jazz Dock
12 Švandovo Divadlo

SE LOGER
13 Anděl's By Vienna House
14 Hotel Julian
15 Red & Blue Design
16 Hotel Julian

Quai de Smíchov

BARS ET VUE SUR LA RIVIÈRE

Le quai de Smíchov (Smíchovská náplavka) le long de la Vltava, du sud de la rue Vltavská jusqu'à la rue Pivovarská, connaît un renouveau depuis quelques années. Par bien des aspects, il est plus intéressant, plus tranquille et plus raffiné que le très couru Náplavka (p. 83) sur l'autre rive, à Nové Město. Plusieurs pubs et restaurants comme **The Pitchers** (Hořejší nábřeží), un bon bar-grill, dressent des tables dehors aux beaux jours, avec vue sur la forteresse de Vyšehrad (p. 106). Un ferry permet de rejoindre l'arrêt de tram de Výtoň, à Nové Město (accessible avec un ticket de métro ou de tram).

VISITE DE BRASSERIE

La visite de Staropramen est une bonne option si vous n'avez jamais vu de brasserie (ou que vous ne sortez pas de Prague), mais celle de la **brasserie Pilsner Urquell** (p. 150) à Plzeň (Pilsen) est incontestablement la plus intéressante.

Jazz Dock

JAZZ AVEC VUE

L'histoire d'amour entre Prague et le jazz remonte aux années 1920 et a culminé dans les années 1950 et 1960. La plupart des clubs sont abrités dans des caves mais celui-ci, en bord de rivière, change agréablement. Il attire les plus grands noms du jazz, du blues, du swing et de la pop. Concerts à 19h et à 22h généralement, avec possibilité de dîner. Réservez votre table sur le site Internet.

Villa Winternitz

EN HAUT : EVA PRUCHOVA/SHUTTERSTOCK © EN BAS : RUEDIGER ETTL/SHUTTERSTOCK ©

Švandovo Divadlo

THÉÂTRE TCHÈQUE EN ANGLAIS

Les Tchèques possèdent une solide tradition théâtrale. Le théâtre expérimental de Švanda met un point d'honneur à donner ou à surtitrer certaines représentations en anglais pour les faire découvrir à un public plus large. La programmation fait la part belle aux comédies et aux drames contemporains, avec quelques concerts et ballets. Mention "English friendly" ou "English supertitles" sur le programme du site Internet.

Villa Winternitz

VILLA MODERNISTE

Construite en 1932, la villa Winternitz, signée Adolf Loos et Karel Lhota, a été entièrement restaurée. Elle est incontournable pour les amateurs d'architecture moderniste. Natif de Brünn en Autriche-Hongrie (actuelle Brno en République tchèque), Adolf Loos (1870-1933) est considéré comme le précurseur de l'architecture moderne. Cette villa, la dernière œuvre qu'il réalisa, illustre bien son concept de *Raumplan* ("projection dans l'espace") : design, éclairage et espace intérieur sont appropriés à la fonction des pièces. La famille Winternitz fut contrainte d'abandonner la villa en 1941 sous l'occupation nazie. Elle a été restituée depuis aux descendants de ses propriétaires. Visite guidée le week-end sur réservation.

À VOIR AUSSI À SMÍCHOV

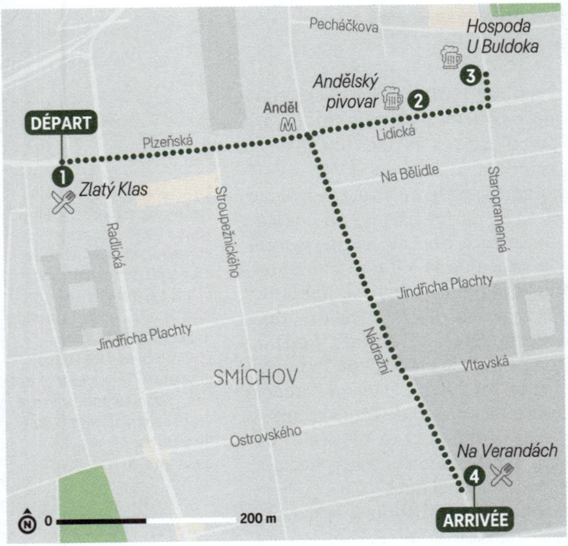

Tournée des pubs

CIRCUIT AUTOUR DU HOUBLON

Commencez par l'un des établissements à l'ancienne les plus connus du coin, (1) **Zlatý Klas**. Ici, la bière est stockée dans de grands réservoirs (*tankové pivo*) pour la garder plus fraîche. La cuisine traditionnelle, comme le *svíčková* (bœuf braisé à la crème) ou le *Plzeňský guláš* (goulasch) est appréciable.

De là, prenez la rue Plzeňská vers l'est, qui se prolonge en rue Lidická. Cette rue et sa parallèle, Na Bělidle, regroupent nombre des pubs du quartier. (2) **Andělský pivovar**, grand espace rénové, avec de très bonnes bières artisanales brassées sur place, contraste avec les pubs plus traditionnels. Au coin de la rue, vous pouvez passer dans un bar sportif classique (3) **Hospoda U Buldoka** est assez représentatif de l'ambiance parfois très alcoolisée qui peut régner dans ce type établissements. Pas du goût de tout le monde ! Prenez ensuite Nádražní vers le sud pour aller goûter à la source la bière de la brasserie Staropramen, à (4) **Na Verandách**. Le pub est dans la brasserie même, promesse d'une fraîcheur imbattable.

OÙ SE RESTAURER À SMÍCHOV

Manifesto Market
Ce *food court* en plein air, proche de la station de métro Anděl, est idéal pour se restaurer vite et bien. Les stands proposent classiques de la cuisine de rue et plats plus haut de gamme. Paiement par carte uniquement. **€**

Taro
Un des rares grands restaurants du quartier, avec une cuisine fusion aux accents vietnamiens, exécutée avec précision. **€€€**

Kavárna Co Hledá Jméno
Café branché populaire, parfait pour se détendre devant un bon expresso, mais aussi peut-être les meilleurs œufs Bénédicte de Prague. Réservez. **€**

PICTURE ALLIANCE/GETTY IMAGES ©

OÙ SE LOGER

Red & Blue Design Hotel
Boutique-hôtel de designer, dans une maison de ville du XIXe siècle joliment rénovée. **€€**

Anděl's By Vienna House
Hôtel contemporain au décor minimaliste. À quelques pas du métro Anděl. **€€**

Hotel Julian
Petit hôtel au calme, au sud de Malá Strana. Avec un salon et une bibliothèque dans les parties communes. **€€**

VYŠEHRAD

L'"AUTRE" CHÂTEAU DE PRAGUE

La citadelle de Vyšehrad constitue le site phare du secteur. Elle joua, plus d'un millénaire durant, un rôle important dans l'histoire tchèque. Si peu d'édifices anciens ont survécu (la majorité de ce que l'on voit date en effet des XVIIe-XVIIIe siècles), elle est considérée comme le cœur spirituel de Prague.

D'après la légende, le chef Krok aurait bâti ici un château au VIIe siècle, et sa fille, Libuše, aurait prédit qu'une grande cité naîtrait un jour dans la vallée de la Vltava. Elle aurait ensuite épousé un laboureur du nom de Přemysl, fondant à la fois la ville de Prague et la dynastie des Přemyslides, ducs (IXe-XIIe siècles), puis rois de Bohême. Vyšehrad ("Le Haut Château"), qui rivalisa un temps avec le château de Prague, a disparu depuis longtemps, victime des guerres et des préférences royales, et son histoire comporte beaucoup de zones d'ombre. Les premiers rois Přemyslides s'y installèrent au XIe siècle mais passèrent assez vite sur l'autre rive. Quelques siècles plus tard, Vyšehrad n'était plus qu'une ruine menaçante.

Au XVIIe siècle, la monarchie des Habsbourg ressuscita temporairement Vyšehrad en y bâtissant une citadelle pour se protéger des Prussiens. Il n'en reste aujourd'hui qu'une aura de mystère et de légende, et un joli parc avec vue sur la rivière.

Pour les infos pratiques, voir le Carnet d'adresses p. 130

À SAVOIR

L'ancienne citadelle et les ruines éparses de Vyšehrad sont à 2 km au sud du centre de Prague. Si vous manquez de temps, prenez la ligne C (rouge) du métro vers le sud jusqu'à la station Vyšehrad. De là, faites 200 m à pied vers l'ouest et la porte Tábor, entrée du site. Sinon, remontez la rue Vratislavova depuis l'arrêt de tram Výtoň, proche de la Vltava.

Rotonde Saint-Martin

Basilique Saints-Pierre-et-Paul

L'ANCIENNE RIVALE DE SAINT-GUY

La majestueuse basilique Saints-Pierre-et-Paul domine Vyšehrad de ses flèches gothiques. L'édifice semble dater de l'époque des premiers rois de Bohême mais très endommagé par les guerres des XVe et XVIIe siècles, il a été remanié au cours des siècles. Visibles de loin, les deux flèches, devenues l'emblème de Vyšehrad, datent de la fin du XIXe siècle, époque du bref engouement pragois pour le néogothique.

Rotonde Saint-Martin

UNE ROTONDE MILLÉNAIRE

Bien que peu de traces demeurent de la Vyšehrad des origines, on entrevoit sa splendeur passée à la rotonde Saint-Martin. Cette église du XIe siècle, serait le plus ancien édifice de Prague. Ses murs épais et ses hautes fenêtres étroites sont typiques de l'architecture romane. La porte et les fresques sont le fruit d'une restauration effectuée vers 1880. Durant le belliqueux XVIIe siècle, elle servit de poudrière. La rotonde est en principe fermée au public mais on peut en voir l'intérieur durant les offices, aux horaires indiqués sur la porte.

Cimetière de Vyšehrad

MAGNIFIQUE NÉCROPOLE

Comme le Père-Lachaise à Paris, le cimetière de Vyšehrad est plus qu'une nécropole. C'est un panthéon des grands artistes et penseurs tchèques du XIXe siècle et du début du XXe, qui ont contribué à forger l'identité nationale. Vyšehrad est ainsi le lieu où reposent Antonín Dvořák, Bedřich Smetana et Alfons Mucha, entre autres.

Nombre de caveaux et de pierres tombales ont rang d'œuvres d'art. La sépulture de Dvořák, par exemple, est ornée d'une sculpture de Ladislav Šaloun, qui est également l'auteur de la statue de Jan Hus (p. 65), place de la Vieille-Ville. Une liste des tombes célèbres figure à l'entrée, mais le vrai plaisir consiste à marcher dans les allées et déchiffrer les noms sur les tombes au hasard de sa déambulation.

À VOIR AUSSI À VYŠEHRAD

Porte Léopold

ENTRÉE DE LA CITADELLE

L'accès principal à la citadelle de Vyšehrad, en venant de la station de métro, se fait par une série de portes imposantes. D'abord la porte Tábor, puis la monumentale porte Léopold, datant du XVIIe siècle. Entre les deux, subsistent les vestiges de la porte du Pic (Špička brána), édifice gothique du XIVe siècle qui abrite désormais le centre d'information.

EN HAUT : XLUP/SHUTTERSTOCK © ; EN BAS : SILOTO/SHUTTERSTOCK ©

Porte en brique

Caves gothiques

VESTIGES DU PALAIS

Les caves gothiques restaurées faisaient partie d'un ensemble de quatre salles (avec sans doute aussi une chapelle et une salle à manger) bâti pour l'empereur Charles IV au XIVe siècle. Elles accueillent une exposition permanente (assez austère) sur l'histoire et la légende de Vyšehrad. On y décrit la transformation des lieux, de résidence royale en forteresse. L'intérieur et les vestiges des civilisations pré-slaves sont très intéressants.

Porte en brique et casemates

LEÇON POUR CONSTRUIRE UN FORT

Dans l'imaginaire collectif, Vyšehrad est souvent lié aux origines de la ville de Prague alors que la plupart de ses bâtiments anciens, dont la porte en brique et les casemates, datent des XVIIe et XVIIIe siècles, quand les Habsbourg utilisèrent la citadelle pour protéger leurs frontières ouest et nord des attaques prussiennes et françaises. Les casemates relatent cette histoire militaire. Une visite de 20 minutes vous emmène à travers le réseau de tunnels voûtés qui se déploie à l'intérieur des remparts. Le point fort est la salle Gorlice, au plafond voûté haut de 13 m, où les soldats se réunissaient. Aujourd'hui, elle recèle six originaux des statues du pont Charles.

Se promener dans le parc

UN HAVRE DE PAIX

Sur une colline herbeuse, Vyšehrad offre un répit bienvenu à l'agitation de la ville. Cette balade passe par les principaux points d'intérêt avec de beaux points de vue en chemin. Depuis la (1) **station de métro Vyšehrad**, faites 200 m vers l'ouest jusqu'à la (2) **porte Tábor**. De là, franchissez la (3) **porte Léopold**. Une fois dans la citadelle, prenez à droite vers la (4) **rotonde Saint-Martin**. Suivez le chemin principal jusqu'au remparts nord de la forteresse : la vue sur Prague en contrebas est splendide. Revenez sur vos pas et prenez à droite pour aller voir la (5) **porte en brique** et les **casemates**. De la porte en brique, prenez vers l'ouest puis à droite jusqu'à l'angle nord-ouest de la citadelle, où se trouve (6) **Letní scéna**, un petit amphithéâtre donnant sur un panorama sublime. Longez la muraille ouest jusqu'à la (7) **basilique Saints-Pierre-et-Paul** (p. 106). À gauche de l'église, le (8) **cimetière de Vyšehrad**. De là, allez vers le sud jusqu'à un grand parc. Un chemin mène aux (9) **caves gothiques**. Offrez-vous un déjeuner ou un dîner chez (10) **Rio's Vyšehrad**, ou bien allez rue Vratislavova goûter la cuisine tchèque classique d'**U Kroka**.

PAROLE D'HABITANTS : VYŠEHRAD

David Humphreys et **Melissa Joulwan**, Américains vivant à Prague, sont les auteurs d'un podcast de littérature et de voyages, *Strong Sense of Place*.

"La première fois que nous sommes montés à Vyšehrad, un quatuor à cordes a surgi de nulle part pour interpréter Mozart. Puis au coin de la rue, nous avons trouvé un café où on vendait des glaces. Nous nous sommes sentis comme dans un monde parallèle où tout était merveilleux. Notre affection pour l'"autre château" de Prague n'a fait que grandir depuis. C'est notre endroit préféré pour pique-niquer, observer les gens jouer avec leurs chiens ou admirer le château, sur l'autre rive. Et les étranges mythes et légendes attachés à chaque brique, chaque monument et chaque statue du lieu ne gâtent rien."

OÙ SE RESTAURER

Rio's Vyšehrad
Élégant restaurant de plein air (quand il fait bon), face à la basilique Saints-Pierre-et-Paul. **€€**

U Kroka
Pub traditionnel où on trouve de la bonne bière, mais aussi une cuisine savoureuse. Réservez. **€€**

Bystro Cafe
Avec sa jolie terrasse, c'est l'endroit idéal pour se détendre devant un café, une bière ou un repas léger. **€**

ENVIRONS DE PRAGUE

CHÂTEAUX DE RÊVE ET CICATRICES DE L'HISTOIRE

Prague est entourée de collines, de vallées fluviales, de champs et de bois épars. Que l'on soit en bus ou en train, on trouve en moins d'une heure de route des châteaux millénaires dotés de splendides parcs paysagers. Les amateurs seront gâtés. Beaucoup de visiteurs font le trajet de 40 minutes en train jusqu'à Karlštejn (Karlstein) pour voir le grandiose château gothique qui abritait les joyaux de la couronne. Mais celui de Křivoklát est tout aussi somptueux et beaucoup moins fréquenté. Romantique en diable, le château de Konopiště eut pour dernier propriétaire l'archiduc François-Ferdinand dont l'assassinat déclencha la Première Guerre mondiale. Contrastant avec la beauté de nombre de ces sites alentour, l'impressionnante double forteresse de Terezín (Theresienstadt en allemand) fut transformé en camp de concentration durant la Seconde Guerre mondiale. Le bourg a peu changé d'aspect et le visiteur peut arpenter ses rues pour se souvenir des heures les plus sombres de l'histoire européenne.

Pour les infos pratiques, voir le Carnet d'adresses, p. 131

À SAVOIR

Une voiture permet de visiter plus librement les alentours de Prague, mais la majorité des sites sont accessibles en bus ou en train. En revanche, les hébergements sont rares. Nous vous suggérons quelques adresses mais il peut être plus simple de rentrer à Prague le soir.

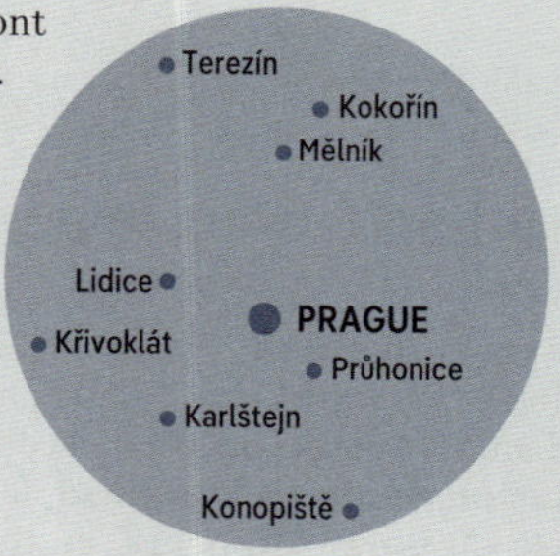

Château de Karlštejn

LE GARDIEN DES JOYAUX DE LA COURONNE

Dominant le village de Karlštejn, à 30 km au sud-ouest de Prague, le château de Karlštejn est, à juste titre, l'un des sites phares de la République tchèque. Cette fière forteresse médiévale est en si parfait état qu'elle ne paraîtrait pas incongrue dans un parc à thème. Vous y croiserez d'ailleurs une foule au moins aussi dense qu'en ce genre de lieux…

La construction de Karlštejn débuta en 1348 pour le compte de Charles IV, empereur du Saint-Empire romain germanique. Dirigé par un burgrave (commandant militaire), le château était entouré des domaines de petits vassaux, autant de chevaliers en mesure de prêter main-forte aux défenseurs de la place en cas d'attaque.

Après avoir encore abrité les joyaux de la couronne de Bohême et du Saint Empire durant les guerres hussites du début du XVe siècle, le château fut bientôt délaissé, d'autant que les progrès de l'artillerie en avaient diminué l'importance militaire. De grands travaux de restauration, menés à la fin du XIXe siècle sous l'égide de Josef Mocker, roi de l'architecture néogothique pragoise, lui rendirent sa splendeur.

Le village qui l'entoure vaut bien une balade, avec des sentiers de randonnée qui mènent dans les bois alentour et jusqu'à la jolie vallée de la Berounka.

INFOS PRATIQUES

On ne peut entrer au château que dans le cadre d'une visite guidée. Deux circuits principaux en anglais sont proposés. Le premier englobe les deux principaux niveaux du palais impérial. Inutile de réserver pour cette visite. Les plus motivés feront aussi le second parcours, qui passe par les élégantes chapelles. À réserver sur le site du château.

Château de Karlštejn

La triste fin des parachutistes

UN TRÈS LOURD TRIBUT

Lidice a payé très cher l'assassinat de Reinhard Heydrich par des parachutistes tchécoslovaques. Le **Mémorial national aux héros de l'attentat contre Heydrich** (p. 78) à Nové Město, détaille toute l'opération.

Mémorial de Lidice

TERREUR NAZIE

À 20 km au nord-ouest de Prague, accessible en transports en commun, le musée et mémorial de Lidice rappelle les événements tragiques qui s'y déroulèrent en 1942.

Les occupants nazis rasèrent impitoyablement le village en représailles à l'assassinat, quelques semaines plus tôt, du vice-gouverneur du Reich en Bohême-Moravie Reinhard Heydrich par des parachutistes tchécoslovaques. Ils exterminèrent les 200 hommes du village et envoyèrent femmes et enfants dans les camps de concentration de Pologne. Une exposition retrace cette histoire, et la roseraie adjacente est, au printemps, particulièrement belle et émouvante. Pour aller à Lidice, prenez la ligne A (verte) du métro jusqu'à Nádraží Veleslavín, puis les bus n°s 300 ou 322.

Mémorial de Lidice

Terezín

FORTERESSE ET GHETTO DE L'HOLOCAUSTE

L'imposante forteresse de Terezín, à 60 km au nord de Prague, est un rappel poignant des aspects les plus tragiques de l'histoire récente de l'Europe centrale. Cet imposant bastion de pierre et de terre fut bâti en 1780 par l'empereur Joseph II pour contenir les Prussiens. Il pouvait loger jusqu'à 11 000 soldats.

La forteresse n'a jamais été utilisée en temps de guerre mais a servi de prison au milieu du XIXe siècle. Gavrilo Princip, le nationaliste serbe qui assassina l'archiduc François-Ferdinand en 1914, y mourut incarcéré en 1918.

L'endroit est toutefois plus connu pour avoir été un camp de concentration durant la Seconde Guerre mondiale. Les pages les plus noires de son histoire débutèrent en 1940, quand la Gestapo installa une prison dans la petite forteresse. Après avoir chassé les habitants de la grande forteresse l'année suivante, les nazis transformèrent cette cité de garnison en un camp de transit par lequel passèrent quelque 150 000 hommes, femmes et enfants, juifs pour la plupart, avant de rejoindre les camps d'extermination d'Auschwitz-Birkenau. 35 000 d'entre eux moururent à Terezín de faim, de maladie ou de désespoir dont le poète Robert Desnos ; seuls 4 000 survécurent à la guerre.

Terezín fut aussi le théâtre de l'une des plus odieuses opérations de propagande nazies : des visiteurs officiels, dont des représentants de la Croix-Rouge, y découvrirent une ville présentée comme un refuge pour les juifs, avec ses banques, ses boutiques, ses cafés, ses écoles confessionnelles, forte de surcroît d'une riche vie culturelle. Cette mascarade mystifia parfaitement les observateurs internationaux.

Cimetière national de Terezín

MICHAELA JILKOVA/SHUTTERSTOCK ©

INFOS PRATIQUES

Bien que Terezín soit une petite bourgade, la dispersion des sites implique beaucoup de déplacements à pied. Rendez-vous d'abord au centre d'information des visiteurs de Terezín. Le **musée du Ghetto** retrace la montée du nazisme et la vie dans le ghetto de Terezín. L'ancienne **caserne Magdebourg**, où siégeait le soi-disant "conseil municipal" juif, renferme la reconstitution d'un dortoir ainsi qu'une exposition sur la vie culturelle qui parvenait à se maintenir ici envers et contre tout.

Les bus depuis Prague partent au-dessus de la station de métro Nádraží Holešovice (ligne C, rouge). Le trajet dure un peu plus d'une heure.

Château de Konopiště

LA DEMEURE DE FRANÇOIS-FERDINAND

Édifié à partir du XIVe siècle, ce château romantique se trouve à 50 km au sud de Prague. Il vaut peut-être moins par son architecture ou son histoire (pourtant intéressantes) que par son dernier propriétaire, l'**archiduc François-Ferdinand**, héritier du trône d'Autriche-Hongrie, dont l'assassinat à Sarajevo, le 14 juin 1914, déclencha la Première Guerre mondiale. La visite guidée du château donne un aperçu de la vie de l'héritier au destin funeste, grand passionné de chasse et qui vouait un culte à saint Georges. Ayant fait rénover l'immense bâtisse gothique et Renaissance dans les années 1890, et fait installer les dernières innovations techniques de l'époque (électricité, chauffage central, toilettes à chasse d'eau, douches, ascenseur...), François-Ferdinand la décora de ses nombreux trophées.

Le galerie des Trophées, véritable forêt de têtes empaillées, et la salle des Chamois, couverte de bois de cervidés, avec son lustre fait à partir d'un condor empaillé, offrent un étrange spectacle. La collection d'objets précieux et d'œuvres d'art de l'archiduc consacrés à saint Georges compte 3 750 pièces, dont beaucoup sont exposées au **musée de Saint-Georges** voisin. Comptez une journée pour découvrir les lieux : suivez une des visites guidées puis explorez le joli parc et le village alentour.

VISITE GUIDÉE

Le château se parcourt avec un guide et plusieurs visites sont proposées. Elles durent toutes une heure environ.
Le circuit n°3 est sans doute le plus intéressant. Il permet de visiter les appartements privés de l'archiduc et de sa famille, restaurés d'après photos, pour ressembler à ce qu'ils étaient lorsque l'État entra en possession du château en 1921. Le train est le meilleur moyen d'aller à Konopiště, en partant de la gare centrale de Prague. Il reste ensuite 2 km à pied jusqu'au château.

Château de Konopiště

CHASSEUR DE TROPHÉES

Les registres de chasse attribuent à l'**archiduc un tableau de chasse** de 300 000 têtes et pas moins de 100 000 trophées ornent les murs du château.

Château de Mělník

Château de Mělník

PANORAMA ET VIN DE BOHÊME

Contrairement à bien des endroits de Bohême ou la bière est reine, la petite ville de Mělník, à 30 km au nord de Prague, s'enorgueillit de son vin et une visite de son château permet de déguster quelques crus locaux. Les petites parcelles de vigne en contrebas descendraient des premiers ceps introduits en Bohême par Charles IV au XIVe siècle et servent aujourd'hui à élaborer les vins du château.

Mělník s'étend sur un promontoire rocheux entouré des plaines de Bohême centrale. La vieille ville jouit d'un bel emplacement, sur une colline escarpée dominant la confluence de la Vltava (Moldau) et du Labe (Elbe).

C'est en 1739 que les Lobkowicz, famille d'aristocrates, acquirent le château, ouvert au public depuis 1992. Une visite guidée permet de découvrir les anciens appartements, garnis d'une riche collection de mobilier baroque et de tableaux des XVIIe et XVIIIe siècles. Une autre visite couvre les celliers du XIVe siècle, où l'on peut déguster les vins du château.

À côté du château de Mělník se tient l'**église Saints-Pierre-et-Paul**, édifice gothique du XVe siècle comprenant des aménagements baroques et dont la partie arrière incorpore les vestiges d'une église romane. La vue depuis le sommet du clocher est fantastique. La crypte est devenue un **ossuaire** où reposent les restes de près de15 000 corps exhumées au XVIe siècle pour faire place aux victimes de la peste. Soyez prévenu, cette crypte est beaucoup plus oppressante que le célèbre **ossuaire de Sedlec** (p. 188) à Kutná Hora. Le sol est en terre battue et l'on frôle malgré soi les ossements.

VISITE GUIDÉE

Il est facile de se rendre à Mělník en bus depuis Prague. Programmez la visite du château le matin, suivie d'un déjeuner et d'une balade à la découverte des autres sites, proches les uns des autres. Ne manquez pas la terrasse de l'autre côté du château et son superbe panorama sur la rivière. Les bus pour Mělník partent de l'arrêt situé devant la station de métro Ládví (ligne C, rouge), à Prague. Les tickets sont en vente auprès du chauffeur. Le trajet dure environ 45 minutes.

© TATIANA POPOVA/SHUTTERSTOCK

Château de Křivoklát

VISITE GUIDÉE

Le circuit d'1 heure permet de visiter les principaux lieux : la seconde cour du château, la salle royale, la prison et les cachots. Avec celle d'1 heure 20 on découvre en plus la bibliothèque, la galerie de portraits, le musée et le lapidarium (où sont exposées des statues de pierre). Křivoklát est accessible en train depuis la gare centrale de Prague avec changement à Beroun. Le château est à 15 minutes à pied environ de la gare de Křivoklát.

Château de Křivoklát

SPLENDEUR GOTHIQUE, CACHOT ROYAL

Intimidant, le château de Křivoklát est isolé au cœur d'une forêt à 40 km au sud-ouest de Prague. Il est l'un des châteaux les plus évocateurs de la région et accueille pourtant assez peu de visiteurs. Il se dresse au milieu de la vaste zone protégée de Křivoklátsko, classée réserve de biosphère par l'Unesco, qui couvre les monts de part et d'autre de la Berounka. Les environs étaient autrefois un terrain de chasse royal. Le château, du XIIe siècle, remonte aux débuts du royaume de Bohême. On peut y découvrir un intérieur gothique spectaculaire, la salle royale avec sa somptueuse voûte étoilée (la plus grande après la salle Vladislav du château de Prague), une cuisine dite "noire", pièce de service caractéristique en Europe centrale, une immense bibliothèque, une prison et une série de cachots où furent enfermé quelques prisonniers célèbres. L'alchimiste anglais Edward Kelly, arrêté en 1591 sur ordre de l'empereur Rodolphe II lui-même pour n'avoir pas réussi à transmuter des métaux ordinaires en or, aurait été enfermé dans une des tours.

Château et parc paysager de Kokořín

FORTERESSE DE GRÈS

À 10 km au nord-est de Mělník (p. 115), se dressent sur un promontoire rocheux les larges remparts de grès et le donjon, tout droit sortis d'un conte de fées, du château de Kokořín (Hrad Kokořín), datant du XIVe siècle.

Très endommagé par les guerres hussites au XVe siècle, le château est resté en ruine pendant près de 550 ans avant d'être acheté et restauré au début du XXe siècle. Des visites guidées permettent d'en voir l'intérieur. Il est entouré d'un splendide parc paysager, ponctué de roches de grès et de canyons, propice aux balades.

UNE NOUVELLE VIE

Les guerres de religion hussites, au XVe siècle, n'ont pas épargné ce château qui est resté à l'état de ruine pendant plus de cinq siècles.

Château de Kokořín

DALIU/SHUTTERSTOCK ©

Château et parc de Průhonice

UN CHÂTEAU ÉLÉGANT ET FACILE D'ACCÈS

L'élégant château de Průhonice et son parc à l'anglaise, dans le faubourg éponyme du sud de Prague, est un joli but de promenade à la journée. Le château remonte au XIIIe siècle, mais a été maintes fois rebâti pour devenir ce majestueux édifice néo-Renaissance du XIXe siècle. Après l'avoir visité, promenez-vous dans le parc. Pour aller à Průhonice, prenez la ligne de métro C (rouge) jusqu'à Opatov puis le bus n° 363, 357 ou 385.

PAROLE D'HABITANTE : ENVIRONS DE PRAGUE

Kateřina H Pavlitová travaille dans la communication et vit dans une villa ancienne des environs de Prague. Voici ses lieux préférés :

Un court trajet en bus depuis la station de métro Opatov vous amène à **Průhonice** (p. 117), avec son château et son vaste parc à l'anglaise. Charmant, surtout au printemps.

La verdoyante vallée de la **Berounka**, au sud-ouest de Prague, est bordée de magnifiques formations rocheuses calcaires et de monts boisés. Elle offre plein de circuits de randonnées, à pied ou à vélo.

Si vous faites la balade de 15 km (ci-contre) depuis Karlštejn vers Beroun, récompensez vos efforts d'un burger et d'une bière au **Black Dog Bar & Grill**.

FRANTICOO/GETTY IMAGES ©

À VOIR AUSSI AUX ENVIRONS DE PRAGUE

Promenade dans le bois de Karlštejn

BALADE PANORAMIQUE

On peut facilement allier une visite du **château de Karlštejn** (p. 110) et une revigorante randonnée de trois ou quatre heures dans les bois alentour. Mis à part quelques montées, elle est accessible à tous. Partez tôt de la gare centrale de Prague direction Beroun, gare se trouvant juste après Karlštejn, sur la même ligne.

À Beroun, prenez la sortie principale et repérez un sentier de randonnée balisé en rouge. Il vous mènera à Karlštejn et à son château, à 15 km de là. La marche elle-même est étonnamment variée. Après les faubourgs sans attrait de Beroun, on entre dans un bois paisible.

Pendant un bon moment, le sentier suit une longue cascade. Le clou de la balade est le **monastère Saint-Jean-sous-le-Rocher** (Svatý Jan pod Skalou), dans une gorge calcaire

OÙ PRENDRE UN VERRE

Caffé Castello Průhonice
Pratique pour un café ou un en-cas, au château de Průhonice.

Kafe Mělník ve Věži
Café fraîchement torréfié et en-cas, dans un cadre gothique emblématique de Mělník : la porte de Prague (Pražská brána).

Pobuda
Café et restaurant d'une grande utilité : c'est l'une des rares options permettant de se rafraîchir à proximité du château de Kokořín.

impressionnante. De là, au bout d'une heure environ, on débouche dans une prairie et les tours du château de Karlštejn s'offrent à la vue. Visitez le château ou détendez-vous dans un des nombreux restaurants de la ville. Rentrez en train à Prague depuis la gare de Karlštejn.

À vélo jusqu'au château de Karlštejn

PRENEZ LA ROUTE

Avec un minimum de pratique sportive, **Karlštejn** (p. 110) est aisément accessible à vélo depuis Prague. Mis à part quelques montées, la route longe le plus souvent des bois et des petites rivières paisibles, ainsi que la Vltava et la Berounka.

Comptez trois heures. À Prague, **Biko Adventures** propose cette sortie en vélo électrique, ainsi que trois variantes : facile, intermédiaire ou avancée. **Praha Bike** a une offre similaire.

Tour en bateau jusqu'à Mělník

UNE CROISIÈRE SUR LA VLTAVA

La plupart des visiteurs arrivent À **Mělník** (p. 115) depuis Prague en voiture ou en bus, mais on peut aussi opter pour le bateau et suivre la Vltava. Plusieurs tour-opérateurs pragois proposent des croisières aller-retour d'une quinzaine d'heures environ, dont deux consacrées à la visite de Mělník. **Prague Steamboats** en organise deux vers Mělník, l'été. L'une incluant repas et boissons à volonté, l'autre, moins coûteuse, étant plus spartiate. Les passages d'écluses, le panorama sur le mont Říp (460 m), le confluent de la Vltava (Moldau) et du Labe (Elbe) et bien sûr la visite de Mělník sont les temps forts.

Les croisières partent du quai Rašínovo (Rašínovo nábřeží) à Nové Město, entre les ponts Palacký et Jirásek. Vous trouverez horaires, tarifs et billets sur le site Internet.

LES MEILLEURS ENDROITS POUR SE RESTAURER

Black Dog Bar & Grill
Steaks, grillades, burgers et burritos, à savourer dans le restaurant le plus populaire de Beroun. €€

Němý medvěd
Pour trouver burgers, frites et bières artisanales à Mělník, rendez-vous dans ce cadre informel et familial. €€

Restaurace pod Hradem Křivoklát
La meilleure adresses proches du château de Křivoklát. On y sert une bonne cuisine tchèque. €

Stará Myslivna
Restaurant tchèque au charme désuet, dans un pavillon de garde-chasse du XIXe siècle plein de cachet, à Konopiště. €€

Restaurace Pod Dračí Skálou
À Karlštejn, une agréable auberge de campagne avec des tables en extérieur et un barbecue pour les grillades. €

OÙ SE LOGER

Parkhotel
Convenable pour une nuit, c'est une des rares options possibles à Terezín. €€

Hotel Mlýn Karlštejn
Un hôtel romantique, lumineux et propre pour qui souhaite passer la nuit à Karlštejn. €€

Pensionl Konopiště
Pension d'un bon rapport qualité-prix, à proximité du château de Konopiště. €

Carnet d'adresses

CHÂTEAU DE PRAGUE ET HRADČANY

Bibliothèque de Strahov
Voir p. 55 (Strahovská knihovna ; 233 107 718 ; strahovskyklaster.cz/en ; Strahovské nádvoří 1 ; tarif plein/réduit 150/80 Kč ; 9h-12h et 12h30-17h ; 22, 23)

Cathédrale Saint-Guy
Voir p. 51 (224 372 434 ; katedralasvatehovita.cz ; III. nádvoří 48/2 ; inclus avec la visite du château de Prague tarif plein/réduit 250/125 Kč ; 10h-18h lun-jeu et sam, 10h-17h30 ven et 12h-17h dim avr-oct, 9h-16h lun-sam et 12h-16h dim nov-mars ; 22, 23)

Château de Prague
Voir p. 48 (Pražský hrad ; 224 373 368 ; hrad.cz ; Hradčany ; tarif plein/réduit 250/125 Kč ; 9h-17h avr-oct, 9h-16h nov-mars ; 22, 23)

Église Notre-Dame de l'Assomption
Voir p. 55 (Kostel Nanebevzetí Panny Marie ; 603 372 207 ; kostelnakarlove.com ; Ke Karlovu)

Église Saint-Roch – Galerie Miro
Voir p. 55 (Kostel sv. Rocha ; 233 354 066 ; galeriemiro.cz ; Strahovské nádvoří 1 ; 10h-17h)

Jardin royal
Voir p. 52 (224 372 434 ; Pražský hrad, Hradčany ; visites en langue étrangère tarif plein/réduit 300/150 Kč ; 10h-18h mars-avr, 10h-19h mai-juin et sep, 10h-20h juil-août, 10h-16h oct ; 22, 23)

Monastère de Strahov
Voir p. 55 (Strahovský klášter ; 233 107 730 ; strahovskyklaster.cz ; Strahovské nádvoří 1 ; galerie tarif plein/réduit 190/90 Kč ; 9h-12h et 12h30-17h ; 22, 23)

Notre-Dame-de-Lorette (Loreta)
Voir p. 54 (220 516 740 ; loreta.cz ; Loretánské náměstí 7 ; tarif plein/réduit/6-15 ans 210/160-130/100 Kč ; 9h-17h ; 22, 23)

Palais Černín
Voir p. 54 (Černínský Palác ; Loretánské náměstí ; fermé au public ; 22, 23)

Palais Lobkowicz
Voir p. 53 (Lobkovický palác ; 702 201 145 ; lobkowicz.cz ; Jiřská 3 ; tarif plein/réduit 290/220 Kč ; 10h-18h ; 22, 23)

Palais Schwarzenberg
Voir p. 54 (Schwarzenberský palác ; 224 301 122 ; ngprague.cz/o-nas/budovy/schwarzenbersky-palac ; Hradčanské náměstí 2 ; tarif plein/réduit 250/140 Kč, pass 10 jours incluant tous les sites de la Galerie nationale 680 Kč/gratuit ; 10h-18h mar-dim ; 22, 23)

Palais Sternberg
Voir p. 53 (Šternberský palác ; 224 301 122 ; ngprague.cz/o-nas/budovy/sternbersky-palac ; Hradčanské náměstí 15 ; tarif plein/réduit 180/100 Kč, pass 10 jours incluant tous les sites de la Galerie nationale 680 Kč/gratuit ; 10h-18h mar-dim ; 22, 23)

Host
Voir p 54 728 695 793 ; restauranthost.cz/?lang=fr ; Loretánská 15 ; plats 320-520 Kč ; 11h-22h lun-sam, 11h-21h dim ; ; 22, 23).

Kuchyň
Voir p. 55 (736 152 891 ; kuchyn.ambi.cz ; Hradčanské nám. 186/1 ; 12h-22h30)

Malý Buddha
Voir p. 54 (220 513 894 ; malybuddha.cz ; Úvoz 46 ; plats 189-350 Kč ; 12h-22h mar-sam, jusqu'à 21h dim ; ; 22, 23)

U Ševce Matouše
Voir p. 55 (220 514 536 ; Loretánské nám. 110 ; plats 189-300 Kč ; 11h-22h)

U Zavěšenýho Kafe
Voir p. 55 (733 483 900 ; pokracuje.com/Divadlo_pokracuje/home.html ; Loretánská 179 ; plats 150-330 Kč ; 11h-minuit)

Villa Richter
Voir p. 54 (702 205 108 ; villarichter.cz ; Staré zamecké schody 6 ; plats 345-745 Kč ; 11h-23h ; M Malostranská).

Bistro Loreta
Voir p. 55 (722 919 548 ; bistroloreta.cz ; Loretánské nám. 109/3 ; plats 180-260 Kč ; 9h30-18h lun-sam, 11h-17h dim)

Café Nezisk
Voir p. 55 (778 969 886 ; facebook.com/cafenezisk ; Pohořelec 2 ; 8h30-18h30)

Cafe Novy Svět
Voir p. 55 (242 430 700 ; kavarna.novysvet.net ; Nový Svět 2 ; plats 185-375 Kc ; 11h-19h mar-sam, 11h-18h dim ; ; 22, 23)

Hostinec U Černého Vola
Voir p. 55 (606 626 929 ; facebook.com/ucernehovola ; Loretánské náměstí 1 ; 10h-22h ; 22, 23)

Kavárna Fejeton
Voir p. 55 (72 018 717 ; kavarnafejeton2020.webnode.cz ; Úvoz 169/6 ; 14h-20h mer-sam, 14h-19h dim)

Klášterní Pivovar Strahov
Voir p. 55 (734 852 382 ; klasterni-pivovar.cz ; Strahovské nádvoří 301 ; 10h-22h ; 22, 23)

Lobkowicz Palace Café
Voir p. 55 (731 192 281 ; lobkowicz.com ; Jiřská 3 ; plats 270-380 Kč, menu 3 plats 365 Kč ; 10h-18h ; ; 22, 23)

Vinobona Wine & Bistro
Voir p. 55 (222 211 070 ; vinobona.cz ; Nový Svět 11 ; 9h-15h et 18h-22h jeu-lun)

PHANT/STOCK.ADOBE.COM ©

Quartier de Nový Svět (p. 55)

MALÁ STRANA

Église Saint-Nicolas
Voir p. 57 (Kostel sv Mikuláše ; 257 534 215 ; stnicholas.cz/en ; Malostranské náměstí 38 ; tarif plein/réduit 100/60 Kč ; 9h-17h fév-déc, jusqu'à 18h dim-jeu juil-sep, 9h-16h jan ; 12, 15, 20, 22, 23)

Funiculaire de Petřín
Voir p. 62 (Lanová draha na Petřín ; 296 191 817 ; dpp.cz ; Újezd ; 60 Kč ; 9h-23h30 ; 9, 12, 15, 20, 22, 23)

Jardin du Palais
Voir p. 62 (Palácové zahrady pod Pražským hradem ; 257 010 401 ; palacove-zahrady.cz ; Valdštejnská 12-14 ; tarif plein/réduit/6-17 ans 140/110/40 Kč ; 10h-19h mai-oct, 10h-18h avr et oct ; M Malostranská)

Jardin Vrtbov
Voir p. 63 (Vrtbovská zahrada ; 257 531 480 ; vrtbovska.cz ; Karmelitská 25 ; tarif plein/réduit 120/95 Kč ; 10h-18h avr-oct ; 12, 15, 20, 22, 23)

Jardin Wallenstein
Voir p. 63 (Valdštejnská zahrada ; 257 075 707 ; Letenská 10 ; 7h-19h lun-ven et 9h-19h sam-dim avr-oct ; M Malostranská)

Kunsthalle
Voir p. 61 (241 004 111 ; kunsthallepraha.org ; Klárov 5 ; tarif plein/réduit 180/120 Kč ; 11h-21h mer, 11h-19h jeu-lun)

Labyrinthe des glaces
Voir p. 62 (Zrcadlové bludiště ; 221 714 714 ; prague.eu ; Petřínské sady ; tarif plein/réduit 100/80 Kč ; 10h-18h oct-mars, 9h-19h avr-mai et sep, 9h-20h juin-août ; Petřín)

Musée de l'Enfant-Jésus de Prague
Voir p. 60 (Muzeum Pražského Jezulátka ; 257 533 646 ; pragjesu.cz/muzeum ; Karmelitská 9 ; 9h30-15h lun-sam, 13-18h dim ; 12, 15, 20, 22, 23)

Musée Franz Kafka
Voir p. 58 (Muzeum Franzy Kafky ; 257 535 373 ; kafkamuseum.cz ; Cihelná 2b ; tarif plein/réduit 260/170 Kč ; 10h-18h ; M Malostranská)

Musée Kampa
Voir p. 59 (Muzeum Kampa ; 257 286 148 ; museumkampa.cz ; U Sovových mlýnů 2 ; tarif plein/réduit 190/100 Kč ; 10h-18h mar-dim ; 12, 15, 20, 22, 23)

Musée Karel Zeman
Voir p. 61 (Muzeum Karla Zemana ; 724 341 091 ; karelzemanmuseum.org ; Saský dvůr, Saská 3 ; tarif plein/réduit 250/160 Kč ; 10h-19h, jusqu'à 20h ven ; 12, 15, 20, 22, 23)

Musée national de la Musique
Voir p. 58 (České muzeum hudby ; 224 497 707 ; nm.cz/navstivte-nas/objekty/ceske-muzeum-hudby ; Karmelitská 2/4 ; tarif plein/réduit 120/80 Kč ; 10h-18h mer-lun ; 12, 15, 20, 22, 23)

Palais Wallenstein
Voir p. 60 (Valdštejnský palác ; 257 075 707 ; Valdštejnské náměstí 4 ; 10h-17h sam-dim avr-oct, plus 1er week-end du mois nov-mars ; M Malostranská)

Tour d'observation de Petřín
Voir p. 62 (Petřínská rozhledna ; 221 714 714 ; prague.eu/cs/objekt/mista/116/petrinska-rozhledna ; tarif plein/réduit 150/100 Kč ; 10h-18h jan-mars, 9h-20h avr-mai, 9h21h juin-sep, 10h-20h oct-déc ; Petřín)

Aria Hotel
Voir p. 64 (225 334 111 ; ariahotel.net ; Tržiště 9 ; 12, 15, 20, 22, 23)

Dům U Velké Boty
Voir p. 64 (257 532 088 ; dumuvelkeboty.cz ; Vlašská 30 ; 12, 15, 20, 22, 23)

Golden Well Hotel
Voir p. 64 (257 011 213 ; goldenwell.cz ; U Zlaté studně 4 ; M Malostranská, 12, 15, 20, 22, 23)

Café Savoy
Voir p. 61 (731 136 144 ; cafesavoy.ambi.cz ; Vítězná 5 ; plats 150-350 Kč ; 8h-22h30 lun-ven, 9h-22h30 sam-dim ; ; 9, 22, 23)

Cukrkávalimonáda
Voir p. 61 (257 225 396 ; cukrkavalimonada.com ; Lázeňská 7 ; plats 220-350 Kč ; 9h-19h ; 12, 15, 20, 22, 23)

Ichnusa Botega Bistro
Voir p. 62 (605 375 012 ; ichnusa.business.site ; Plaská 5 ; plats 265-550 Kč ; 12h-15h et 16h-22h lun-ven, 16h-22h sam ; ; 12, 15, 20, 22, 23)

Luka Lu
Voir p. 61 (257 212 388 ; lukalu.cz ; Újezd 33 ; plats 195-565 Kč ; 11h-minuit ; ; 12, 15, 20, 22, 23).

Nebozízek
Voir p. 62 (602 312 739 ; Petřínské sady 411 ; plats 220-650 Kč ; 12h-23h ; Nebozízek)

Terasa U Zlaté Studně
Voir p. 62 (257 533 322 ; terasauzlatestudne.cz ; U Zlaté Studně 4, Golden Well Hotel ; plats 700-1 550 Kč ; 7h30-10h30, 12h-16h et 18h-23h ; M Malostranská, 12, 15, 20, 22, 23)

U Modré Kachničky
Voir p. 62 (257 320 308 ; umodrekachnicky.cz ; Nebovidská 6 ; plats 540-690 Kč ; 12h-23h ; ; 12, 15, 20, 22, 23)

Baráčnická rychta
Voir p. 62 (257 286 083 ; baracnickarychta.cz ; Tržiště 23 ; 16h-22h mar-ven, 12h-22h sam, 12h-19h dim)

Hostinec U Kocoura
Voir p. 62 (257 530 107 ; Nerudova 2 ; 12h-22h30 ; 12, 15, 20, 22, 23)

Kolkovna Olympia
Voir p. 62 (251 511 080 ; kolkovna.cz/en/kolkovna-olympia-12 ; Vítězná 619 /7 ; 11h-minuit lun-sam, jusqu'à 23h dim)

U Hrocha
Voir p. 62 (257 533 389 ; Thunovská 2 ; 12h-23h ; 12, 15, 20, 22, 23)

STARÉ MĚSTO

Ancien hôtel de ville
Voir p. 66 (Staroměstská radnice s orlojem ; 775 400 052 ; staromestskaradnicepraha.cz ; Staroměstské náměstí 1/3 ; tarif plein/réduit 250/150 Kč ; 11h-19h lun et 10h-19h mar-dim jan-mars, 11h-19h lun et 9h-19h mar-dim avr-déc)

Couvent Sainte-Agnès
Voir p. 71 (Klášter sv Anežky ; 224 301 122 ; ngprague.cz/o-nas/budovy/klaster-sv-anezky-ceske ; Anežská 12 ; tarif plein/réduit 250/140 Kč, pass 10 jours incluant tous les sites de la Galerie nationale 680 Kč ; 10h-18h mar-dim ; 6, 8, 15, 26)

Église Notre-Dame-de-Týn
Voir p. 68 (Kostel Panny Marie před Týnem ; 222 318 186 ; tyn.cz ; Staroměstské náměstí 604 ; don suggéré 40 Kč ; 10h-13h et 15h-17h mar-sam, jusqu'à 12h dim ; M Staroměstská)

Église Saint-Jacques-le-Majeur
Voir p. 72 (Kostel sv Jakuba ; 224 828 814 ; praha.minorite.cz ; Malá Štupartská 6 ; 10h-11h30 et 14h-16h mar-sam, 14h-16h dim ; M Náměstí Republiky)

Église Saint-Nicolas
Voir p. 67 (Kostel sv Mikuláše ; 602 958 927 ; svmikulas.cz ;

Horloge astronomique (p. 66)

Staroměstské náměstí ; 10h-17h ; M Staroměstská)

Galerie de la ville de Prague
Voir p. 67 (Hlavního města Prahy ; 702 283 922 ; ghmp.cz ; Staroměstské náměstí 605/13 ; 10h-18h mar-dim)

Horloge astronomique
Voir p. 66 (Staroměstské náměstí ; sonne toutes les heures 9h-21h)

Maison à la Cloche de pierre
Voir p. 67 (Dům U kamenného zvonu ; 224 828 245 ; ghmp.cz ; Staroměstské náměstí 13 ; tarif plein/réduit 150/60 Kč ; 10h-20h mar-dim ; M Staroměstská)

Maison municipale
Voir p. 70 (Obecní dům ; 222 002 101 ; obecnidum.cz ; náměstí Republiky 5 ; tarif plein/réduit 290/240 Kč ; 10h-20h ; M Náměstí Republiky)

Musée des Arts décoratifs
Voir p. 71 (Uměleckoprůmyslové muzeum ; 778 543 902 ; upm.cz ; 17.listopadu 2 ; tarif plein/réduit 250/120 Kč ; 10h-20h mar, 10h-18h mer-dim ; 1, 2, 17, 18)

Musée du Cubisme tchèque
Voir p. 73 (Dům U Černé Matky Boží ; 725 038 628 ; czkubismus.cz ; Ovocný trh 19 ; tarif plein/réduit 150/80 Kč ; 10h-20h mar, 10h-18h mer-dim ; M Náměstí Republiky)

Musée juif de Prague
Voir p. 69 (Židovské muzeum v Praze ; 222 749 464 ; jewishmuseum.cz ; U Staré školy 1 ; billet couplé à d'autres sites juifs tarif plein/réduit 400/300 Kč ; 9h-16h30 dim-ven nov-mars, 10h-18h dim-ven avr-oct)

Palais Granovsky
Voir p. 68 (Dům Granovských ; entrée par Malá Štupartská et par Týnská ulička ; 24h/24 ; M Náměstí Republiky)

Palais Kinský
Voir p. 65 (Palác Kinských ; 224 301 122 ; ngprague.cz ; Staroměstské náměstí 12 ; pass 10 jours incluant tous les sites de la Galerie nationale 680 Kč ; 10h-18h mar-dim ; P ; M Staroměstská)

Retro Muzeum Praha
Voir p. 72 (604 438 010 ; retromuzeumpraha.cz ; Náměstí Republiky 8 ; tarif plein/réduit 220/150-170 Kč ; 9h-20h)

Synagogue Vieille-Nouvelle
Voir p. 69 (Staronová synagóga ; 224 800 812 ; synagogue.cz/en/old-new-synagogue?p=15 ; Červená 2 ; tarif plein/réduit 220/150 Kč ; 9h-17h dim-ven sep-mars, jusqu'à 18h avr-oct ; 17)

Tour Poudrière
Voir p. 73 (Prašná brána ; 221 714 714 ; prague.eu/prasnabrana ; Na příkopě ; tarif plein/réduit 150/100 Kč ; 10h-18h jan-mars et oct-nov, 9h-21h juin-août, 10h-19h avr-mai et sept, 10h-20h déc ; M Náměstí Republiky)

Prague Boats
Voir p. 74 (Evropská Vodní Doprava ; 724 202 505 ; prague-boats.cz ; Čechův most, quai 5 ; adulte/enfant à partir de 350/200 Kč ; 9h-22h ; 17)

Prague Venice
Voir p. 74 (776 776 779 ; prazskebenatky.shop/en ; Křižovnické náměstí 3 ; adulte/enfant 440/220 Kč ; 10h-19h ; 2, 17, 18)

Wittmann Tours
Voir p. 69 (603 426 564; wittmann-tours.com ; Novotného lávka 5 ; 4 800 Kč pour 1-2 pers ; Josefov tours 9h30 et 14h dim-ven mi-mars à déc ; 2, 17, 18)

Ahoy! Hostel
Voir p. 74 (773 004 003 ; ahoyhostel.com ; Na Perštýně 10 ; M Národní Třída, 2, 9, 18, 22, 23)

Design Hotel Josef
Voir p. 74 (221 700 901 ; hoteljosef.com ; Rybná 20 ; M Náměstí Republiky)

Dominican Hotel
Voir p. 74 (234 614 812 ; axxoshotels.com/the-dominican ; Jilská 7 ; M Můstek)

Bakeshop Praha
Voir p. 74 (222 316 823 ; bakeshop.cz ; Kozí 918/1 ; plats 60-195 Kč ; 7h-21h)

Field
Voir p. 74 (222 316 999 ; fieldrestaurant.cz ; U Milosrdných 12 ; menu dégustation 10 plats 4 000 Kč ; 10h-14h30 et 18h-22h30 lun-ven, 12h-15h et 18h-22h30 sam, jusqu'à 22h dim ; ; 17)

Kolacherie
Voir p. 75 (603 827 439 ; kolacherie.cz ; Celetná 589/27 ; 9h-18h)

Lehká Hlava
Voir p. 74 (222 220 665 ; lehkahlava.cz ; Boršov 2 ; plats 275-315 Kč ; 11h30-22h30 lun-ven, 12h-22h30 sam-dim ; ; 2, 17, 18)

Loď Pivovar
Voir p. 75 (773 778 788 ; lodpivovar.cz ; Štefánikův most Dvořákovo nábřeží Kotviště číslo 19 ; 11h30-18h dim-lun, jusqu'à 22h mar-jeu, jusqu'à 23h ven-sam)

Lokál
Voir p. 75 (734 283 874 ; lokal-dlouha.ambi.cz ; Dlouhá 33 ; plats 179-285 Kč ; 11h-minuit lun-sam, 11h-22h dim ; 6, 8, 15, 26)

Perníčkův sen
Voir p. 75 (607 773 350 ; pernickuvsen.cz ; Haštalská 757 ; 10h-18h mar-sam)

U Medvídků
Voir p. 75 ("Au Petit Ours" ; 224 211 916 ; umedvidku.cz ; Na Perštýně 7 ; plats 139-179 Kč ; 11h30-22h dim-jeu, jusqu'à 23h ven-sam ; ; M Národní Třída, 2, 9, 18, 22, 23, 25)

Bokovka
Voir p. 74 (☎731 492 046 ; bokovka.com ; Dlouhá 37 ; 16h-minuit lun-sam ; ; 6, 8, 15, 26)

Grand Cafe Orient
Voir p. 73 (☎224 224 240 ; grandcafeorient.cz ; Ovocnýtrh 19 ; 9h-22h lun-ven, 10h-22h sam-dim ; M Náměstí Republiky)

Hemingway Bar
Voir p. 74 (☎773 974 764 ; hemingwaybar.eu ; Karolíny Světlé 26 ; 17h-1h lun-jeu, 17h-2h ven, 19h-2h sam, 19h-1h dim ; ; 2, 17, 18)

U Tří Růží
Voir p. 74 (☎601 588 281 ; u3r.cz ; Husova 10 ; 11h-23h ; M Staroměstská)

U Zlatého Tygra
Voir p. 74 (☎222 221 111 ; uzlatehotygra.cz ; Husova 17 ; 15h-23h ; ; M Staroměstská)

Rudolfinum
Voir p. 71 (☎Philharmonic 227 059 227, galerie 227 059 205 ; rudolfinum.cz ; Alšovo nábřeží 12 ; galerie 10h-18h mar-dim, jusqu'à 20h jeu ; M Staroměstská)

Salle Smetana
Voir p. 70 (Smetanova síň ; ☎770 621 580 ; obecnidum.cz ; náměstí Republiky 5, Maison municipale ; billetterie 10h-20h ; M Náměstí Republiky)

Théâtre des États
Voir p. 72 (Stavovské divadlo ; ☎224 902 231 ; narodni-divadlo.cz ; Ovocný trh 1 ; visite en anglais tarif plein/réduit 260/160 Kč ; visites 9h-17h lun-ven ; M Můstek)

NOVÉ MĚSTO

Abri antiatomique de l'Hôtel Jalta
Voir p. 81 (hoteljalta.com/en/fallout-shelter ; Václavské náměstí 45 ; tarif plein/réduit 200/130 Kč ; visites en anglais 13h, 14h30, 16h et 17h30 ; M Muzeum)

Église Saints-Cyrille-et-Méthode
Voir p. 78 (Katedrální chrám sv. Cyrila a Metoděje ; ☎603 597 983 ; katedrala.info ; Resslova 9a ; 8h-17h mar-dim sep-juin, 8h-17h mar-sam et 8h-14h dim juil-août)

Mémorial national aux héros de l'attentat contre Heydrich
Voir p. 78 (Národní památník hrdinů Heydrichiády ; ☎720 988 421 ; vhu.cz/muzea/ostatni-expozice/krypta ; Resslova 9a ; 9h-17h mar-dim ; M Karlovo Náměstí)

Musée du Communisme
Voir p. 81 (Muzeum Komunismu ; ☎224 212 966 ; muzeumkomunismu.cz ; V Celnici 4 ; tarif plein/réduit 380/290-320 Kč ; 9h-20h ; M Můstek)

Musée Dvořák
Voir p. 81 (Muzeum Antonína Dvořáka ; ☎774 845 823 ; nm.cz/navstivte-nas/objekty/muzeum-antonina-dvoraka ; Ke Karlovu 20, Vila Amerika ; tarif plein/réduit 50/30 Kč ; 10h-17h mar-dim ; M IP Pavlova)

Musée de la ville de Prague
Voir p. 81 (Muzeum hlavního města Prahy ; ☎221 709 674 ; en.muzeumprahy.cz ; Na Poříčí 52 ; M Florenc)

Musée Mucha
Voir p. 79 (Muchovo muzeum ; ☎224 216 415 ; mucha.cz ; Panská 7 ; tarif plein/réduit 300/200 Kč ; 10h-18h ; 3, 5, 6, 9, 14, 24)

Musée national
Voir p. 77 (Národní muzeum ; ☎224 497 111 ; nm.cz ; Václavské náměstí 68 ; tarif plein/réduit 350/220 Kč ; 10h-18h ; M Muzeum)

***K*, œuvre de David Černý (p. 82)**

Museum of Senses
Voir p. 80 (608 213 749 ; muzeumsmyslu.cz ; Jindřišská 20 ; tarif plein/réduit/-15 ans 299-325/239-260/179-200 Kč ; 9h-20h ; 3, 5, 6, 9, 14)

Nouvel hôtel de ville
Voir p. 82 (Novoměstská radnice ; 224 947 190 ; nrpraha.cz ; Karlovo náměstí 23 ; tarif plein/réduit 60/40 Kč ; 10h-18h mar-dim avr-nov ; Karlovo Náměstí)

Palais Lucerna
Voir p. 80 (Palác Lucerna ; lucerna.cz ; Vodičkova 36 ; Můstek)

Praha Bike
Voir p. 84 (732 388 880 ; prahabike.cz ; Dlouhá 24 ; location 590 Kč/jour ; 9h-20h ; Náměstí Republiky)

Rekola
Voir p. 84 (778 099 878 ; rekola.cz ; Na Košince 673/5 ; location 30 Kč/30 min office 9h-17h)

Almanac X Prague
Voir p. 84 (222 820 000 ; almanachotels.com/praguex ; Štěpánská 40 ; 3, 5, 6, 9, 14, 24)

Icon Hotel
Voir p. 84 (221 634 100 ; iconhotel.eu/en/hotel ; V Jámě 6 ; 3, 5, 6, 9, 14, 24)

Sophie's Hostel
Voir p. 84 (210 011 300 ; sophieshostel.com ; Melounova 2 ; IP Pavlova)

Artic Bakehouse
Voir p. 84 (771 140 048 ; www.facebook.com/articBakehouse/ ; Myslíkova 187/13 ; sandwichs 80-100 Kč ; 7h-19h30)

Cukrárna Myšák
Voir p. 83 (730 589 249 ; mysak.ambi.cz ; Vodičkova 31 ; gâteaux à partir de 68 Kč ; 8h-19h lun-ven, 9h-19h sam-dim ; 3, 5, 6, 9, 14, 24)

Globe Bookstore & Cafe
Voir p. 83 (224 934 203 ; globebookstore.cz ; Pštrossova 6 ; plats 150-300 Kč ; 10h-23h lun-ven, 9h30-minuit sam, 9h30-23h dim ; ; Karlovo Náměstí)

Kantýna
Voir p. 83 (605 593 328 ; kantyna.ambi.cz ; Politických vězňů 1511/5 ; plats 170-300 Kč ; 11h-23h)

Sansho
Voir p. 83 (739 592 336 ; sansho.cz ; Petrská 25 ; plats 260-485 Kč, menu dîner 6 plats 900-1 200 Kč ; 11h30--23h ; ; 14)

Garden's Restaurant
Voir p. 83 (222 543 128 ; gardensrestaurant.cz ; Vodičkova 708/35 ; plats 358-605 Kč ; 11h-23h lun-sam, 11h-22h dim)

Cafe Slavia
Voir p. 83 (224 218 493 ; cafeslavia.cz ; Smetanovo nábř. 1012 /2 ; 9h-minuit lun-sam, 9h-22h dim)

Kavárna Lucerna
Voir p. 80 (224 215 495 ; restaurace-monarchie.cz/en/cafe-lucerna ; Pasáž Lucerna, Štěpánská 61 ; 10h-minuit ; ; Můstek, 3, 5, 6, 9, 14, 24)

U Fleků
Voir p. 83 (224 934 019 ; ufleku.cz ; Křemencová 11 ; 10h-23h ; ; 5)

Vinograf
Voir p. 83 (214 214 681 ; vinograf.cz ; Senovážné náměstí 23 ; 11h-minuit lun-ven, 12h-minuit sam ; ; 3, 5, 6, 9, 14, 24)

Lucerna Music Bar
Voir p. 80 (224 217 108 ; musicbar.cz ; Palác Lucerna, Vodičkova 36 ; 9h30-1h lun-sam ; Můstek)

Opéra de Prague
Voir p. 83 (Státní opera Praha ; 224 901 448 ; narodni-divadlo.cz ; Wilsonova 4 ; billetterie 10h-18h ; Muzeum)

Théâtre national
Voir p. 82 (Národní divadlo ; 224 901 448 ; narodni-divadlo.cz ; Ostrovní 1, entrée principale dans Národní třída ; visites guidées en anglais tarif plein/réduit 260/160 Kč ; billetterie 10h-18h ; 2, 9, 17, 18, 22, 23)

100 Class Concept Store
Voir p. 84 (604 833 822 ; stoclass.com ; Soukenická 30 ; 13h-18h mar-ven, 12h-16h sam)

Quadrio
Voir p. 82 (226 506 477 ; quadrio.cz ; Spálená 2121/22 ; 8h-21h lun-sam, 9h-21h dim)

Restart Shop
Voir p. 84 (775 501 815 ; restartshop.cz ; Biskupská ; 10h-17h30 lun-ven)

Výtvarné Potřeby v Soukenicke
Voir p. 84 (777 981 988 ; simply-t.cz ; 14, Soukenická 1090 ; 9h-19h lun-ven, 10h-19h sam-dim)

ŽIŽKOV ET KARLÍN

Cimetière Olšany
Voir p. 86 (Olšanské Hřbitovy ; 267 310 652 ; Vinohradská 153, Žižkov ; 8h-19h mai-sept, 8h-18h mars-avr et oct, 8h-17h nov-fév ; 5, 10, 11, 13, 15, 16)

Mémorial national de Vítkov
Voir p. 85 (Národní Památník na Vítkově ; 224 497 607 ; nm.cz/navstivte-nas/objekty/narodni-pamatnik-na-vitkove ; U Památníku 1900, Žižkov ; tarif plein/réduit 120/80 Kč ; 10h-18h jeu-dim avr-oct ; 133, 175, 207)

Nouveau cimetière juif
Voir p. 87 (Nový židovské hřbitov ; 226 235 216 ; kehilaprag.cz ; Izraelská 1, Žižkov ; 9h-17h dim-jeu et 9h-14h ven avr-oct, 9h-16h dim-jeu et 9h-14h ven nov-mars, fermé pendant les fêtes juives ; Želivského)

Tour de la télévision
Voir p. 88 (Televizní Vysílač ; 210 320 081 ; towerpark.cz ; Mahlerovy sady 1, Žižkov ; tarif plein/réduit 250/200 Kč ;

plateformes d'observation 9h-minuit ; ; M Jiřího z Poděbrad)

Eska
Voir p. 88 (731 140 884 ; eska.ambi.cz ; Pernerova 49, Karlín ; plats 100-400 Kč ; 8h-22h lun-ven, 9h-22h sam-dim ; ; M Křižíkova)

Krystal Bistro
Voir p. 88 (606 064 488 ; krystal-bistro.cz ; Sokolovská 99, Karlín ; plats 180-395 Kč ; 11h-23h lun-sam ; ; M Křižíkova)

Lokál Hamburk
Voir p. 88 (222 310 361 ; lokal-hamburk.ambi.cz ; Sokolovská 55, Karlín ; plats 115-245 Kč ; 11h-23h ; ; M Křižíkova)

Nejen Bistro
Voir p. 89 (721 249 494 ; nejenbistro.cz ; Křižíkova 24, Karlín ; plats 225-480 Kč ; 11h-23h lun-ven, 12h-23h sam ; ; M Křižíkova)

Proti Proudu
Voir p. 89 (728 036 171 ; bistroprotiproudu.cz ; Březinova 22 ; plats 135-189 Kč ; 8h30-22h lun-ven, 9h-18h sam ; ; M Křižíkova)

U Kurelů
Voir p. 89 (725 319 226 ; thetavern.cz ; Chvalova 1, Žižkov ; 11h30-22h ; ; 1, 5, 9, 13, 15, 26)

Antonínovo pekárna
Voir p. 89 (731 611 812 ; antoninovopekarstvi.cz ; Sokolovská 81/55, Karlín ; 7h-19h30)

Bukowski's
Voir p. 87 (222 212 686 ; facebook.com/bukowskibar ; Bořivojova 86, Žižkov ; 19h-3h ; 1, 5, 9, 13, 15, 26)

Muj Šálek Kávy
Voir p. 89 (725 556 944 ; mujsalekkavy.cz ; Křižíkova 105, Karlín ; plats 100-260 Kč ; 9h-21h lun-sam, 10h-18h dim ; ; M Křižíkova)

Rue Nerudova (p. 64)

PETR NOVACEK/SHUTTERSTOCK.COM ©

Přístav 18600
Voir p. 89 (704 609 049 ; 18600.cz ; Rohanský ostrov 8, Karlín ; 12h-22h30 avr-sep)

U Houdků
Voir p. 87 (222 711 239 ; uhoudku.com ; Bořivojova 110 ; 11h-minuit ; ; 1, 5, 9, 13, 15, 25)

U Sadu
Voir p. 87 (222 727 072 ; usadu.cz ; Škroupovo náměstí 5, Žižkov ; 8h-4h mar-sam, 8h-2h dim-lun ; M Jiřího z Poděbrad)

U Vystřelenýho oka
Voir p. 87 (222 540 465 ; uvoka.cz ; U Božích Bojovníků 3, Žižkov ; 16h30-1h lun-sam ; 133, 175, 207)

Veltlin
Voir p. 89 (725 535 395 ; veltlin.cz ; Křižíkova 115, Karlín ; 17h-23h lun-sam ; M Křižíkova)

Forum Karlín
Voir p. 88 (724 875 104 ; forumkarlin.cz ; Pernerova 51 ; 3, 8, 24)

Kasárna Karlín
Voir p. 88 (kasarnakarlin.cz ; Prvního pluku 20/2 ; 13h-23h30 lun-ven, 10h-23h30 sam-dim ; ; 133, 135, 175, 207)

Palác Akropolis
Voir p. 88 (296 330 911 ; palacakropolis.cz ; Kubelíkova 27, Žižkov ; billets prix variables ; 19h-5h, réception 9h-15h ; ; 5, 9, 15, 26)

Stade du Viktoria Žižkov
Voir p. 89 (223 003 863 ; fkvz.cz ; Seifertova)

VINOHRADY ET VRŠOVICE

Église du Sacré-Cœur-de-Jésus
Voir p. 90 (Kostel Nejsvětějšího Srdce Páně ; 222 727 713 ; srdcepane.cz ; náměstí Jiřího z Poděbrad 19, Vinohrady ; messes 8h et 18h lun-sam, 9h, 11h, 18h et 20h dim ; M Jiřího z Poděbrad, 11, 13)

Église Sainte-Ludmila
Voir p. 91 (Kostel sv. Ludmily ; 222 521 558 ; ludmilavinohrady.cz ; náměstí Míru ; 11h-16h lun-sam, 8h30-12h et 15h30-17h30 dim)

Jardin Havlíček
Voir p. 92 (Havlíčkovy sady ; 236 044 111 ; Vinohrady ; 6h-22h nov-mars, 6h-minuit avr-oct)

Parc Rieger
Voir p. 90 (Riegrovy sady ; entrée par la rue Chopinova, en face de Na Švíhance ; 24h/24 ; Jiřího z Poděbrad, 11, 13)

Kro Kitchen Bistro
Voir p. 92 (721 030 017 ; krokitchen.cz ; Vinohradská 66, Vinohrady ; plats 139-285 Kč ; 8h-19h lun-ven, 9h-17h sam-dim ; Jiřího z Poděbrad, 11, 13)

La Farma
Voir p. 93 (725 466 555 ; lafarma.cz ; Čáslavská 2027/5 ; plats 185-285 Kč ; 11h-22h lun-ven, 12h-22h sam, 10h-17h dim)

The Tavern
Voir p. 93 (725 319 226 ; thetavern.cz ; Chopinova 26, Vinohrady ; burgers 150-350 Kč ; 11h30-22h lun-ven, 11h-22h sam-dim ; ; Jiřího z Poděbrad, 11, 13)

Výčep
Voir p. 93 (720 120 100 ; en.vycepkorunni.cz ; Korunní 1304/92 ; plats 245-355 Kč ; 11h-23h lun-ven, 12h-23h sam, 12h-22h dim)

BeerGeek
Voir p. 92 (775 083 761 ; beergeek.cz ; Vinohradská 62, Vinohrady ; 15h-2h ; ; Jiřího z Poděbrad, 11, 13)

BoHo Café
Voir p. 92 (222 946 162 ; boho.cz ; Ondříčkova 6 ; 13h-23h lun-sam)

Café Kaaba
Voir p. 92 (222 254 021 ; facebook.com/profile.php?id=100057285895043 ; Mánesova 20, Vinohrady ; 8h-minuit lun-ven, 9h-22h sam, 10h-22h dim ; ; 11, 13)

Café Sladkovský
Voir p. 92 (776 772 478 ; cafesladkovsky.cz ; Sevastopolská 17, Vršovice ; plats 115-215 Kč ; 16h30-minuit lun-sam, 11h-12h dim ; ; 4, 13, 22)

Café V lese
Voir p. 92 (720 410 703 ; cafevlese.cz ; Krymská 12, Vršovice ; 16h-2h lun-sam, 16h-minuit dim ; ; 4, 13, 22)

Grébovka
Voir p. 92 (236 044 111 ; Vinohrady ; 6h-22h nov-mars, 6h-minuit avr-oct))

Kavárna Šlágr
Voir p. 92 (607 277 688 ; kavarnaslagr.cz ; Francouzská 72, Vršovice ; 9h-20h ; ; 4, 13, 22)

Le Caveau
Voir p. 92 (775 294 864 ; broz-d.cz ; náměstí Jiřího z Poděbrad 9, Vinohrady ; 9h-22h lun-sam, 9h-20h30 dim ; ; Jiřího z Poděbrad)

Lokál U Benyho
Voir p. 92 (704 378 119 ; facebook.com/hospodaubenyho ; Budečská 1168 ; 16h-22h, jusqu'à 23h ven-sam)

Prague Beer Museum
Voir p. 92 (réservations 775 994 698 ; praguebeermuseum.com ; Americká 43, Vinohrady ; 12h-3h ; ; Náměstí Míru, 4, 10, 13, 16, 22)

Ossegg Praha
Voir p. 92 (603 264 390 ; praha.ossegg.com ; Římská 45, Vinohrady ; 11h-23h ; 11, 13)

Vinograf Korunní
Voir p. 93 (226 633 395 ; vinograf.cz ; Korunní 764 ; 16h-minuit lun-sam)

Vinohradský Parlament
Voir p. 92 (224 250 403 ; vinohradskyparlament.cz ; Korunní 1, Vinohrady ; plats 180-250 Kč ; 10h45-23h lun, 10h45-23h30 mar-mer, 10h45-minuit jeu-ven, 11h30-minuit sam, 11h30-23h dim ; ; Náměstí Míru, 4, 11, 13, 16, 10, 22)

Vinohradský Pivovar
Voir p. 92 (602 549 557 ; vinohradskypivovar.cz ; Korunní 106, Vinohrady ; 11h-minuit lun-sam, 11h-22h dim ; ; 10, 16)

Vinotéka Noelka
Voir p. 93 (775 310 781 ; facebook.com/profile.php?id=100063568001849 ; Slavíkova 3 ; 10h-19h30 lun-sam, 14h-20h dim)

Cinéma d'art et d'essai Kino Pilotů
Voir p. 92 (723 985 986 ; kinopilotu.cz ; Donská 19 ; 100-150 Kč ; 4, 22)

Radiopalác
Voir p. 93 (601 573 940 ; www.radiopalac.com/ ; Vinohradská 40 ; 22h-6h mer-sam ; 11, 13)

TerMIX
Voir p. 93 (222 710 462 ; club-termix.cz ; Třebízského 4a, Vinohrady ; 22h-6h mer-sam ; Jiřího z Poděbrad, 11, 13)

Marché de producteurs
Voir p. 92 (Farmářské tržiště ; farmarsketrziste.cz ; náměstí Jiřího z Poděbrad, Vinohrady ; 8h-18h mer-ven, 8h-14h sam ; ; Jiřího z Poděbrad, 11, 13)

HOLEŠOVICE

Centre d'art contemporain DOX
Voir p. 97 (295 568 123 ; dox.cz ; Poupětova 1 ; tarif plein/réduit 280/130 Kč ; 12h-18h mer-dim ; Nádraží Holešovice, 6, 12)

Musée national des Techniques
Voir p. 95 (Národní Technické Muzeum ; 220 399 111 ; ntm.cz ; Kostelní 42 ; tarif plein/réduit 280/150 Kč ; 9h-18h mar-dim ; P ; 1, 6, 8, 12, 14, 17, 25, 26)

Palais Veletržní
Voir p. 94 (Veletržní Palác ; 224 301 122 ; ngprague.cz/o-nas/budovy/veletrzni-palac ; Dukelských hrdinů 47 ; tarif plein/réduit 250/140 Kč ; 10h-18h mar-dim ; M Vltavská, 1, 6, 8, 12, 14, 17, 25, 26)

Trafo gallery
Voir p. 97 (739 517 758 ; trafogallery.cz ; Bubenské nábřeží 306/13, Hala 14 ; 15h-19h mer-ven et dim, 10h-19h sam)

Bistro 8
Voir p. 96 (730 511 973 ; bistro8.cz ; Veverkova 8 ; plats 90-140 Kč ; 8h-20h lun-ven, 10h-15h sam-dim ; ; M Vltavská, 1, 6, 8, 12, 17, 25, 26)

Cobra
Voir p. 96 (777 355 876 ;. barcobra.cz ; Milady Horákové 8 ; plats 105-215 Kč ; 11h30-minuit lun, 11h30-1h mar-ven, 11h30-2h sam, 10h-2h dim ; ; 1, 6, 8, 12, 17, 25, 26)

Letenský zámeček
Voir p. 96 (Brasserie Ullmann ; 233 378 200 ; letenskyzamecek.cz ; Letenské sady 341 ; plats 175-370 Kč ; 11h-23h ; ; 1, 8, 12, 25, 26)

Mr Hot Dog/ Big Smokers
Voir p. 97 (732 732 404 ; mrhotdog.cz ; Kamenická 24 ; hot-dogs 69-155 Kč ; 11h30-22h ; 1, 6, 8, 12, 17, 25, 26)

Osada
Voir p. 97 (777 509 973 ; osada.cz ; Osadní 35 ; plats 138-238 Kč ; 8h-20h lun-ven, 9h-16h sam-dim)

The Eatery
Voir p. 97 (603 945 236 ; theeatery.cz ; U Uranie 18 ; plats 200-450 Kč ; 11h30-14h30 mar-ven, 17h30-22h mar-sam ; ; M Nádraží Holešovice, 6, 12)

Tràng An
Voir p. 97 (220 560 041 ; facebook.com/asijskebistropodosmickou ; Bubenské nábřeží 306, halle 5, Holešovická tržnice/Pražská tržnice ; plats 100-130 Kč ; 10h-20h lun-sam ; M Vltavská, 1, 12, 14, 25)

Cafe Letka
Voir p. 97 (777 444 035 ; cafeletka.cz ; Letohradská 44 ; 8h-23h lun-mer, 8h-1h jeu-sam, 9h-22h dim ; ; 1, 6, 8, 12, 17, 25, 26)

Kavárna Liberál
Voir p. 97 (732 355 445 ; facebook.com/kavarnaliberal ; Heřmanova 6 ; 8h-minuit lun-ven, 9h-minuit sam, 10h-minuit dim ; ; M Vltavská, 1, 6, 8, 12, 14, 17, 25, 26)

Cross Club
Voir p. 97 (775 541 430 ; crossclub.cz ; Plynární 23 ; spectacles 100-200 Kč ; 18h-5h ; ; M Nádraží Holešovice, 6, 12)

Jatka 78
Voir p. 97 (222 703 070 ; jatka78.cz ; Bubenské nábřeží 306, Halle 17, Pražská tržnice ; billetterie 8h-minuit lun-ven, 1 heure 30 avant les spectacles sam-dim ; ; M Vltavská, 1, 12, 14, 25)

O2 Arena
Voir p. 96 (266 771 000 ; o2arena.cz ; Českomoravská 17, Vysočany ; billetterie 10h-18h lun-ven, à partir de 10h lors d'événements ; M Českomoravská)

Charaktery
Voir p. 96 (775 636 394 ; charaktery.cz ; Milady Horákové 13 ; 11h-19h lun-ven ; 1, 6, 8, 12, 17, 25, 26)

Halle 22
Voir p. 97 (Holešovické trhy ; 220 800 592 ; holesovickatrznice.cz/zeleninovy-trh ; Bubenské nábřeží 306/13 ; 8h-17h lun-mer et ven, jusqu'à 19h jeu, jusqu'à 14h sam ; M Vltavská, 1, 12, 14, 25)

Kurâz
Voir p. 96 (608 449 804 ; kuraz.cz ; Veletržní 48 ; 11h-19h

Musée national des Techniques (p. 95)

lun-ven, 11h-16h sam ; 1, 8, 12, 25, 26)

Marché de Prague
Voir p. 96 (Pražská tržnice ; 220 800 592 ; prazska-trznice.cz ; Bubenské nábřeží 306 ; 7h30-17h lun-ven, 7h30-14h sam ; M Vltavská, 1, 12, 14, 25)

Page Five
Voir p. 96 (771 147 600 ; pagefive.com ; Veverkova 5 ; 13h-19h30 lun-ven ; M Vltavská, 1, 6, 8, 12, 17, 25, 26)

The ChemistryGallery
Voir p. 96 (606 649 170 ; thechemistry.art ; Ovenecká 1072/17 ; 11h-19h lun-ven, 14h-19h sam)

BUBENEČ ET DEJVICE

Annexe du Musée national
Voir p. 116 (Lapidárium ; 702 013 372 ; nm.cz/navstivte-nas/objekty/lapidarium-narodniho-muzea ; Výstaviště 422, Bubeneč ; tarif plein/réduit 50/30 Kč ; 10h-16h mer, 12h-18h jeu-dim mai-nov ; 12, 17)

Aquarium de Prague
Voir p. 99 (Mořský Svět, "Monde de la mer" ; 736 649 558 ; fr.morskysvet.cz ; U Výstaviště 1, Bubeneč ; adulte/réduit 320/80-250 Kč ; 8h30-18h lun-ven, 9h-19h sam-dim ; ; 12, 17)

Château de Troja
Voir p. 98 (Zámek Troja ; 283 851 614 ; ghmp.cz/oteviraci-doba-a-vstupne/zamek-troja ; U Trojského Zámku 1, Troja ; tarif plein/réduit 150/60 Kč ; 13h-18h ven, 10h-18h mar-jeu et sam-dim avr-oct ; 112, M Nádraží Holešovice)

Jardin botanique de Prague
Voir p. 99 (Botanická zahrada hl. m. Prahy ; 234 148 122 ; botanicka.cz ; Trojská 800/196 ; tarif plein/réduit 180/120 Kč ; 9h-16h nov-fév, 9h-19h mars-oct)

Hotel International
Voir p. 100 (296 537 111 ; internationalprague.cz ; Koulová 15, Dejvice ; hall d'entrée ouvert 24h/24 ; 8, 18)

Výstaviště, le parc des Expositions
Voir p. 101 (702 128 232 ; navystavisti.cz ; Areál Výstaviště ; entrée libre ; 8h-20h ; 12, 17)

Villa Müller
Voir p. 98 (billetterie 224 312 012 ; muzeumprahy.cz/objekty/mullerova-vila-5 ; Nad Hradním Vodojemem 14, Střešovice ; tarif plein/réduit 400/250 Kč ; 10h-17h mar, jeu et sam-dim nov-mars, 9h-18h mar, jeu et sam-dim avr-oct ; 1, 2)

Zoo de Prague
Voir p. 100 (Zoo Praha ; 296 112 230 ; zoopraha.cz ; U Trojského zámku 120, Troja ; tarif plein/réduit 250/200 Kč ; 9h-21h juin-août, 9h-18h avr-mai et sept-oct, 9h-17h mars, 16h nov-fév ; ; 112, M Nádraží Holešovice)

Kavárna Místo
Voir p. 101 (727 914 535 ; mistoprovas.cz ; Bubenečská 12, Dejvice ; 9h-21h lun-sam, 10h-18h dim ; ; M Hradčanská)

Lokál Nad Stromovkou
Voir p. 101 (Nad Královskou oborou ; 220 912 319 ; lokal-nadstromovkou.ambi.cz ; Nad Královskou oborou 31, Bubeneč ; plats 135-270 Kč ; 11h30-23h30 lun-sam, jusqu'à 22h30 dim ; ; 1, 8, 12, 25, 26)

The Farm
Voir p. 101 (774 863 999 ; farmletna.cz ; Korunovační 923/17 ; plats 135-230 Kč ; 9h-22h lun-sam, 9h-18h dim)

Cafe Pod Lipami
Voir p. 100 (777 568 658 ; facebook.com/kavarnapodlipami ; Čechova 1, Bubeneč ; 8h-21h lun-ven, 9h-20h sam-dim ; ; 1, 8, 12, 25, 26)

Cukrárna Alchymista
Voir p. 100 (732 938 046 ; alchymista.cz ; Jana Zajíce 7, Bubeneč ; 13h-19h30 ; ; 1, 8, 12, 25, 26)

Kavárna Kabinet
Voir p. 100 (233 326 668 ; facebook.com/kavarnakabinet ; Terronská 25, Dejvice ; 13h-22h mar-ven, 15h-22h sam-lun ; ; M Dejvická, 8, 18)

Na Slamníku
Voir p. 100 (233 322 594 ; na-slamniku.cz ; Wolkerova 12, Bubeneč ; 11h-minuit ; 131 jusqu'à Sibiřské náměstí)

Na Urale
Voir p. 100 (224 326 820 ; naurale.cz ; Puškinovo náměstí 15, Dejvice ; plats 140-250 Kč ; 11h-minuit mer-sam, jusqu'à 23h dim-mar ; ; M Dejvická, 8, 18)

U Veverky
Voir p. 100 (603 781 997 ; uveverky.com ; Eliášova 14, Dejvice ; plats 149-250 Kč ; 11h-23h ; M Hradčanská)

Generali Arena (Stade Letná)
Voir p. 101 (Stade du Sparta ; 296 111 400 ; sparta.cz ; Milady Horákové 98, Bubeneč ; 1, 2, 7, 8, 14, 17, 12, 25, 26)

Marché de producteurs de Dejvice
Voir p. 100 (Farmářský trh na Kulaťáku ; 605 260 309 ; trhynakulataku.cz ; Vítězné náměstí, Dejvice ; 8h-14h sam mars-déc ; M Dejvická)

SMÍCHOV

Brasserie Staropramen
Voir p. 105 (251 553 389 ; centrumstaropramen.cz ; Pivovarská 9, Smíchov ; visite guidée avec dégustation 299 Kč ; 11h30-18h mar-dim ; M Anděl, 4, 5, 12, 20)

MeetFactory
Voir p. 102 (251 551 796 ; meetfactory.cz ; Ke Sklárně 15, Smíchov ; 13h-20h, variables selon les manifestations ; 4, 5, 12, 20 jusqu'à Lihovar)

Villa Winternitz
Voir p. 104 (603 878 786 ; loosovavila.cz ; Na Cihlářce 10 ; tarif plein/réduit 180/100 Kč ; 12h-18h dim-mer)

Anděl's By Vienna House
Voir p. 105 (296 889 688 ; viennahouse.com ; Stroupežnického 21, Smíchov ; M Anděl)

Hotel Julian
Voir p. 105 (257 311 144 ; hoteljulian.com ; Elišky Peškové 11, Smíchov ; 9, 12, 15, 20)

Red & Blue Design Hotel
Voir p. 105 (220 990 100 ; redandbluehotels.com ; Holečkova 13, Smíchov ; 9, 12, 15, 20)

Kavárna Co Hledá Jméno
Voir p. 105 (kavarnacohledajmeno.cz ; Stroupežnického 493/10 ; plats 145/185 Kč ; 8h-20h mar-ven, 9h-20h sam-dim, 12h-20h lun)

Manifesto Market
Voir p. 105 (702 011 638 ; manifestomarket.com ; Ostrovského 34 ; 11h-22h)

Taro
Voir p. 105 (777 446 007 ; taro.cz ; Nádražní 100, Smíchov ; menu dégustation 8 plats 1 790 Kč ; 11h30-15h et 17h30-23h mar-ven, 12h-15h et 17h30-23h sam ; ; 4, 5, 12, 20)

The Pitchers
Voir p. 103 (Hořejší nábřeží ; 775 171 582 ; thepitchers.cz ; náplavka, Hořejší nábř. ; 14h-minuit mer-ven, 13h-minuit sam)

Andělský pivovar
Voir p. 105 (227 031 892 ; andelskypivovar.cz ; Lidická 30, Smíchov ; 11h-minuit ; ; M Anděl)

Hospoda U Buldoka
Voir p. 105 ("Au Bouledogue" ; 257 329 154 ; ubuldoka.cz ; Preslova 1, Smíchov ; 11h-23h lun, 11h-minuit mar-jeu, 11h-1h ven, 15h-minuit sam ; ; M Anděl)

Na Verandách
Voir p. 105 (257 191 200 ; phnaverandach.cz ; Nádražní 84, Smíchov ; plats 190-460 Kč ; 11h-23h lun-sam, 11h-22h dim ; ; M Anděl, 4, 7, 12, 14, 20)

Zlatý Klas
Voir p. 105 (251 562 539 ; zlatyklas.cz ; Plzeňská 9, Smíchov ; plats 195-300 Kč ; 11h-23h lun-jeu, 11h-23h30 ven, 11h30-23h30 sam, 17h-23h dim; M Anděl)

Jazz Dock
Voir p. 104 (774 058 838 ; jazzdock.cz ; Janáčkovo nábřeží 2, Smíchov ; billets 200-400 Kč ; 17h-2h lun-jeu, 15h-2h ven-dim ; ; M Anděl, 9, 12, 15, 20)

Švandovo Divadlo
Voir p. 104 (Théâtre Švandovo ; 257 318 666 ; svandovodivadlo.cz ; Štefánikova 57, Smíchov ; billets 250-400 Kč ; billetterie 14h-20h lun-ven, 2 heures avant le spectacle sam-dim ; 9, 12, 15, 20)

Basilique Saints-Pierre-et-Paul, Vyšehrad (p. 106)

DAVIDF PRAGUE/SHUTTERSTOCK.COM ©

VYŠEHRAD

Ancienne forteresse de Vyšehrad
Voir p. 106 (261 225 304 ; praha-vysehrad.cz ; V Pevnosti 159/5b ; tarif plein/réduit 130/80 Kč ; 10h-18h)

Basilique Saints-Pierre-et-Paul
Voir p. 106 (Kostel sv Petra a Pavla ; 224 911 353 ; kkvys.cz ; K Rotundě 10, Vyšehrad ; tarif plein/réduit 130/70 Kč ; 10h-17h lun-sam et 11h-17h dim nov-mars, 10h-18h lun-sam et 11h-18h dim avr-oct)

Caves gothiques
Voir p. 108 (Gotický sklep ; Vyšehradské sady, Vyšehrad ; tarif plein/réduit 90/60 Kč ; 10h-18h)

Cimetière de Vyšehrad
Voir p. 107 (Vyšehradský hřbitov ; 274 774 835 ; praha-vysehrad.cz ; K Rotundě 10, Vyšehrad ; 8h-19h mai-sept, horaires réduits oct-avr ; M Vyšehrad)

Porte en brique et casemates
Voir p. 108 (Cihelná brána ; Vratislavova, Vyšehrad ; tarif plein/réduit 90/50 Kč ; 10h-18h avr-sep)

Rotonde Saint-Martin
Voir p. 106 (Rotunda sv Martina ; 224 911 353 ; kkvys.cz ; V Pevnosti, Vyšehrad ; messe 18h lun et mer-sam ; M Vyšehrad)

Bystro Cafe
Voir p. 109 (724 870 080 ; bystrocafe.cz ; K Rotundě 3 ; plats 85-280 Kč ; 10h-20h)

Rio's Vyšehrad
Voir p. 109 (602 751 035 ; riorestaurant.cz ; Štulcova 2, Vyšehrad ; plats 250-600 Kč ; 11h-22h ; ; M Vyšehrad)

U Kroka
Voir p. 109 (775 905 022 ; ukroka.cz ; Vratislavova 12, Vyšehrad ; plats 180-425 Kč ; 11h-23h lun-ven, 12h-23h sam, 12h-22h dim ; ; 2, 3, 7, 17, 21)

Letní scéna
Voir p. 109 (736 297 869 ; praha-vysehrad.cz/cs/program/letni-scena ; V Pevnosti)

ENVIRONS DE PRAGUE

Château de Karlštejn
Voir p. 110 (311 681 617 ; hrad-karlstejn.cz ; Karlštejn 172 ; tarif plein/réduit 260/210 Kč ; 9h-18h juil-août, horaires réduits le reste de l'année)

Château de Kokořín
Voir p. 117 (Hrad Kokořín ; 315 695 064 ; hrad-kokorin.cz ; Kokořín ; tarif plein/réduit 120/90 Kč ; 9h-17h juil-août, horaires réduits le reste de l'année)

Château de Konopiště
Voir p. 114 (317 721 366 ; zamek-konopiste.cz ; Konopiště 1 ; tarif plein/réduit 240-340/190-270 Kč ; 9h30-17h mar-dim juil-août, horaires réduits le reste de l'année, fermé déc-mars)

Château de Křivoklát
Voir p. 116 (313 558 440 ; hrad-krivoklat.cz ; Křivoklát 47 ; tarif plein/réduit 240/190 Kč ; 9h-18h mar-dim juil-août, horaires réduits le reste de l'année)

Château de Mělník
Voir p. 115 (Zámek Mělník ; 315 622 121 ; lobkowicz-melnik.cz ; Svatováclavská 19 ; tarif plein/réduit 110/90 Kč ; 9h30-18h avr-oct, 9h30-16h30 nov-mars)

Château de Průhonice
Voir p. 117 (271 015 181 ; pruhonickypark.cz ; Zámek 1 ; tarif plein/réduit 70-100/40-60 Kč ; 7h-20h mai-sep, horaires réduits le reste de l'année, jardin botanique fermé oct-mars)

Forteresse de Terezín
Voir p. 113 (Malá Pevnost ; 416 724 535 ; pamatnik-terezin.cz ; Pražská ; tarif plein/réduit 230/200 Kč ; 8h-18h avr-oct, 8h-16h30 nov-mars)

Mémorial de Lidice
Voir p. 112 (312 253 063 ; lidice-memorial.cz ; Tokajická 152 ; tarif plein/réduit 150/70 Kč ; 9h-17h)

Musée du Ghetto
Voir p. 113 (Muzeum Ghetta ; 416 782 225 ; pamatnik-terezin.cz/ghetto-museum ; Komenského 151 ; tarif plein/réduit 230/200 Kč ; 9h-18h avr-oct, 9h-17h30 nov-mars)

Biko Adventures
Voir p. 119 (%733 750 990 ; bikoadventures.com ; Vratislavova 3, Vyšehrad ; location vélo 490 Kč/jour, circuits à partir de 1 600 Kč/pers ; 9h-18h avr-oct ; 2, 3, 7, 17, 21)

Prague Steamboats
Voir p. 119 (Pražská Paroplavební Společnost, PPS ; 605 295 111 ; praguesteamboats.com ; Rašínovo nábřeží 2 ; horaires sur le site Web ; mars-oct ; M Karlovo Náměstí)

Hotel Mlýn Karlštejn
Voir p. 119 (311 744 411 ; hotelmlynkarlstejn.cz ; Karlštejn 239)

Parkhotel
Voir p. 119 (775 885 990 ; parkhotelterezin.cz ; Máchova 163, Terezín)

Pensionl Konopiště
Voir p. 119 (737 230 294 ; penzion-konopiste.cz ; Konopiště 30, Benešov)

Black Dog Bar & Grill
Voir p. 119 (773 380 280 ; blackdogs.cz/cs/beroun ; Česká 140, Beroun ; burgers à partir de 265 Kč ; 11h-22h)

Němý medvěd
Voir p. 119 (773 898 122 ; nemymedved.cz ; náměstí Míru 27 ; burgers à partir de 156 Kč ; 11h-22h lun-jeu, jusqu'à 23h ven-sam, 21h dim ;)

Restaurace Pod Dračí Skálou
Voir p. 119 (311 681 177 ; poddraciskalou.eu ; Karlštejn 130 ; 11h-22h mar-sam, 11h-20h dim)

Restaurace pod Hradem Křivoklát
Voir p. 119 (606 318 740 ; restauracenadhradem.cz ; Křivoklát 87 ; 11h-21h mer-dim)

Stará Myslivna
Voir p. 119 (317 700 280 ; staramyslivna.com ; Konopiště 2 ; plats 180-360 Kč ; 11h-21h dim-jeu, 11h-22h ven-sam ;)

Caffé Castello Průhonice
Voir p. 118 (607 578 006 ; caffecastello.cz ; Zámek 1, Průhonice ; 10h-17h mar-dim)

Kafe Mělník ve Věži
Voir p. 118 (721 772 775 ; kafemelnikvez.cz ; ulice 5 května ; 9h-20h lun-ven, 10h-20h sam-dim)

Pobuda
Voir p. 118 (728 853 060 ; pobuda.kokorin.info ; Kokořín 47 ; 11h-20h ven-sam, 11h-19h dim)

Český Krumlov (p. 155)

SUD ET OUEST DE LA BOHÊME

VILLES D'EAUX, BIÈRE ET SITES CLASSÉS

Entre stations thermales rétro, cités préservées et collines à explorer, vous serez vite convaincus que le pays ne se résume pas à Prague.

Dans ce territoire à l'ouest et au sud de Prague, les sites inscrits au Patrimoine mondial par l'Unesco abondent, de la splendeur médiévale de Český Krumlov aux mines des monts Métallifères.

En 2021, trois villes ont été intégrées à cette prestigieuse liste, au titre de "grandes villes d'eaux d'Europe". La première, Karlovy Vary (Karlsbad), est la destination la plus populaire après Prague. Ses sources chaudes et son élégante zone thermale attirent chaque année des milliers de curistes. Mariánské Lázně (Marienbad) assure un séjour plus calme et plus délassant. Et la petite station thermale de Františkovy Lázně (Franzensbad) invite, elle, à une douce flânerie.

Ce coin d'Europe centrale recèle bien d'autres attraits : des traditions populaires (région du Chodsko), de superbes châteaux (Loket, Bečov...) et un lieu de rêve pour les enfants, le Techmania de Plzeň.

C'est avec les eaux cristallines de la région que sont élaborées les bières de Plzeň (Pilsen) et de České Budějovice. Le *saaz*, un houblon aromatique, aux notes très douces, terreuses, à la fois herbacées et florales, est considéré comme le meilleur du monde.

Sur le plan géographique, les monts Métallifères, au nord, sont reliés à la Šumava, à l'extrême sud, par une succession de sommets et de vallées densément boisés et presque inhabités, un rêve pour la randonnée, le VTT et le ski de fond.

SITES PRINCIPAUX

KARLOVY VARY
La plus grande ville thermale du pays. p. 138

MARIÁNSKÉ LÁZNĚ
Délicieuse ville d'eaux. p. 145

PLZEŇ (PILSEN)
Une cité célèbre pour sa bière. p. 150

ČESKÝ KRUMLOV
Un site inscrit au Patrimoine mondial. p. 155

ČESKÉ BUDĚJOVICE
La capitale du Sud. p. 159

Plzeň (Pilsen), p. 150
Simple mais animée, connue pour so industrie lourde, sa vie estudiantine et la meilleure bière au monde. Si vou y allez avec des enfants, ne manquez pas Techmania.

Karlovy Vary, p. 138
Ses sources chaudes et son cadre naturel en font la plus élégante station thermale du pays. Pour côtoyer les stars, venez pendant le Festival international du film.

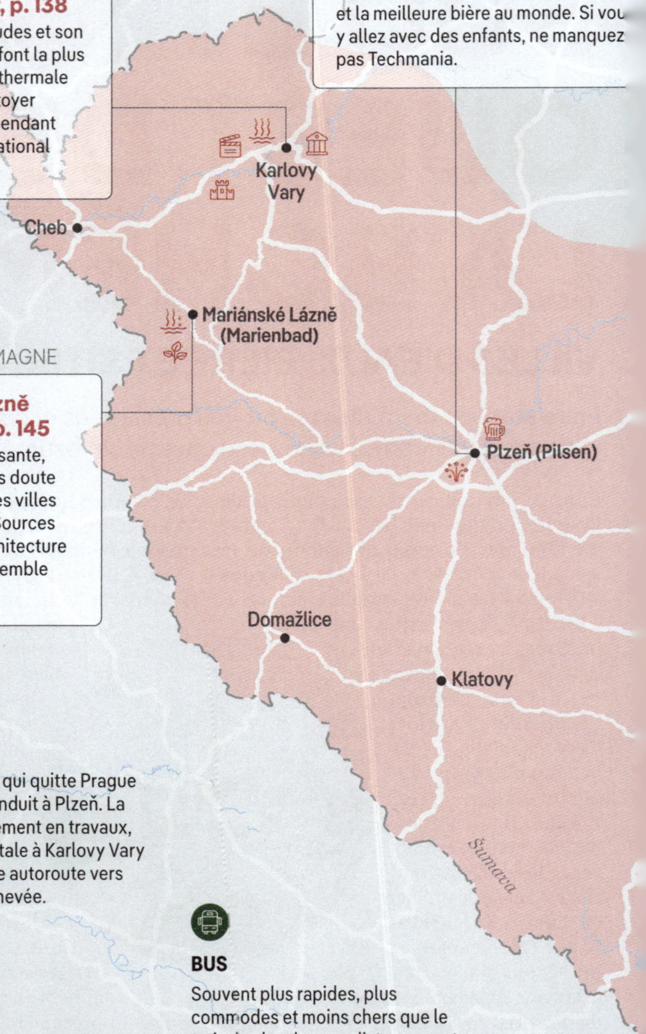

Mariánské Lázně (Marienbad), p. 145
Petite, chic et apaisante, Marienbad est sans doute la plus agréable des villes d'eaux tchèques. Sources innombrables, architecture fin de siècle et ensemble thermal immense.

VOITURE

L'autoroute D5 (E50), qui quitte Prague vers le sud-ouest, conduit à Plzeň. La D6 (E48), perpétuellement en travaux, reliera un jour la capitale à Karlovy Vary (127 km). La principale autoroute vers le sud est la D3, inachevée.

TRAIN

Le Západní expres relie Prague à Plzeň et Mariánské Lázně ; son autre ligne va vers Domažlice. Karlovy Vary est reliée à Plzeň et Mariánské Lázně, et aussi Prague (mais trajet long et alambiqué). Le train dessert České Budějovice ; correspondance pour Český Krumlov. Horaires et billets sur le site de **České dráhy** (ČD ; cd.cz).

BUS

Souvent plus rapides, plus commodes et moins chers que le train, les bus longue distance sont particulièrement utiles pour accéder aux secteurs mal desservis par le rail ; on trouve ainsi des directs de Prague vers Karlovy Vary ou Český Krumlov ; voir **Regiojet** (regiojet.cz/en) et **Flixbus** (flixbus.fr). Les bus locaux sont rares le samedi après-midi et le dimanche ; consultez **IDOS** (idos.idnes.cz/vlakyautobusy/spojeni).

S'orienter

Si la région est grande, n'ayez pas d'inquiétude : un excellent réseau de transports en commun vous déposera au départ de votre sentier de randonnée, même le plus éloigné.

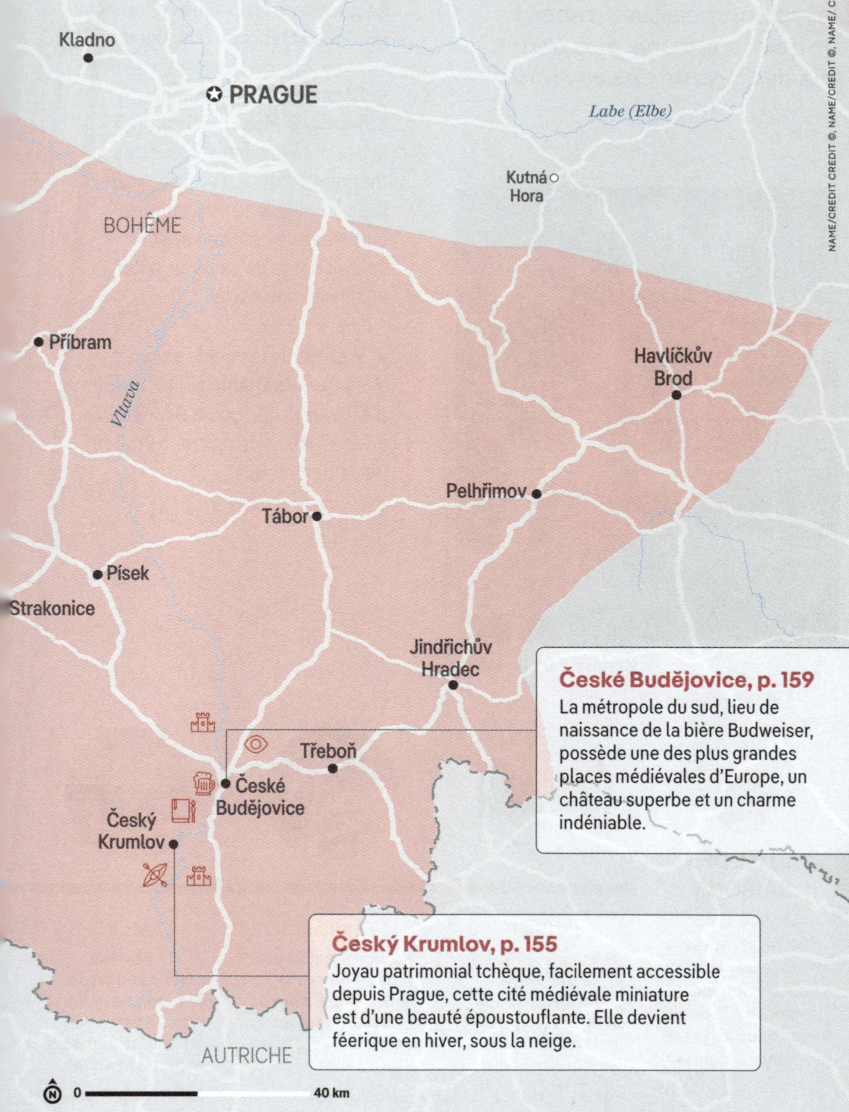

Planifier son séjour

Pour apprécier pleinement la région, choisissez d'abord un point d'attache, puis partez à la découverte des environs.

Karlovy Vary (p. 138)

Une journée loin de Prague

- **Karlovy Vary** (p. 138) est l'excursion idéale. Pour profiter de la journée, partez tôt de la gare routière pragoise de Florenc, pratique et rénovée récemment .

- Filez visiter la fascinante **cristallerie Moser**, puis prenez le bus pour le centre-ville et les thermes. Profitez d'un spa, goûtez l'eau bienfaisante des sources, ou prenez un bain de vapeur sous le dôme de verre où jaillit en geyser une eau à 73°C.

- Profitez de la vue du sommet de la **tour de Diana** (p. 140) avant d'acheter de la liqueur Becherovka en souvenir et de rentrer à Prague par le dernier bus.

AU FIL DES SAISONS

Chaque saison décline ses saveurs et ses festivités. L'été n'est pas forcément la meilleure : sous la neige, tout, ici, prend une autre dimension.

JANVIER

Montagnes et forêts sont couvertes de neige, la **saison du ski** bat son plein, et les tavernes allument les poêles à bois.

FÉVRIER

Randonnée et ski de fond sur les sentiers enneigés des **monts Métallifères** font pleinement apprécier l'hiver.

JUILLET

Le **Festival international du film de Karlovy Vary** (p. 138) est un des principaux rendez-vous culturels tchèques.

Si vous avez deux jours

- Depuis Prague, gagnez **Plzeň** (p. 150), la deuxième ville de Bohême. Combinez une visite de la **brasserie Urquell** avec un peu de tourisme dans le centre historique ; sinon, passez la journée au musée des sciences interactif de **Techmania**. (Vous n'aurez pas le temps de faire les deux.)

- Le lendemain, à 1 heure de train, allez goûter au charme nostalgique de **Mariánské Lázně** (p. 145), de ses thermes, de son patrimoine architectural, au cadre apaisant de la **forêt de Slavkov**. Partez visiter le **château de Bečov** ou celui de **Loket** (p. 143), ou bien faites une balade dans les collines environnantes.

Si vous avez une semaine

- En une semaine, vous pouvez couvrir la région et prévoir une ou deux longues randonnées.

- Le premier jour, visitez **Karlovy Vary** et ses sources thermales. Faites une étape à **Loket** . Le lendemain à l'heure du déjeuner, rejoignez la paisible station thermale de **Mariánské Lázně**.

- Consacrez le troisième jour à **Plzeň** : visitez la brasserie Urquell et flânez dans le centre. Passez le quatrième jour à **Domažlice**, et le suivant à **Český Krumlov** (p. 155).

- Le sixième jour, poursuivez la visite de Krumlov ou allez marcher dans les environs. Le dernier jour, détendez-vous à **České Budějovice** (p. 159).

AOÛT
La **fête du Chodsko**, à Domažlice, et le **Festival international de musique de Český Krumlov** sont les rendez-vous d'août.

SEPTEMBRE
Le temps est encore beau, mais la foule a disparu. Période idéale pour apprécier la région.

NOVEMBRE
Český Krumlov est tout à vous, ou presque. Vous en apprécieriez mieux le charme, même par une journée pluvieuse.

DÉCEMBRE
Les plus beaux **marchés de Noël** se tiennent sur la grand-place de Plzeň et dans la cour du château de Loket.

KARLOVY VARY

Karlovy Vary (Karlsbad), “Vary” pour les Tchèques, est peut-être le site d’Europe centrale qui a le mieux conservé l’élégance et le prestige des villes d’eaux de la Belle Époque. Durant son âge d’or, le tsar Pierre le Grand, les Habsbourg et d’autres têtes couronnées y séjournèrent pour des cures et y côtoyèrent grands penseurs, artistes et musiciens. Son éclat se ternit sous l’ère communiste ; mais, à partir des années 1990, elle fut restaurée plus vite que toute autre ville tchèque, sauf Prague.

Aujourd’hui, on vient admirer les majestueux édifices du XIXe siècle et flâner entre ses colonnades en sirotant une eau sulfureuse bienfaisante dans une tasse en porcelaine à bec long. La réputation des thermes de Vary ne faiblit pas, et les traitements haut de gamme doivent se réserver bien à l’avance.

La ville a plusieurs autres attraits, et les collines boisées alentour se prêtent agréablement à la randonnée.

Pour les infos pratiques, voir le Carnet d’adresses p. 161

À SAVOIR

La zone thermale, dans le sud de la ville, concentre la grande majorité des sites. Le reste de Karlovy Vary affiche le visage plus austère d’une capitale régionale qui vaque à ses affaires. Des bus circulent entre ces deux secteurs.

FESTIVAL INTERNATIONAL DU FILM DE KARLOVY VARY

En juillet, ce festival est la manifestation phare de la région. Près de 200 films sont présentés chaque année, et l’on peut y voir quelques grandes stars. Le gros du festival se déroule à l’Hotel Thermal mais des projections et des événements organisés en parallèle ont lieu dans toute la ville. Les billets sont relativement faciles à obtenir. Les réalisateurs et acteurs primés reçoivent de superbes figurines Art déco signées Moser. On peut en admirer une à la cristallerie Moser (p. 141).

Au fil des colonnades

L’ARCHITECTURE THERMALE DE KARLOVY VARY

La principale activité des visiteurs est de se promener dans les rues en admirant les bâtiments et en buvant de l’eau thermale tiède dans une *lázeňský pohárek* (tasse en porcelaine). Pour vous joindre au mouvement, achetez-en une (il en existe de toutes sortes) dans un kiosque ou une boutique de souvenirs.

Seize sources sont aménagées dans ou à proximité des quatre principales *kolonády* (colonnades), le long de la rivière **Teplá**. Elles coulent par des robinets en laiton à une température allant de tiède à brûlante, et on attribue à chacune des propriétés particulières. L’office du tourisme dispose d’un tableau des sources et de leur température, et vous renseignera sur leurs bienfaits pour la santé.

Remplissez votre tasse aux fontaines publiques en chemin, mais soyez mesuré : trop de “bonne eau” peut provoquer des troubles gastriques. Les curistes respectent scrupuleusement la quantité prescrite par leur médecin thermal.

Commencez votre promenade à l’extrémité nord de la zone thermale, dont l’entrée est marquée par l’**Hotel Thermal** (1976), construit dans le style brutaliste de l’ère communiste. De là, marchez vers le sud et traversez un petit espace vert où se trouve la **colonnade du Parc** (Sadová kolonáda). Appelée aussi colonnade du Jardin, cette élégante structure en fer forgé (1880) est la première des grandes colonnades que l’on voit en arrivant dans la zone thermale par le nord.

Plus loin, la **colonnade du Moulin** (Mlýnská kolonáda), de style néo-Renaissance, est l’édifice le plus imposant de la

ville. Édifiée entre 1871 et 1881 par Josef Zítek, architecte du Théâtre national de Prague, elle abrite cinq sources et un petit kiosque. Son toit est orné de statues représentant les mois de l'année. Pierre le Grand aurait séjourné en 1711 en face, là où se trouve à présent le Petra Restaurant.

Remontez Lázeňská jusqu'à la superbe **colonnade du Marché** (Tržní kolonáda), aux boiseries délicatement ouvragées. L'une de ses deux sources, la **source Charles IV** (pramen Karla IV), doit son nom au fait qu'elle aurait été particulièrement prisée par l'empereur Charles IV (1316-1378), auquel la ville doit aussi son nom.

Juste après se trouve la **colonnade de la Source chaude** (Vřídelní kolonáda). Construit en 1975, ce bâtiment de béton et de verre au style fonctionnaliste incongru était jadis dédié au cosmonaute soviétique Youri Gagarine. Sous sa haute coupole de verre jaillit le pramen Vřídlo, geyser spectaculaire qui atteint 12 m. L'eau est si chaude que l'on pourrait y faire infuser un sachet de thé (n'essayez pas : le résultat est infect). Il est prévu depuis des années de remplacer cette colonnade de l'époque communiste, mais les travaux se font encore attendre. Les visiteurs sont invités à profiter de la vapeur d'eau sur place ou à goûter à la source bienfaisante dans la salle principale.

La rue Stará Louka se poursuit en beauté vers le sud. La promenade se termine à hauteur du magnifique **GrandHotel Pupp**, le plus prestigieux établissement de Karlovy Vary, toujours plébiscité par les visiteurs fortunés.

Une ville à arpenter

S'ÉCHAPPER DES COLONNADES

Loin de se réduire à son eau thermale salée et à ses grandioses colonnades, Karlovy Vary a bien d'autres atouts à offrir aux

QUE RAPPORTER DE KARLOVY VARY ?

Becherovka
La recette de cette eau-de-vie à base de plantes, surnommée la "13e source", est tenue secrète.

Cristallerie Moser
Pour un souvenir précieux et durable. À acheter à la cristallerie ou à la boutique du Grandhotel Pupp.

Tasse à bec long
Ce récipient à la forme insolite est un des souvenirs les plus appréciés de Bohême.

Porcelaine
Plusieurs manufactures produisent des objets aux motifs typiquement tchèques.

Roses pétrifiées
Laissées dans l'eau thermale, elles se couvrent d'un dépôt minéral qui les pétrifie.

LE GRANDHOTEL PUPP

Occupant la quasi-totalité de l'extrémité sud de la zone thermale, cet hôtel fastueux est sans doute le plus célèbre du pays. Il existe depuis le XVIIIe siècle mais le bâtiment actuel, datant de 1907, est l'œuvre des prolifiques architectes viennois Fellner et Helmer, qui construisirent des théâtres dans tout l'empire des Habsbourg. L'établissement apparaît dans le James Bond *Casino Royale* et a inspiré à Wes Anderson son film *The Grand Budapest Hotel*, qui y a été en grande partie tourné.

Les tarifs sont exorbitants mais la dépense en vaut la peine si vous parvenez à obtenir l'une des chambres d'époque. Même si vous n'y logez pas, jetez un coup d'œil à l'intérieur ; les restaurants sont exquis, et le décor d'antan vous enchantera.

IGLWCH/SHUTTERSTOCK ©

Karlovy Vary

curistes. Votre promenade au fil des colonnades s'est achevée au Pupp, et c'est de là que part ce second circuit, votre tasse thermale bien rangée au fond de votre sac.

La première étape est la **tour d'observation de Diana**, accessible par un funiculaire qui part derrière le Pupp. On peut accéder au sommet de la tour pour admirer une vue imprenable sur les thermes et les collines boisées alentour. Vous trouverez ici un café-restaurant et des attractions telles qu'une intéressante serre à papillons. Que vous redescendiez à pied ou en funiculaire, vous arriverez de nouveau au Pupp.

De là, franchissez la rivière vers le **musée de Karlovy Vary**, consacré au développement de la station thermale, à la verrerie tchèque et à l'histoire naturelle de la région. Un peu plus loin dans Nová Louka, le splendide **Théâtre municipal** renferme des décorations réalisées par les frères Klimt. À 300 m de là se dressent les deux tours de l'imposante **église Sainte-Marie-Madeleine**. Ce beau bâtiment baroque est la principale église de Karlovy Vary, élevée dans les années 1730 par l'architecte Kilian Dientzenhofer, à qui l'on doit aussi l'église Saint-Nicolas (p. 57) de Malá Strana, à Prague. La crypte renferme un autel et un ossuaire contenant les ossements issus d'un cimetière du XVIIIe siècle qui entourait jadis l'église.

OÙ SE LOGER

GrandHotel Pupp
Un joyau au service 5 étoiles, fréquenté par les grandes fortunes. Réservez bien à l'avance. **€€€**

Hotel Romance
Excellent emplacement, chambres très confortables et petit-déjeuner complet. **€€**

Pension Villa Rosa
En surplomb de la rivière, cette pension familiale allie chambres traditionnelles et cadre spectaculaire. **€€**

Depuis l'église, traversez la zone thermale vers l'Hotel Thermal. Continuez dans la rue TG Masaryka pour rejoindre le **musée Jan Becher**, dédié à la Becherovka, célèbre liqueur qui rappelle le Jägermeister allemand ou l'Unicum hongrois. Visite guidée uniquement, à réserver à l'avance, directement au guichet du musée. Si la plupart des visites sont en tchèque ou en russe, il y en a au moins une par jour en anglais. Elle se termine par une dégustation. *Na zdraví* !

Un peu à l'écart du centre, l'**église Saints-Pierre-et-Paul**, aux cinq dômes étincelants, présente une architecture impressionnante s'inspirant d'une église des environs de Moscou. Ses peintures murales extérieures sont de style Art nouveau, et l'un de ses bas-reliefs représente Pierre le Grand.

La cristallerie Moser

ADMIREZ LES SOUFFLEURS DE VERRE EN ACTION

Hors de la zone thermale, le site le plus intéressant est la **cristallerie Moser**, à environ 4 km à l'ouest ; prenez le bus n°2 devant le théâtre. La société Moser a ouvert son premier atelier à Karlovy Vary en 1857. En 1873, elle y possédait une grande fabrique et était devenue le fournisseur officiel de la cour de François-Joseph Ier. Celui-ci en parla sans doute à son ami le roi Édouard VII d'Angleterre, car Moser devint aussi le fournisseur de la Couronne britannique en 1907. Tout au long du XXe siècle, ces pièces d'exception figurèrent à la table des chefs d'État ; Moser est aujourd'hui encore l'une des marques préférées des riches amateurs.

La visite de la cristallerie est une des activités les plus mémorables à faire en dehors de Prague. Après une initiation à la technique du verre, vous pénétrerez dans l'atelier où les souffleurs prélèvent le verre en fusion dans les fours pour le façonner à l'aide de moules en bois. La température est telle qu'on leur apporte constamment à boire. Vous aurez vous-même l'occasion de sentir la chaleur de la pâte incandescente.

Rendez-vous ensuite au **musée Moser**, qui présente plusieurs milliers de pièces inestimables. Passez enfin par la boutique, mais attention aux prix : un verre à vin coûte environ 100 €, un vase... plusieurs milliers !

LES PLUS BELLES BALADES DANS LES ENVIRONS

Andělská Hora
À 10 km à l'est, le château en ruine de ce village offre une vue saisissante.

Kyselka
À 15 km à l'est, les thermes abandonnés de Kyselka appartenaient autrefois au magnat de l'eau minérale Mattoni.

Svatošské Skály
Du quartier de Doubí, la **piste cyclable de l'Ohře** mène à ces spectaculaires formations rocheuses, où l'on pratique l'escalade.

Šemnická Skála
Une belle marche de 10 km dans une forêt touffue mène à ce promontoire d'où se déploie une vue de carte postale.

Goethova Vyhlídka
Depuis la colonnade de la Source chaude, un sentier balisé en jaune conduit au "belvédère de Goethe" (5 km A/R).

COMMENT S'Y RENDRE ET CIRCULER

Karlovy Vary a deux gares ferroviaires : Dolní nádraží (inférieure), qui reçoit les trains de Mariánské Lázně, et Horní nádraží (supérieure), où arrivent ceux de Prague. Le bus n°1 rejoint la zone thermale depuis la première. On peut aller à pied de la seconde à la gare routière centrale de Tržnice. Les bus nos 2 et 13 desservent les thermes. Billet : 25 Kč (dpkv.cz). Les bus venant de Prague, plus pratiques que le train, arrivent à la gare inférieure. Liaisons également avec Plzeň, d'où l'on peut rejoindre České Budějovice.

Environs de Karlovy Vary

Des montagnes truffées de mines, des châteaux de conte de fées, un spa radioactif et des activités de plein air à foison... Profitez de la région !

Si les palmiers poussent à Karlovy Vary, au nord de la ville s'élèvent les reliefs froids, mystérieux et presque vides de touristes des monts Métallifères (Krušné hory en tchèque, appelés Erzgebirge du côté allemand), qui culminent à 1 244 m au **mont Klínovec**, prisé des Tchèques pour la randonnée, le ski de fond et le VTT grâce à son Trail Park.

Ce massif doit son nom aux gisements (argent, étain, cobalt, nickel...) disséminés dans son sous-sol, à l'origine de mines classées par l'Unesco et de l'étonnante ville de Jáchymov. Il dissimule aussi, perdu au milieu des sommets boisés, le château de Loket, un des plus beaux du pays. Troisième ville du "triangle thermal" de la Bohême occidentale, la jolie Františkovy Lázně (Franzensbad) mérite une visite d'une demi-journée.

Pour les infos pratiques, voir le Carnet d'adresses p. 161

À SAVOIR

Même peu peuplée, la région est bien desservie par les transports ; mais louez une voiture pour en profiter pleinement.

Jáchymov

Château de Loket

Château de Loket

UNE FORTERESSE INEXPUGNABLE

Les maisons colorées de Loket se lovent dans un méandre de l'Ohře si serré qu'il forme presque une île (*loket* signifie "coude" en tchèque). Celui que les brochures appellent "village préféré de Goethe" est si ravissant qu'on le prendrait pour un décor de cinéma. Appelé Elbogen en allemand ("coude" également), il est célèbre sous ce nom depuis 1815 pour sa porcelaine. Loket possède un fabuleux château bâti sur le site d'un ancien fort roman dont il ne reste que la haute tour carrée et des vestiges de la rotonde et du palais. L'aspect gothique du lieu remonte au XIVe siècle. Cette forteresse quasi inexpugnable a joué un rôle important dans l'histoire de la Bohême. Venceslas, empereur du Saint Empire sous le nom de Charles IV, y fut détenu enfant vers l'an 1320. De 1788 à 1947, le château servit de prison. Au cours de la visite, vous parcourrez notamment deux salles rassemblant des porcelaines typiques, et aurez droit à une vue splendide du haut de la tour (96 marches).

Jáchymov et les monts Métallifères

MINES, MONTAGNES ET DOLLARS

Frontière entre la Saxe (Allemagne) et la Bohême, les monts Métallifères s'étirent dans le nord du pays. Ce chapelet de sommets boisés est un paradis pour qui veut oublier le XXIe siècle, cueillir des baies et des champignons, faire de la marche ou du ski de fond. Les possibilités de randonnée sont infinies, avec des centaines de kilomètres de sentiers balisés. Si les lieux d'intérêt ne manquent pas, la ville de Jáchymov est singulière. Au XVIe siècle, la découverte de mines d'argent

BOIRE UNE BIÈRE DANS LES MONTS MÉTALLIFÈRES

Ryžovna
Isolée à 25 km au nord de Karlovy Vary, cette brasserie produit trois types de bières. Restaurant sur place.

Červený Vlk
À Boží Dar, le "Loup rouge" sert cinq types de bières dans un cadre très contemporain.

Krušnohor
À Tisová, près de Kraslice, cette brasserie élabore les meilleures bières des monts Métallifères, assez rares à la vente ailleurs.

COMMENT CIRCULER

De Karlovy Vary, des bus desservent régulièrement Loket et Jáchymov. Le bus de Karlovy Vary s'arrête de l'autre côté du pont, par rapport au centre ancien. Une voiture est nécessaire pour le reste des monts Métallifères. Pour Františkovy Lázně, prenez le train en changeant à Cheb.

MINES, THERMES ET UNESCO

Longtemps dépourvue de sites distingués par l'Unesco, la région de Karlovy Vary en a acquis huit en l'espace de deux ans.

En 2019, l'organisation a reconnu l'importance de l'industrie minière des monts Métallifères, en classant cinq de ses mines et sites.

En 2021, après une longue attente, la décision a été prise d'inscrire **Mariánské Lázně** (p. 145), **Karlovy Vary** (p. 138) et **Františkovy Lázně**, le "triangle thermal de la Bohême occidentale", sur la liste du Patrimoine mondial, conjointement à huit autres stations thermales européennes.

La pandémie de Covid-19 a un peu douché la fête, mais ces inscriptions pourraient donner un important coup de pouce au tourisme dans ce qui est la région la plus pauvre du pays.

Église de l'Élévation-de-la-Sainte-Croix, Františkovy Lázně

conduisit à la frappe d'une nouvelle monnaie, le thaler (du nom allemand de la ville, Joachimstal), qui donna plus tard naissance au mot "dollar". On trouve aussi ici de l'uranium, celui dont se servit Marie Curie pour isoler le radium, qui, dans les années 1950, fut extrait par des prisonniers politiques au péril de leur vie et expédié en URSS. Troisième point fort : le **Radium Palace**, seul spa du genre en Europe, où l'on se baigne dans une eau légèrement radioactive (mais jugée sûre).

Františkovy Lázně (Franzensbad)

LA TROISIÈME VILLE DU "TRIANGLE THERMAL"

Plus assoupie que Karlovy Vary et Mariánské Lázně, avec ses façades jaune pâle, de jolis parcs agrémentés de statues et de sources et un centre si bien rénové que l'on se croirait dans un film, Františkovy Lázně a été classée par l'Unesco en 2021, en même temps que ses deux consœurs. Son nom signifie "thermes de François", du nom de l'empereur François II (1768-1835).

Beethoven et Goethe, ses plus célèbres visiteurs, furent sans doute davantage attirés par l'animation des cafés que par les thermes, réputés pour le traitement de l'infertilité féminine. Milan Kundera fit de Františkovy Lázně le cadre de son roman *La Valse aux adieux* (1972). Aujourd'hui, l'atmosphère est calme, pour ne pas dire éteinte. Les promenades et les terrasses des cafés somnolent, mais cela a quelque chose de rassérénant.

Ses sites principaux sont l'**église de l'Élévation-de-la-Sainte-Croix** (1819) et la **source František** (Františkův pramen). Vous en saurez plus sur l'histoire des thermes au **Musée municipal**. Quant au parc aquatique **Aquaforum**, doté de bassins intérieurs et extérieurs, il attire des familles des deux côtés de la frontière.

MARIÁNSKÉ LÁZNĚ

Il y a un peu plus de deux siècles, les moines du monastère de Teplá (p. 149) décidèrent de bâtir des thermes dans une vallée marécageuse et inhospitalière au sein de l'épaisse forêt de Slavkov. Ces quelques maisons en bois autour d'un trou boueux se muèrent bientôt en l'une des villes d'eaux les plus courues d'Europe et vit passer Goethe, Thomas Edison, le roi Édouard VII d'Angleterre, Frédéric Chopin et même Mark Twain. Réquisitionnée pour les travailleurs à l'époque communiste, Mariánské Lázně (Marienbad) a presque retrouvé son lustre passé ; c'est aujourd'hui la ville thermale la plus jolie, la plus calme et la plus agréable du pays. L'importance historique de Mariánky, comme l'appellent les Tchèques, lui a valu d'intégrer la liste du Patrimoine mondial de l'Unesco en 2021.

Pour les infos pratiques, voir le Carnet d'adresses p. 162

À SAVOIR

Le trolleybus n°7 dessert la zone thermale depuis les gares routière et ferroviaire, à 2,5 km au sud. Une fois dans le secteur thermal, on se déplace facilement à pied. Les places de stationnement étant rares, évitez la voiture.

INCONTOURNABLES
1 Colonnade

VOIR
2 Chapelle anglicane
3 Église de l'Assomption-de-la-Vierge-Marie
4 Église évangélique
5 Église Saint-Vladimir
6 Fontaine chantante
7 Hôtel Weimar
8 Musée Frédéric Chopin
9 Musée municipal
10 Source de la Croix

ACTIVITÉS
11 Nové Lázně Ensana Health Spa Resort

SE LOGER
12 Hotel Nové Lázně

SE RESTAURER
13 Česká Hospůdka
14 Modrá cukrárna
15 U Zlaté Koule

PRENDRE UN VERRE
voir 12 Vídeňská kavárna

SORTIR
16 Městské Divadlo
17 Salle de concerts Casino

PAROLE D'HABITANTE

Julia Malyk, une réfugiée ukrainienne qui vit à Mariánské Lázně, présente ses lieux préférés.

Mariánské Lázně
C'est une petite ville aux habitants accueillants et à l'ambiance agréable.

Tour Hamelika
Mon endroit préféré est cette tour au milieu des bois. Elle offre une vue splendide sur la forêt, et c'est un héritage du passé.

Parc Prelát
Un lieu agréable où se détendre en famille et prendre les eaux. Il y a plein d'activités pour les enfants et un parcours d'obstacles que j'aime réaliser avec mes amis.

Boheminium
Ce parc abrite des reproductions miniatures de célèbres bâtiments tchèques. On peut y nourrir des chevreuils et des chèvres, et il y a un élevage de chevaux non loin.

Les thermes

UN SITE INSCRIT AU PATRIMOINE MONDIAL

Arpentez une des plus belles zones thermales d'Europe. Elle se trouve dans le nord de la ville, et la **Hlavní třída** (Grand-Rue) la traverse en ligne droite sur toute sa longueur.

Cœur du quartier, la **colonnade** néobaroque en fonte de 1889 est instantanément reconnaissable par la plupart des Tchèques. Fabriquée à l'autre bout du pays, à Blansko, en Moravie, elle fut démontée, acheminée en train, puis remontée sur place. Sa longue galerie incurvée, qui évoque une gare victorienne, est un endroit où flâner avec une tasse d'eau, une *lázeňské oplatky* (gaufrette thermale) ou une glace. Fanfares et petits orchestres classiques s'y produisent deux ou trois fois par jour en haute saison. À son extrémité nord, un pavillon néoclassique abrite la **source de la Croix** (Křížový pramen), la première de la ville.

À l'extrémité sud se tient la célèbre **fontaine chantante** (Zpívající fontána), datant des années 1980. Toutes les 2 heures, dès 7h, de mai à fin octobre, plus de 250 jets d'eau jaillissent sur un fond musical éclectique (de Dvořák à Céline Dion). À la nuit tombée, des lumières complètent le spectacle. Les deux dernières animations ont lieu à 21h et 22h. De la fontaine, montez vers la **place Goethe**, en pente. À votre gauche, plusieurs hôtels reliés les uns aux autres appartiennent au groupe Ensana, principal établissement thermal. L'Hotel Nové Lázně, le meilleur de la ville, affiche 5 étoiles. Dans l'angle nord-ouest de la place, visitez l'excellent **Musée municipal**, dans l'un des plus anciens bâtiments encore debout, où vécut Goethe lors de son dernier séjour en 1823. L'exposition porte sur sa visite et celle d'Édouard VII et sur la géologie et l'histoire naturelle locales. Une vidéo de 20 minutes un peu vieillotte en anglais relate l'histoire des thermes.

Près de l'office du tourisme, faites un tour au **musée Frédéric Chopin**. Il renferme des effets personnels du musicien, qui fit ici une cure en 1836. Sa musique est diffusée en fond sonore.

Un quatuor d'églises

LIEUX DE CULTE

La Ruská třída abrite l'**église orthodoxe Saint-Vladimir** (1901), de style néobyzantin, qui renferme l'une des plus grandes iconostases en faïence du monde. À quelques pas au nord, l'**église anglicane** (1879) est l'œuvre du Londonien William Burges. En haut de la rue Hlavní, sur Mírové náměstí, l'**église évangélique** est serrée entre deux immeubles, tandis que les curistes catholiques peuvent prier dans l'**église de l'Assomption-de-la-Vierge-Marie** (place Goethe). Surmonté

OÙ SE RESTAURER

Česká Hospůdka
Un pub tchèque, douillet, avec feu de cheminée. Cuisine locale inventive. **€**

U Zlaté koule
Très apprécié, à la fois élégant et décontracté. Carte autour du gibier. **€€**

Swisshouse
La meilleure cuisine tchèque et internationale de la ville, dans un hôtel avec spa. Téléphonez avant. **€€**

JON ARNOLD IMAGES LTD/ALAMY STOCK PHOTO ©

Cabine royale du Nové Lázně

de deux tours symétriques, cet imposant édifice néobyzantin (milieu XIXe siècle) est la plus importante église de la ville.

Visites royales

ÉDOUARD VII À MARIÁNSKÉ LÁZNĚ

Le plus illustre curiste fut **Édouard VII d'Angleterre**, fils de la reine Victoria. Homme le plus puissant de son temps, apparenté à la quasi-totalité des monarques européens, il y séjourna neuf fois, en tant que prince de Galles, puis roi. D'abord intéressé par la jeune Mizzi, jolie chapelière de la rue Hlavní, il décrivit plus tard Mariánské Lázně comme le lieu le plus beau qu'il eût jamais visité. Il y rencontra l'empereur François-Joseph Ier en 1904 au Kursaal, devenu la **salle de concerts Casino**, où joue aujourd'hui l'Orchestre symphonique de Bohême occidentale et qui accueille le **Festival Chopin** (chopinfestival.cz) en août. Elle dépend de l'hôtel Nové Lázně : pour y jeter un coup d'œil, adressez-vous aux réceptionnistes. Dans l'hôtel se trouve aussi la **cabine royale**, une salle thermale bâtie pour Édouard VII. Outre de nombreux cerfs abattus et une chapelière éplorée, le roi a laissé à la ville l'un de ses grands atouts : le Royal Golf Club, un parcours difficile.

POURQUOI J'AIME MARIÁNSKÉ LÁZNĚ

Marc Di Duca,
coauteur de ce guide

Je vais être franc : Mariánské Lázně est ma ville natale, et, pour moi, il n'y a pas meilleur endroit où vivre. Flâner dans la station thermale par une fraîche matinée d'hiver, quand le jaune pâle des façades est rehaussé par la neige, est féerique. L'air est l'un des plus purs d'Europe, l'architecture, l'une des plus enchanteresses. Sans parler de l'eau : la ville compte 40 sources thermales, 60 autres coulent dans les forêts environnantes. Édouard VII se plaisait ici : un homme de goût !

COMMENT CIRCULER

Les bus depuis/vers Mariánské Lázně n'assurent que des liaisons régionales. La ville est bien reliée à Prague par le train, via Plzeň. La compagnie GW Train Regio (gwtr.cz) dessert Karlovy Vary. Pour rejoindre Františkovy Lázně, il faut changer à Cheb.

OÙ PRENDRE UN CAFÉ

Vídeňská kavárna
Élégant café viennois dans l'Hotel Nové Lázně, service stylé et desserts préparés sur place.

Modrá cukrárna
Dans la rue Hlavní, le plus vieux café de la ville, doublé d'une salle moderne plus coûteuse.

Café Pohoda
Un petit bijou, au sud de la zone thermale, dans la pension Kamenný dvůr.

Environs de Mariánské Lázně

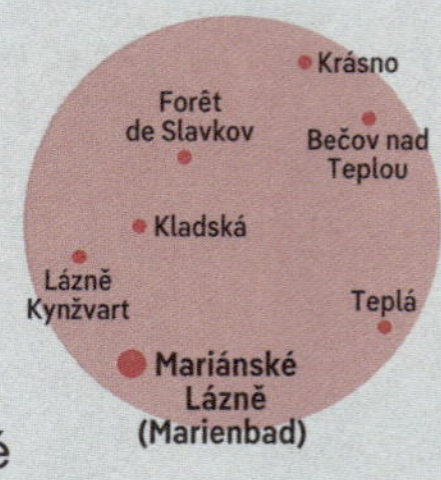

Amateurs de nature sauvage, de paysages préservés, de châteaux romantiques et de soirées au coin du feu, les environs de Mariánské Lázně sont faits pour vous.

Il n'est ici question que de marcher dans la forêt, savourer la nature et sentir la terre sous ses pieds. Au nord s'étend l'immense **forêt de Slavkov** (p. 149). Au sud et à l'ouest, la forêt de Bohême, une zone protégée presque inhabitée, s'étire jusqu'à la **Šumava** (p. 153). Pleine de caractère, **Bečov nad Teplou** (p. 149) est la seule ville d'importance entre Mariánské Lázně et Karlovy Vary. Son château recèle le reliquaire de saint Maur, un des objets les plus précieux du pays. **Kladská**, juste au nord de Mariánské Lázně, se prête à une excursion d'une journée, de même que le **monastère de Teplá**.

Pour les infos pratiques, voir le Carnet d'adresses p. 162

À SAVOIR

Peu de transports en commun dans la forêt de Slavkov. Louer un vélo est une bonne solution.

SKYWORKER/SHUTTERSTOCK ©

Bečov nad Teplou

Forêt de Slavkov

UNE LUXURIANTE FORÊT DE PINS

Presque inconnue des touristes, l'épaisse forêt de Slavkov (640 km²) compte des sentiers pédestres et cyclables, des pistes de ski de fond et de petits hameaux. Elle commence au nord de la zone thermale de Mariánské Lázně, mais il faut faire 8 km à pied ou à vélo pour gagner le premier village, **Kladská**, charmant avec ses chalets tyroliens et sa tourbière protégée. Les autres sites comprennent les **Křížky** (trois croix sur un promontoire rocheux), la curieuse **tour de guet en spirale de Krásno**, le château de Bečov nad Teplou et la jolie station de **Lázně Kynžvart**, ses thermes et son château, où l'on peut voir le cabinet de curiosités du chancelier Metternich (1773-1859).

Des sentiers pédestres balisés par le Club des touristes tchèques et des pistes cyclables marquées en jaune parcourent la forêt. L'**office du tourisme** de Mariánské Lázně fournit une carte gratuite – *"Mariánské Lázně a okolí"* – où figurent quatre des randonnées les plus appréciées (ce sont aussi les plus courtes). Le sentier le plus long et le plus gratifiant est l'**Edwardova cesta** (sentier Édouard ; 6 km), balisé en bleu ; il démarre derrière l'Hotel Nové Lázně.

Bečov nad Teplou

UN SPECTACULAIRE CHÂTEAU PERCHÉ

La "capitale" de la forêt de Slavkov est cette petite ville sans grand charme. Sa place haut perchée est bordée de restaurants, de pensions douillettes, de boutiques d'antiquités et de quelques musées. Bečov se distingue par une citadelle remarquable et un **château** attenant, accrochés à un éperon au-dessus de la Teplá. Son centre d'intérêt est, de loin, le trésor le plus précieux du pays après les joyaux de la couronne de Bohême : l'éblouissant **reliquaire de saint Maur**, premier disciple de saint Benoît (VIe siècle). Ce coffre de bois recouvert de plaques d'argent doré, comprenant des statuettes, des reliefs, des décorations en filigrane et des pierres précieuses, fut déposé ici par les Beaufort, derniers propriétaires du lieu. Expulsés de Tchécoslovaquie en 1945 pour avoir collaboré avec les nazis, ils cachèrent le trésor sous le sol de la chapelle, où il fut oublié. En 1984, un homme d'affaires américain, Danny Douglas, offrit aux autorités 250 000 $ pour fouiller et emporter tout objet trouvé. Grâce aux indices collectés, la police secrète communiste (StB) localisa le précieux coffret avant Douglas, et le trésor resta à Bečov. La châsse, qui contient les restes de saint Maur, brille depuis dans une salle plongée dans l'obscurité et très sécurisée.

MONASTÈRE DE TEPLÁ

Lieu de naissance de l'industrie thermale locale, le monastère de Teplá est localisé dans la ville du même nom, à 18 km à l'est de Mariánské Lázně. Fondé par l'ordre des Prémontrés il y a 800 ans, il vaut surtout pour son extraordinaire **bibliothèque** baroque, une des plus belles d'Europe centrale. Les bus de Mariánské Lázně s'arrêtent non loin, et la visite est guidée.

COMMENT CIRCULER

Bečov et Teplá se trouvent sur une jolie ligne de chemin de fer entre Mariánské Lázně et Karlovy Vary ; Teplá est également accessible en bus. Les autres sites de la forêt de Slavkov nécessitent une voiture.

OÙ SE RESTAURER

Pension Kladská, Kladská
Une des 100 meilleures tables du pays. Cuisine locale. **€€€**

U Tetřeva, Kladská
Les animaux de la forêt dans votre assiette, dans une salle ornée de trophées de chasse. **€€**

Hradní Bašta, Bečov
Spécialités tchèques, lieu cosy, au pied du château. **€€**

PLZEŇ

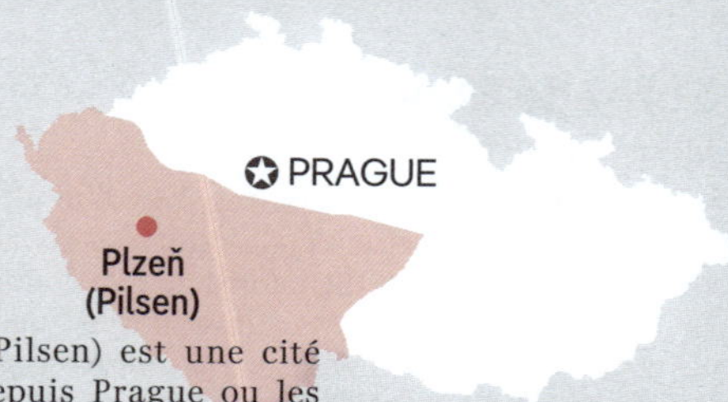

Deuxième ville de Bohême, Plzeň (Pilsen) est une cité industrielle qui mérite une visite depuis Prague ou les villes thermales situées au nord, pour ses trois grands sites touristiques : la brasserie Pilsner Urquell et le musée de la Bière, qui vous réservent une découverte fascinante ; et Techmania, sans doute la meilleure attraction du pays pour les enfants. La Grande Synagogue, une des plus vastes d'Europe, est un haut lieu du patrimoine juif européen. La ville compte aussi quelques monuments autour d'une jolie place médiévale et des pubs pittoresques où se pressent les étudiants de l'université de Bohême du Sud. Mais la vie ici tourne surtout autour de l'industrie lourde ; les usines Škoda, qui occupent une zone immense au sud-ouest du centre, produisent des tramways et des trains exportés dans toute l'Eurasie. Si la sophistication vous lasse, Plzeň en est agréablement dépourvu.

Pour les infos pratiques, voir le Carnet d'adresses p. 163

À SAVOIR

Le centre est assez petit pour être exploré à pied. Vous n'aurez besoin des transports en commun que pour aller à Techmania : prenez le trolleybus n°15 à la gare ferroviaire, ou le train jusqu'à Plzeň Jižní Předměstí.

LES TEMPS FORTS DE PLZEŇ

Marchés de Noël
Ce n'est pas Prague, mais l'affluence et les prix sont moindres.

Fête de la Libération
En mai, la libération de la ville en 1945 est fêtée aux cris de "Merci à l'Amérique !".

Pilsner Fest
La fête de la bière se déroule début octobre.

Festival de musique de Riegrova
Tout l'été, la rue Riegrova accueille des dizaines de concerts.

TUTO Jídlo
Les cuisines tchèque et internationale sont à l'honneur le premier week-end de septembre.

À la santé de Plzeň !

UNE TRADITION BRASSICOLE

Vous aimez la bière ? Alors, vous connaissez la Pilsner (pils ou pilsen en français), une blonde créée en 1842 à Plzeň (dont le nom allemand et français est Pilsen). La Pilsner Urquell (Plzeňský prazdroj) est la première et la plus fine des lagers – *Urquell* en allemand ou *prazdroj* en tchèque signifient "source". Des visites guidées (possibles en anglais) de la fameuse **brasserie** permettent de découvrir les installations, notamment les caves (habillez-vous chaudement), et s'achèvent par une dégustation de bière non pasteurisée.

Le **musée de la Bière** donne un aperçu de la fabrication de ce breuvage avant la fondation de la brasserie Pilsner Urquell. À ne pas manquer : la reconstitution d'un bar du XIXe siècle, une énorme chope de bière en bois de Sibérie et une collection de sous-bocks. Brochure et Audioguide en français.

Balade dans la ville

DÉCOUVREZ LE CENTRE DE PLZEŇ

Cœur de Plzeň, la **náměstí Republiky** (place de la République) s'impose comme point de départ d'un circuit à pied. La construction de l'imposante **église gothique Saint-Barthélemy** débuta sans doute à la fin du XIIIe siècle. Vous pouvez monter au faîte de son clocher, le plus haut du pays (103 m ; 301 marches). Dans l'angle sud-est de la place, prenez la rue Františkánská pour rejoindre le **musée de la Bohême occidentale**, qui retrace l'histoire de la ville du Xe au XIXe siècle. L'édifice lui-même, un palais néo-Renaissance du XIXe siècle, mérite un coup d'œil. Les collections permanentes

INCONTOURNABLES
1 Brasserie Pilsner Urquell
2 Musée de la Bière

VOIR
3 Église Saint-Barthélemy
4 Grande Synagogue
5 Maison Brummel
6 Monument à Patton
7 Musée de la Bohême occidentale
8 Musée des Marionnettes
9 Patton Memorial Pilsen
voir 1 Souterrains de Plzeň
10 Techmania

SE RESTAURER
11 Lokál Pod Divadlem
12 Na Spilce
13 U Salzmannů

PRENDRE UN VERRE
14 Walter
15 Zach's Pub

– archéologie, histoire et arts appliqués – font l'objet de billets séparés. Si le temps vous est compté, optez pour la deuxième.

De là, une courte marche à travers l'agréable jardin Smetana (Smetanovy sady) permet de gagner le plus beau bâtiment de Plzeň, la **Grande Synagogue**. Deuxième d'Europe et troisième du monde par la taille après celles de Jérusalem et de Budapest, elle fut bâtie en 1892 dans le style mauresque par les quelque 2 000 juifs vivant alors à Plzeň. Presque en face se dresse un sobre **monument au général Patton**. Mais c'est, plus au nord, le **Patton Memorial Pilsen** qui retrace la libération de Plzeň en 1945 par l'armée américaine, menée par le général George Patton (1885-1945). Les souvenirs manuscrits laissés par les soldats américains revenus dans la ville sont poignants. Il en va de même de la réponse donnée par le musée à une version révisionniste qui présentait les troupes soviétiques (en uniforme américain) en libératrices de Plzeň.

Plzeň compte par ailleurs des **souterrains historiques**, que vous découvrirez lors d'une visite guidée (1 heure). Les premières galeries furent creusées au XIVe siècle, pour brasser de la bière ou pour des raisons défensives ; les dernières datent du XIXe siècle. Les familles aisées avaient dans leurs caves des puits dont l'utilisation abusive entraînait de graves pénuries d'eau. Lorsque les puits s'asséchaient, on avait coutume d'y jeter les détritus, puis de les boucher, ce qui explique que les archéologues aient exhumé quantité d'objets. Sur 11 km de galeries, seuls 500 m sont ouverts au public. Mettez des vêtements chauds (il n'y fait que 10°C). Des circuits en anglais ont lieu chaque jour à 14h20 d'avril à octobre ; réservez en ligne.

OÙ PRENDRE UN VERRE

Walter Café
Un endroit chic et épuré, rapidement devenu un rendez-vous favori.

Zach's Pub
Ses concerts drainent une foule d'étudiants. Grand jardin bien agréable, l'été, pour prendre un verre. À 15 minutes à pied à l'ouest du centre.

OÙ SE RESTAURER

Lokál pod Divadlem
Enseigne d'une chaîne de restauration : classiques tchèques et bonnes bières. €

Na Spilce
Le pub-restaurant de la brasserie Urquell est l'endroit idéal où finir la soirée. €€

U Salzmannů
La plus vieille taverne de Plzeň, fière de sa Pilsner Urquell bien fraîche et de sa copieuse cuisine de Bohême. €€

L'HÉRITAGE INDUSTRIEL DE PLZEŇ

Musée de la famille Škoda
Dédié à la famille Škoda, célèbre pour ses voitures.

DEPO2015
Centre artistique dans un ancien dépôt de trams : start-up, expos, etc.

Bohemia Sekt
Site du plus grand producteur de vins du pays, à Starý Plzenec.

Fabrique de papier
Autre site industriel transformé en centre culturel.

EKH-PICTURES/STOCK.ADOBE.COM ©

Náměstí Republiky, Plzeň

Dans les années 1920 et 1930, le célèbre architecte autrichien Adolf Loos (1870-1933) conçut la décoration intérieure de plusieurs appartements de Plzeň. La **maison Brummel**, créée en 1928-1929 pour l'industriel Jan Brummel, est toutefois son œuvre la plus représentative. Des visites guidées en anglais ont lieu toute la semaine, mais le créneau horaire doit être fixé à l'avance. Réservez en ligne sur www.adolfloosplzen.cz.

ENCORE PLUS POUR LES ENFANTS

Bien conçu, le **musée des Marionnettes** vaut le détour. Les marionnettes tchèques sont évidemment très bien représentées. Elles s'animent parfois sans crier gare, le temps d'une saynète, afin de maintenir l'attention des plus petits.
Vos enfants ont envie de plein air ? Filez vers le jardin botanique, où se trouvent un **zoo**, réputé l'un des plus beaux du pays, et le **DinoPark**, espace vert ponctué de maquettes grandeur nature de 30 dinosaures, avec aussi des aires de jeux.

Un site phare pour les enfants

TECHNIQUE, INTERACTIVITÉ, INNOVATION

Ne cherchez plus : **Techmania** est le lieu le plus amusant du pays pour vos enfants. Il mérite même une excursion d'une journée depuis Prague. Dans ce musée, installé dans un des gigantesques ateliers de mécanique Škoda, on met en œuvre le principe du Tchèque Comenius : apprendre en s'amusant. Vos petits pourront s'en donner à cœur joie et se livrer à de multiples expériences, manipuler des aimants, s'asperger d'eau, voir s'ils peuvent battre un guépard à la course ou construire des tours à l'aide de milliers de blocs de bois. Il y a aussi d'excellentes démonstrations scientifiques, un planétarium 3D et de vieux trains grandeur nature fabriqués dans les usines Škoda.

Ne manquez pas *Entropa*, immense installation de l'artiste tchèque David Černý qui occupe tout un mur de la salle principale. Cette vision satirique de l'Union européenne était auparavant exposée à Bruxelles, lorsque la République tchèque présidait l'UE, en 2009. Comme s'il avait deviné l'avènement du Brexit, l'artiste a figuré le Royaume-Uni par un espace vide.

Le musée est à 2 km au sud-ouest du centre (trolleybus n°15).

Environs de Plzeň

De douces collines boisées, de jolies villes baroques et les reliefs arrondis de la Šumava entourent l'industrieuse Plzeň.

Plzeň est au cœur d'une vaste région s'étendant jusque dans les montagnes qui marquent la frontière avec la Bavière et l'Autriche, dans le sud et l'ouest du pays. Outre les sommets de la Šumava et la forêt de Bohême, c'est un secteur connu pour son architecture baroque et ses traditions populaires. Très fréquentée par les Pragois en été, le parc national de la Šumava se prête à la randonnée et au ski. La ville de Domažlice est particulièrement riche en traditions. Il vaut la peine de prendre le temps de découvrir cette région beaucoup trop délaissée par les touristes étrangers.

Pour les infos pratiques, voir le Carnet d'adresses p. 164

À SAVOIR

Pour juillet-août, réservez votre hébergement à l'avance. Le parc national de la Šumava dispose de 7 sites où camper gratuitement (www.npsumava.cz).

La Šumava

LE TOIT VERT DE L'EUROPE

À cheval entre la région de Plzeň et la Bohême méridionale, la chaîne de la Šumava, surnommée le "toit vert de l'Europe", attire randonneurs, skieurs, familles en vacances et amoureux de la nature. Les monts, qui s'élèvent jusqu'à 1 300 m d'altitude le long de la frontière, sont tapissés d'une épaisse forêt en grande partie classée parc national et protégée. Des sentiers entretenus par le Club des touristes tchèques (Klub českých turistů, KČT) mènent à des lacs d'altitude, des pics, des cascades, des tourbières, des rivières et des forêts préservées. Les cartes n^os^64 à 67 du KČT couvrent la région en détail.

Domažlice

COUTUMES ET ARCHITECTURE TRADITIONNELLES

À environ 50 km au sud-ouest de Plzeň, la jolie ville méconnue de Domažlice intéressera les amateurs de traditions populaires slaves. Le long de la belle náměstí Míru, une très large rue pavée, s'alignent des maisons à pignons et des arcades gothiques sous lesquelles se cachent de minuscules boutiques, dont certaines n'ont guère changé depuis l'ère communiste. La ville compte deux musées excellents ; le **musée du Chodsko** (Muzeum Chodska, dans le château) présente les traditions du peuple chod et d'autres facettes de la région, tandis que le **musée Jindřich Jindřich** (Muzeum Jindřicha Jindřicha) se concentre sur l'ethnographie. Les fêtes annuelles du Chodsko se tiennent en août, mais Domažlice mérite la visite toute l'année, loin des sentiers battus.

Le Chodsko et les Chods

UN PEUPLE SLAVE

La région du Chodsko marque la frontière entre la forêt de Bohême (Český les) et le massif de la Šumava. En 1325, les Chods, peuple slave rude et indépendant, furent chargés de surveiller la frontière bavaroise par le roi Jean de Luxembourg en échange d'une exemption du servage. Après la guerre de Trente Ans, les nouveaux souverains refusèrent d'honorer cet accord. Les Chods se révoltèrent brièvement mais vainement, perdant alors tous leurs droits. Leur mode de vie traditionnel perdure dans leurs coutumes et leur langue, mais uniquement à certaines occasions, comme les fêtes du Chodsko (Chodské slavnosti) à la mi-août, où on peut entendre des *dudy* (cornemuses) et voir les femmes vêtues de longues robes imprimées.

Domažlice

PYTY/SHUTTERSTOCK ©

COMMENT S'Y RENDRE ET CIRCULER

Le plus facile pour aller à Domažlice est de prendre le train à Plzeň. La Šumava est desservie par le bus et le train, mais le bus est souvent la meilleure option.

ČESKÝ KRUMLOV

Dans le sud profond de la Bohême, la ravissante Český Krumlov est une version miniature de Prague. Inscrite au Patrimoine mondial, elle possède un superbe château au-dessus de la Vltava, une vieille grand-place, des bâtiments Renaissance et baroques et des rues fourmillant de touristes – mais tout est à petite échelle, et on peut la parcourir en 20 minutes. On y trouve aussi de nombreux bars animés et des endroits où pique-niquer au bord de l'eau. Très prisée en été, elle devient féerique en hiver, quand la foule a disparu et que la neige enveloppe le château. Avant la pandémie de Covid-19, Český Krumlov était victime du tourisme de masse. La fréquentation n'est pas encore revenue à son maximum, mais, lorsque ce sera le cas, vous pourrez vous échapper pour marcher ou pédaler dans les collines alentour.

Pour les infos pratiques, voir le Carnet d'adresses p. 164

À SAVOIR

La splendeur de Český Krumlov n'est hélas plus un secret, et l'afflux de touristes est massif d'avril à octobre. Venez plutôt en basse saison. Prévoyez au moins 2 jours : la ville est trop éloignée de Prague pour faire l'aller-retour dans la journée tranquillement.

Une ville de carte postale

S'ABANDONNER À LA RÊVERIE

Marcher dans Český Krumlov par un mercredi d'hiver, avec la neige qui tombe sans bruit, les cafés douillets et accueillants, les églises parées de leurs décorations de Noël et l'odeur du vin chaud qui flotte dans l'air, est un moment de pure magie. Les visites guidées, proposées d'avril à octobre, sont intéressantes, mais n'hésitez pas à vous perdre dans les passages, arcades et passerelles du côté sud pour gagner le pont Manteau (most na Plášti), ouvrage d'art Renaissance qui s'élève vertigineusement au-dessus des gorges.

Commencez par l'imposant **château**, qui domine la ville depuis son promontoire. Son histoire remonte au XIIIe siècle, mais il doit son apparence aux familles nobles Rožmberk et Schwarzenberg, qui le remanièrent aux XVIe et XVIIIe siècles. L'intérieur n'est accessible que dans le cadre d'une visite guidée. Trois circuits sont proposés : le circuit 1 (1 heure) permet de découvrir les salons Renaissance, et le circuit 2 (1 heure), les galeries de portraits des Schwarzenberg et leurs appartements du XIXe siècle. Le circuit 3 (40 min, 10h-15h mar-dim mai-oct) couvre le **théâtre baroque**, un des deux seuls en Europe à avoir été conservés dans leur état d'origine. Aménagé dans l'enceinte du château, un petit musée et la tour adjacente constituent l'option idéale si vous manquez de temps ou d'énergie pour une visite complète. Du haut de la **tour**, très belle vue sur la ville en contrebas. Jardins en accès libre.

LES TEMPS FORTS DE ČESKÝ KRUMLOV

Festival des arts baroques
Musique et opéras baroques dans toute la ville, et surtout dans le théâtre baroque du château (septembre).

Marché de l'Avent sur la place Svornosti
Sans doute le marché de Noël le plus intime d'Europe centrale.

Fête de la Rose à cinq pétales
En juin, festivités Renaissance avec joutes et costumes d'époque.

Festival international de musique de Český Krumlov
En été, ce festival mêle des musiques de tous les genres.

Fête de saint Venceslas
Le 28 septembre, Český Krumlov célèbre le saint patron des Tchèques avec force réjouissances.

Au sud-est du château, le quartier de **Latrán** est traversé par la rue du même nom, qui court de la **porte de Budějovice** (Budějovická brána) au **pont Lazebnický**, du début du XIXe siècle. Celui-ci conduit à la ville intérieure (Vnitřní město), presque entièrement encerclée par un méandre de la Vltava.

Suivez les ruelles bordées de minuscules boutiques et de cafés jusqu'à la jolie **náměstí Svornosti** ("place de la Concorde"), appelée "Vnitřní Město" sur certains plans, épicentre de la vieille ville. On y admire l'hôtel de ville (XVIe siècle) et une colonne mariale de la peste surmontant une fontaine (1716). Plusieurs édifices arborent des moulures en stuc et des ornements peints, comme l'hôtel au n°13 et la maison au n°14.

Tout près, l'**église Saint-Guy** (Kostel sv Víta), la plus grande de Český Krumlov, accueille parfois des concerts classiques.

Plus au sud, la **synagogue** de Český Krumlov a été construite dans le style néoroman en 1909, puis rénovée. L'édifice a survécu à l'occupation nazie et servit de lieu de culte non confessionnel pour les soldats américains peu après la guerre. Il accueille des expositions de photographie et se double d'un charmant café, juste à côté, où l'on se procure aussi les entrées.

OÙ PRENDRE UN CAFÉ

Egon Schiele Café
Café plein de cachet dans le Schiele Art Centrum.

Zapa Cafe
Parfait pour une pause-café ou une glace, dans l'artère principale.

Ideál
Petite brûlerie : café fraîchement moulu et gâteaux savoureux.

KACA SKOKANOVA/SHUTTERSTOCK ©

Egon Schiele Art Centrum

Egon Schiele et Český Krumlov

LE SÉJOUR DE SCHIELE À KRUMLOV

Le peintre expressionniste autrichien Egon Schiele (1890-1918) était lié à Český Krumlov par sa mère, Marie Soukupová (1862-1935), dont c'était la ville natale.

Schiele y vécut lui-même en 1911. Il s'y consacra essentiellement à sa série *Ville morte*, œuvre éloignée des nus explicites pour lesquels il était connu. Les choses tournèrent mal quand il revint à ces corps féminins dévêtus en engageant pour modèles des adolescentes qu'il faisait poser nues, ce qui provoqua la colère des habitants, qui finirent par le chasser de la ville.

L'excellent **Egon Schiele Art Centrum**, un musée privé, présente une rétrospective de son œuvre, à travers des photos, des dessins, des aquarelles et des reproductions de grandes toiles. Il organise surtout des expositions d'artistes du monde entier. On y trouve l'un des cafés les plus agréables de la ville.

Un autre souvenir du passage de Schiele à Krumlov est l'**Egon Schiele Garden Studio**. Cette maison à flanc de coteau fut, en 1911, le domicile et l'atelier du peintre, qui y réalisa plusieurs œuvres majeures, dont sa série *Ville morte* ou *Paysage à Krumau*. Restauré à l'identique, le bâtiment sert d'espace de travail et d'exposition à des artistes.

TOURISME CURIEUX

Mine de graphite
Mettez un casque pour visiter la dernière mine de graphite du pays, fermée depuis peu.

Brasserie de Krumlov
Visite d'une brasserie pour tout apprendre sur une activité vieille de 700 ans.

Jardin des Herbes magiques
Humez les herbes aromatiques dans ce jardin tranquille au sud du centre-ville.

Balade en calèche
Promenez-vous en calèche dans la ville ou la campagne environnante.

Sorties aquatiques
La Vltava est idéale pour une descente en rafting ou en canoë, à louer en ville.

OÙ SE RESTAURER

Krčma v Šatlavské
Cette cave médiévale met l'accent sur la viande. Réservation impérative. **€€**

U Dwau Maryí
Cuisine traditionnelle accompagnée d'hydromel ou de bière. **€€**

Hospoda Na Louži
Taverne à l'ancienne : assiettes de viande, quenelles, bière locale. **€€**

Une ville victime de son succès

LES ALÉAS DU TOURISME

Jusqu'en 1990, rares étaient ceux qui connaissaient cette jolie ville du sud de la Bohême. On ne croisait alors qu'une poignée de touristes déambulant au milieu de bâtiments médiévaux sales et décrépits. Tout a changé en 1992, quand Krumlov est devenue l'un des premiers sites tchèques à être classés par l'Unesco, déclenchant un boom touristique qui a atteint son paroxysme en 2018, avec 412 000 nuitées enregistrées. Peut-être en réaction à cette affluence excessive, l'été précédant la pandémie de Covid-19 a été marqué par une légère baisse. Les Tchèques eux-mêmes avaient commencé à bouder la ville, ses vendeurs de *trdelník* (gâteau hongrois cuit à la broche), ses salons de massage thaïlandais et ses boutiques de souvenirs débordant de bonbons au cannabis et de matriochkas.

Escapades dans les environs

ÉCHAPPEZ À LA FOULE

Pour fuir l'affluence touristique de Krumlov, l'option la plus agréable est de gravir le **mont Kleť** (1 084 m) par un sentier de 7,5 km balisé en vert au départ du château. Au sommet, on trouve une table d'observation, un restaurant et plusieurs abris et tables de pique-nique.

À 23 km de voiture vers le nord, le hameau de **Holašovice** a été classé par l'Unesco en 1998 pour ses maisons à pignons de style baroque populaire disposées autour d'une jolie place herbeuse. À sa lisière sud-est se tient un cercles de pierres parfois surnommé le Stonehenge de Bohême du Sud, qui fut édifié en 2008.

Pour une sortie d'une journée, rien ne vaut **Rožmberk**, à 25 km au sud, pittoresque petite ville bâtie sur un méandre serré de la Vltava. Son château, cerné sur trois côtés par la rivière, appartenait jadis à la famille Rožmberk, qui dominait le sud de la Bohême au XIIIe siècle.

Le **monastère de Zlatá Koruna**, lové dans un autre méandre à 7,5 km au nord, est l'occasion d'une belle marche d'une journée. Plusieurs circuits guidés permettent de découvrir le bâtiment.

Une balade féerique d'une journée, avec nuit sur place, conduit aux ruines du **château de Dívčí Kámen**, dressé au-dessus de la Vltava à environ 15 km au nord. Suivez le sentier balisé en rouge depuis Zlatá Koruna ou prenez le train.

COMMENT CIRCULER

Český Krumlov s'explore à pied. Vous n'aurez besoin de prendre le bus que si vous logez hors de la ville. Une voiture peut être utile, mais pas indispensable, pour des excursions d'une journée.

ČESKÉ BUDĚJOVICE

Capitale provinciale du sud de la Bohême, cette ville de près de 100 000 habitants, souvent ignorée, surprend beaucoup de visiteurs. Son immense place bordée d'arcades, la náměstí Přemysla Otakara II, fut aménagée au XIVe siècle par la dynastie des Přemyslides dont elle porte le nom. La célèbre bière américaine Budweiser s'est inspirée du nom allemand de Budějovice (Budweis), provoquant une longue bataille juridique (réglée à l'amiable) entre la brasserie de České Budějovice, propriété de l'État tchèque, qui produit la Budweiser Budvar originale, et le géant américain. Passez un ou deux jours à vous promener sur la place, à visiter le château de Hluboká et à déguster la vraie Budweiser.

Pour les infos pratiques, voir le Carnet d'adresses p. 164

À SAVOIR

Pendant la saison de hockey sur glace (septembre-mars), allez voir l'équipe de la ville, le ČEZ Motor České Budějovice, jouer au Budvar Arena. Billetterie ouverte les jours de match.

Un centre-ville médiéval

PLACE MAJESTUEUSE, DÉDALE DE RUELLES

Pour prendre vos repères, commencez par la plus grande place du pays, la náměstí Přemysla Otakara II, qui tient son nom du fondateur de la ville. Bordée de bâtisses à arcades encadrant la **fontaine Samson** (Samsonova kašna ; 1727), elle dessine un carré parfait de 133 m de côté. Admirez notamment l'architecture Renaissance de l'**hôtel de ville** (Radnice) de 1555, rénové dans le style baroque en 1731. Aux statues de la balustrade (la Justice, la Sagesse, le Courage et la Prudence) répondent quatre gargouilles en bronze.

À quelques pas de la place, vers le nord-est, la **tour Noire** (Černá věž) est un édifice gothique et Renaissance haut de 72 m datant de 1553. Gravissez ses 225 marches pour admirer la vue. Les deux cloches, Marta (1723) et Budvar (1995, cadeau de la brasserie), sonnent tous les jours à midi. À côté de la tour, la **cathédrale Saint-Nicolas** (Katedrála sv Mikuláše) fut construite en tant qu'église au XIIIe siècle, rebâtie en 1649, puis proclamée cathédrale en 1784.

Dans Hroznová, sur la place Piaristické náměstí, se trouvent l'**église de la Présentation-de-Marie** (XIIIe siècle), de style gothique et ornée de fresques du XIVe siècle, dont un immense saint Christophe ; attenant, l'ancien monastère dominicain est doté d'une chaire magnifique.

Au sud-est de la place, vous pourrez aussi visiter le **musée de la Bohême du Sud** (Jihočeské muzeum). Fondé en 1877, il renferme une immense collection de livres, monnaies, objets

LA LONGUE VLTAVA

La rivière qui passe à České Budějovice est la même que l'on descend en rafting à Český Krumlov et sur laquelle évoluent les cygnes que l'on nourrit depuis le pont Charles, à Prague. Pour les Tchèques, la Vltava n'est pas une rivière mais *la* rivière, la plus longue du pays, avec 430 km au total. Prenant sa source dans une vallée marécageuse à 6 km au sud de Kvilda, dans la Šumava, elle rejoint l'Elbe à Mělník après avoir traversé le sud et l'ouest de la Bohême et s'être muée en un grand cours d'eau navigable.

HLUBOKÁ NAD VLTAVOU

Le **château de Hluboká**, un des plus célèbres de la République tchèque, attire des visiteurs de tout le pays et d'autres venus pour une demi-journée de České Budějovice (à 11 km). Érigé par les souverains přemyslides au XIIIe siècle, il changea plusieurs fois de propriétaire avant d'être acheté par les Schwarzenberg au XVIIe siècle. Ces derniers le remanièrent dans le style Tudor, sur le modèle du château de Windsor, en 1871. On ne peut entrer qu'en suivant l'un des 4 circuits guidés, le plus prisé étant le circuit 1. À côté du château, dans une ancienne école équestre, le **musée Aleš de Bohême du Sud** mêle art ancien et contemporain. Sa collection comprend de l'art religieux tchèque du XIVe au XVIe siècle et des œuvres de maîtres hollandais du XVIIe siècle.

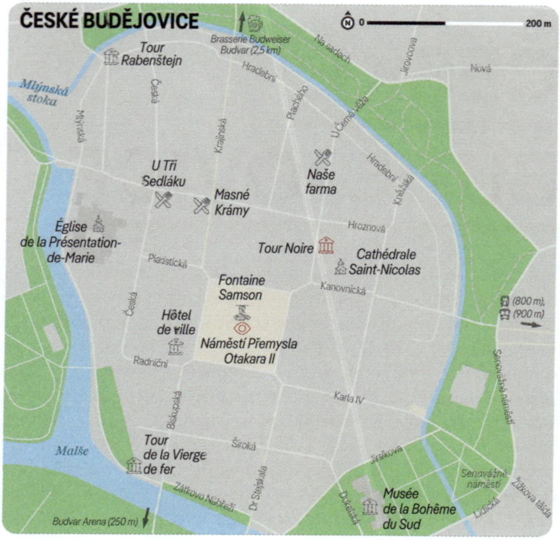

militaires et œuvres d'art populaire, et présente des expositions sur l'histoire naturelle et l'archéologie de la région.

Envie de nature ? La vieille ville est presque entièrement entourée du Mlýnská stoka, un joli canal, et de la rivière Malše, ainsi que de vastes jardins aménagés sur l'emplacement des anciens remparts, parfaits pour se poser dans l'herbe ou laisser jouer les enfants. Il subsiste quelques pans des fortifications médiévales, notamment la **tour Rabenštejn** et la **tour de la Vierge de fer**, une ancienne prison délabrée du XVe siècle.

Le berceau de la Budweiser

BUDĚJOVICE, L'AUTRE CITÉ DE LA BIÈRE

České Budějovice accueille la **brasserie Budvar**, lieu de naissance de la bière Budweiser originale (Budweis étant le nom allemand de la ville). Visitez-la : on vous y dévoilera les méthodes de production moderne avant de vous faire déguster un verre de Budvar dans les caves. Des visites guidées partent tous les jours à 14h (+ 11h juil-août ; visites moins fréquentes de novembre à mars). La brasserie se trouve à 2 km au nord de la grand-place.

OÙ SE RESTAURER

Naše farma
Sert des plats préparés avec des produit frais issus d'exploitations bio de la région. **€€**

Masné Krámy
Une institution : spécialités tchèques et Budvar bien fraîche. **€**

U Tří Sedláků
Cuisine traditionnelle (lapin, gibier, quenelles) parmi les meilleures de la ville. **€€**

Carnet d'adresses

KARLOVY VARY

Colonnade du Marché
Voir p. 139 (Tržní kolonáda ; karlovyvary.cz/en/colonnades-and-springs ; Lázeňská ; 24h/24)

Colonnade du Moulin
Voir p. 138 (Mlýnská kolonáda ; karlovyvary.cz/en/colonnades-and-springs ; 24h/24)

Colonnade du Parc
Voir p. 138 (Sadová kolonáda ; karlovyvary.cz/en/colonnades-and-springs ; 24h/24)

Colonnade de la Source chaude
Voir p. 139 (Vřídelní kolonáda ; karlovyvary.cz/en/colonnades-and-springs ; 9h-17h lun-ven, 10h-17h sam-dim)

Cristallerie et musée Moser
Voir p. 141 (Sklářské muzeum Moser ; 353 416 132 ; moser-glass.com ; Kpt Jaroše 46/19 ; billet musée 150 Kč, billet musée + cristallerie 350 Kč ; 9h-16h lun-sam, cristallerie 9h-14h ; 1)

Église Sainte-Marie-Madeleine
Voir p. 140 (Kostel sv Máří Magdaléná ; 728 893 447 ; farnost-kv.cz ; náměstí Svobody 2 ; église 9h-18h, crypte 9h-17h juin-août, 10h-16h mai et sept ; 2)

Église Saints-Pierre-et-Paul
Voir p. 141 (Chrám svatých Petra a Pavla ; 353 223 451 ; Krále Jiřího ; 9h-18h ; 4)

Hotel Thermal
Voir p. 138 (359 001 111 ; thermal.cz ; Ivana Petroviče Pavlova 2001/11)

Musée de Karlovy Vary
Voir p. 140 (Krajské muzeum Karlovy Vary ; 736 650 047 ; kvmuz.cz ; Nová Louka 23 ; tarif plein/réduit 100/60 Kč ; 10h-18h mar-dim mai-sept, 10h-17h mer-dim oct-déc et mars-avr ; 2)

Musée Jan Becher
Voir p. 141 (359 578 142 ; becherovka.cz ; TG Masaryka 57 ; visite guidée 250 Kč ; 9h-17h mar-dim ; 3, 6, 18, 23)

Source Charles IV
Voir p. 139 (Pramen Karla IV ; karlovyvary.cz/cs/pramen-karla-iv-0 ; Tržiště 383/35 ; 24h/24)

Tour d'observation de Diana
Voir p. 140 (353 222 872 ; dianakv.cz/en ; 9h-19h mai-sept, 9h-18h avr et oct, 9h-17h fév-mars et nov-déc, fermé jan ; Diana)

GrandHotel Pupp
Voir p. 140 (353 109 631 ; pupp.cz ; Mírové náměstí 2)

Hotel Romance
Voir p. 140 (353 222 646 ; hotelromance.cz ; Tržiště 37)

Pension Villa Rosa
Voir p. 140 (353 239 121 ; villarosa.cz ; Na Vyhlídce 22)

Théâtre municipal
Voir p. 140 (Karlovarské městské divadlo ; 351 170 015 ; karlovarske-divadlo.cz ; Divadelní náměstí 21 ; billets 50-390 Kč ; billetterie 10h-11h30 et 12h-17h30 ; 2)

ENVIRONS DE KARLOVY VARY

Aquaforum
Voir p. 144 (354 206 500 ; aquaforum-frantiskovylazne.cz ; 5 Května 19, Františkovy Lázně ; adulte/enfant 350/220 Kč ; 9h-21h)

Château de Loket
Voir p. 143 (352 684 648 ; hradloket.cz ; Zámecká 67 ; avec guide anglophone adulte/enfant 175/140 Kč, avec texte en français 145/120 Kč ; 9h-18h30 juil-août, 9h-17h avr-juin et sept-oct, 9h-16h nov-mars)

Église de l'Élévation-de-la-Sainte-Croix
Voir p. 144 (kostel Povýšení svatého Kříže ; 354 542 481 ; farnost-frlazne.cz ; Ruská, Františkovy Lázně)

Musée municipal de Františkovy Lázně
Voir p. 144 (Městské muzeum ; 354 544 308; muzeum-frantiskovylazne.cz ; Dlouhá 4, Františkovy Lázně ; tarif plein/réduit 60/50 Kč ; 10h-17h)

Radium Palace
Voir p. 144 (353 835 111 ; www.laznejachymov.cz/en/ ; T. G. Masaryka 413, Jáchymov)

Trail Park Klínovec
Voir p. 142 (415 242 242 ; www.trailpark.cz/en/ ; télésiège + VTT adulte/enfant 1 950/1 240 Kč/jour ; mont Klínovec ; mai-oct, horaires détaillés en ligne)

Červený Vlk
Voir p. 143 (771 143 336 ; cervenyvlk.cz ; Boží Dar 279 ;

11h-22h lun-ven, 10h-22h sam, 10h-21h dim)

Krušnohor
Voir p. 143 (602 307 465 ; krusnohor.eu ; Kraslice 1792 ; 10h-12h et 13h-17h lun-sam)

Ryžovna
Voir p. 143 (727 876 835 ; ryzovna.cz ; Ryžovna 77, Boží Dar ; 11h-19h mer-dim)

Source František
Voir p. 144 (Františkův pramen ; frantiskovy-lazne.info/en/interesting-places/the-frantisek-spring-pavilion_279 ; Národní, Františkovy Lázně ; 7h-18h)

MARIÁNSKÉ LÁZNĚ

Boheminium
Voir p. 146 (720 029 009 ; boheminium.cz ; Krakonoš 665 ; tarif plein/réduit 170/120 Kč ; 10h-18h)

Colonnade
Voir p. 146 (Hlavni Kolonáda ; Masarykova ; 6h-18h)

Église anglicane
Voir p. 149 (Anglikánský kostel ; 354 546 211 ; Ruská 98/5 ; variables)

Église de l'Assomption-de-la-Vierge-Marie
Voir p. 146 (Kostel Nanebevzetí Panny Marie ; 354 622 434 ; farnost-ml.cz ; Goethovo náměstí 31 ; 14h30-16h30 sam-dim)

Église évangélique
Voir p. 146 (Evangelický kostel ; 354 622 464 ; Mírové nám. 90)

Église Saint-Vladimir
Voir p. 146 (Kostel Sv Vladimíra ; 354 625 010 ; Ruská 347/349 ; 20 Kč ; 9h30-12h dim et 13h-17h mar-sam mai-oct, 9h30-11h30 dim et 14h-16h mar-sam nov-avr)

Fontaine chantante
Voir p. 146 (Zpívající fontána ; 354 622 474 ; marianskelazne.cz ; Hlavní kolonáda ; 7h-22h mai-oct)

Musée Chopin
Voir p. 146 (354 595 267 ; chopinfestival.cz ; Hlavní třída 47 ; 40 Kč ; 14h-17h mar, jeu et dim juil-sept)

Musée municipal
Voir p. 146 (Městské museum ; 354 622 740 ; muzeum-ml.cz ; Goethovo náměstí 11 ; tarif plein/réduit 90/50 Kč ; 9h30-17h30 mar-dim mars-déc)

Salle Casino
Voir p. 147 (351 170 015 ; www.ensanahotels.com/en/destinations/czech-republic/marianske-lazne/events ; Reitenbergerova 53)

Nové Lázně Ensana Health Spa Resort
Voir p. 145 (354 644 111 ; www.ensanahotels.com/en/hotels/nove-lazne/spa ; Reitenbergerova 53 ; massage corporel 1 heure 990 Kč ; 7h-19h selon les soins)

Royal Golf Club
Voir p. 147 (354 624 300 ; golfml.cz ; Mariánské Lázně 582 ; entrée 1 300-1 800 Kč ; 7h-21h mai-sept)

Hôtel Nové Lázně
Voir p. 149 (354 644 111 ; www.ensanahotels.com/en/hotels/nove-lazne ; Reitenbergerova 53)

Česká Hospůdka
Voir p. 146 (720 121 500 ; ceskahospudkaml.cz ; Klíčová 179 ; plats 140-330 Kč ; 11h-22h ;)

Swisshouse
Voir p. 146 (777 602 213 ; swisshouse.cz ; Zeyerova 87)

U Zlaté koule
Voir p. 146 (602 808 841 ; uzlatekoule.com ; Nehrova 26 ; plats 250-650 Kč ; 11h-23h)

Café Pohoda
Voir p. 147 (608 173 075 ; cafepohoda.cz ; Hlavní tř. 27 ; 9h30-19h lun-ven, 12h-19h sam, 12h-18h dim)

Modrá cukrárna
Voir p. 147 (606 063 339 ; facebook.com/people/Modrá-Cukrárna/100068420761438 ; Hlavní tř. 45 ; 9h-22h)

Vídeňská kavárna
Voir p. 147 (Anglická ; 9h-18h)

ENVIRONS DE MARIÁNSKÉ LÁZNĚ

Château de Bečov nad Teplou
Voir p. 149 (353 999 394 ; zamek-becov.cz ; Náměstí 5. května 13 ; tarif plein/réduit 140/110 Kč ; 9h-16h ven-dim avr et oct, mar-dim mai-juin et sep, 9h-17h mar-dim juil-aoû)

Château de Lázně Kynžvart
Voir p. 149 (354 691 269 ; zamek-kynzvart.cz ; tarif plein/réduit 200/160 Kč ; 13h-15h mar et jeu mars-avr et oct-nov, 9h-16h sam-dim avr et oct, 9h-16h mar-dim mai-juin et sept, 9h-17h mar-dim juil-août)

Monastère de Teplá
Voir p. 149 (353 392 732 ; Teplá 1 ; 9h-15h30 lun-sam, 11h-15h30 dim)

Tour de guet en spirale de Krásno
Voir p. 149 (352 698 370 ; krasno.ceskehory.cz ; Obec Krásno Radniční č.p.1)

Thermes de Lázně Kynžvart
Voir p. 149 (Léčebné lázně Lázně Kynžvart ; 354 672 151 ; lazne-kynzvart.cz ; Lázeňská 295 ; 7h30-11h30 et 12h-15h lun-ven)

Hradní Bašta
Voir p. 149 (353 222 802 ; hradnibasta.cz ; Nám. 5. května 19, Bečov nad Teplou ; 10h-22h)

Pension Kladská
Voir p. 149 (354 691 888 ; pensionkladska.cz ; Kladská 6, Kladská ; plats 245-430 Kč ; 12h-22h mer-sam, 12h-20h dim)

U Tetřeva
Voir p. 149 (353 577 841 ; www.facebook.com/profile.php?id=100057252707469 ; Kladská 8 ; plats 270-500 Kč ; 11h-20h dim-jeu, 11h-22h ven-sam)

PLZEŇ (PILSEN)

Bohemia Sekt
Voir p. 152 (377 197 165 ; bohemiasekt.cz ; Smetanova 220, Starý Plzenec ; visite guidée 250 Kč ; 8h-18h lun-ven, 9h-12h sam)

Brasserie Pilsner Urquell
Voir p. 150 (Prazdroj ; 377 062 888 ; prazdrojvisit.cz ; U Prazdroje 7 ; visite guidée 330 Kč ; 9h-17h ; 28, 1, 2, 13)

DEPO2015
Voir p. 152 (702 019 508 ; depo2015.cz ; Presslova 14 ; 10h-18h lun-dim)

DinoPark
Voir p. 152 (378 774 636 ; dinopark.eu/en/plzen ; Nad ZOO 1 ; adulte/enfant 190/150 Kč, DinoPark + zoo 390/290 Kč, prix réduits nov-fév ; 8h-18h avr-oct ; ; 1, 4)

Église Saint-Barthélemy
Voir p. 150 (Kostel Sv Bartoloměje ; 377 226 098 ; farnostbartolomej.cz ; náměstí Republiky ; église tarif plein/réduit 90/60 Kč ; 10h-18h lun-ven, 13h-18h sam-dim)

Fabrique de papier
Voir p. 152 (Papírna ; 774 554 520 ; papirnaplzen.cz ; Zahradní 2 ; 14h-22h lun-ven, 13h-23h sam, 13h-21h dim)

Grande Synagogue
Voir p. 151 (Velká Synagoga ; 377223 346 ; zoplzen.cz ; sady Pětatřicátníků 11 ; tarif plein/réduit 120/80 Kč ; 10h-17h dim-jeu)

Dans les monts de la Šumava (p. 153)

LADISLAV_ZEMANEK/STOCK.ADOBE.COM ©

Patton Memorial Pilsen
Voir p. 151 (378 037 956 ; patton-memorial.cz ; Pobřežni 10 ; tarif plein/réduit 100/70 Kč ; 9h-16h mer-dim)

Maison Brummel
Voir p. 152 (Brummelův dům ; 378 035 330 ; brummelhouse.cz ; Husova 58 ; visite en anglais tarif plein/réduit 390/300 Kč ; jeu et sam-dim avr-oct, jeu et sam nov-mars ; 41, 28, 11, 12)

Musée de Bohême occidentale
Voir p. 150 (Západočeské muzeum v Plzni ; 378 370 111 ; zcm.cz ; Kopeckého sady 2 ; tarif plein/réduit à partir de 80/40 Kč ; 10h-18h mar-dim)

Musée de la Bière
Voir p. 150 (Pivovarské Muzeum ; 377 062 888 ; prazdrojvisit.cz ; Veleslavínova 6 ; visite guidée 150 Kč ; 10h-18h)

Musée de la famille Škoda
Voir p. 152 (604 276 575 ; muzeumrodinyskodu.cz ; Pražská 19 ; tarif plein/réduit 200/150 Kč ; 10h-13h et 14h-18h lun-ven)

Musée des Marionnettes
Voir p. 152 (Muzeum Loutek ; 378 370 801 ; muzeum-loutek.cz ; náměstí Republiky 23 ; tarif plein/réduit 60/30 Kč ; 10h-18h mar-dim ;)

Techmania
Voir p. 152 (737 247 585 ; techmania.cz ; U Planetária 1 ; 280 Kč ; 8h30-17h mar-ven, 10h-18h sam-dim ; P ; 22, 15, 17, 18)

Zoo de Plzeň
Voir p. 152 (Zoo Plzeň ; 378 038 325 ; zooplzen.cz ; Pod Vinicemi 9 ; adulte/enfant 220/160 Kč, zoo+ DinoPark 390/290 Kč, prix réduits nov-fév ; 8h-19h mars-oct, 9h-17h nov-mars ; ; 1, 4)

Lokál pod Divadlem
Voir p. 151 (778 726 191 ; lokal-poddivadlem.ambi.cz ; Bezručova

34 ; plats 130-200 Kč ; 11h-minuit lun-jeu, jusqu'à 1h ven-sam, jusqu'à 23h dim ; wi-fi)

Na Spilce
Voir p. 151 (724 617 355 ; naspilce.com ; U Prazdroje 7 ; plats 195-365 Kč ; 11h-22h ; wi-fi)

U Salzmannů
Voir p. 151 (702 298 850 ; usalzmannu.com ; Pražská 90/8 ; plats 135-370 Kč ; 11h-23h lun-jeu, 11h-minuit ven-sam, 11h-22h dim)

Walter Café
Voir p. 151 (774 448 380 ; walterpilsen.cz ; Smetanovy sady 12 ; 7h30-22h lun-ven, 9h-23h sam, 9h-15h dim ; wi-fi)

Zach's Pub
Voir p. 151 (377 223 176 ; www.zachspub.cz ; Palackého náměstí 2 ; billets 120-250 Kč ; 13h-1h lun-jeu, 13h-2h ven, 17h-2h sam, 17h-0h dim ; wi-fi ; tram 2)

ENVIRONS DE PLZEŇ

Musée du Chodsko
Voir p. 153 (Muzeum Chodska ; 379 776 009 ; muzeum-chodska.com ; Chodské náměstí 96, Domažlice ; tarif plein/réduit 80/50 Kč ; 9h-12h et 13h-17h avr et oct, jusqu'à 16h nov-mars)

Musée Jindřich Jindřich
Voir p. 153 (Muzeum Jindřicha Jindřicha ; 379 722 974 ; muzeum-chodska.com/muzeum-j-jindricha ; Husova tř. 61, Domažlice ; tarif plein/réduit 50/30 Kč ; 9h-12h et 13h-17h avr et oct, jusqu'à 16h nov-mars)

ČESKÝ KRUMLOV

Brasserie de Krumlov
Voir p. 157 (775 733 462 ; pivovarceskykrumlov.cz ; Pivovarská 27, Latrán ; visite guidée sur réservation ; 8h-16h30 lun-ven, 9h-11h sam-dim)

Château de Český Krumlov
Voir p. 155 (Zámek ; 380 704 711 ; zamek-ceskykrumlov.cz ; Zámek 59 ; visites tarif plein/réduit/enfant à partir de 240/190/70 Kč ; 9h-17h mar-dim juin-août, 9h-16h avr-mai et sept-oct)

Château de Dívčí Kámen
Voir p. 158 (603 994 575 ; divcikamen.cz ; u obcí, Třísov, Holubov ; tarif plein/réduit 75/50 Kč ; 8h-20h)

Château de Rožmberk
Voir p. 158 (380 749 838 ; hrad-rozmberk.cz ; Státní hrad Rožmberk, Rožmberk nad Vltavou ; tarif plein/réduit 200/160 Kč ; 11h-13h mar-ven et 9h-15h30 sam-dim avr et oct, 9h-15h30 mar-dim mai et sep, 9h-16h30 mar-dim juin, 9h-17h mar-dim juil-août)

Église Saint-Guy
Voir p. 156 (Kostel sv Víta ; 380 711 336 ; farnostck.bcb.cz ; Horní 156 ; 9h-18h)

Egon Schiele Art Centrum
Voir p. 157 (380 704 011 ; esac.cz ; Široká 71 ; tarif plein/réduit/6-15 ans 200/100-150/50 Kč ; 10h-18h)

Egon Schiele Garden Studio
Voir p. 157 (380 704 011 ; facebook.com/Egon-Schiele-Studio-1490893597796768 ; Linecká 343 ; 50 Kc ; 11h-17h mer-dim juil-août)

Mine de graphite
Voir p. 157 (380 711 199 ; grafitovydul.cz ; Chvalšinská 243 ; visite en anglais tarif plein/réduit 250/200 Kč ; 9h-18h juil-août, 9h-16h juin et sept, 9h-15h mai)

Monastère de Zlatá Koruna
Voir p. 158 (380 743 126 ; klaster-zlatakoruna.cz ; Zlatá Koruna ; tarif plein/réduit 180/140 Kč ; 9h-12h et 13h-15h30 sam-dim avr et oct, mar-dim mai-sept)

Stonehenge de Bohême du Sud
Voir p. 158 (Holašovice Stonehenge ; Jankov ; 10h-20h)

Synagogue de Český Krumlov
Voir p. 156 (604 217 174 ; synagoga-krumlov.cz ; Za Soudem 282 ; adulte/enfant 60/30 Kč ; voir site)

Théâtre baroque
Voir p. 155 (380 704 721 ; zamek-ceskykrumlov.cz ; Zámek 59 ; tarif plein/réduit 280/220 Kč ; 10h-15h mar-dim mai-oct)

Tour du château
Voir p. 155 (380 704 721 ; zamek-ceskykrumlov.cz ; Zámek 59 ; tarif plein/réduit 180/140 Kč ; 9h-15h30 mar-dim nov-mars, 9h-16h30 lun-dim avr-mai et sep-oct, 9h-17h30 lun-ven juin-août)

Hospoda Na Louži
Voir p. 157 (380 711 280 ; nalouzi.cz ; Kájovská 66 ; plats 150-340 Kč ; 10h-22h lun-jeu, 10h-23h ven-dim)

Krčma v Šatlavské
Voir p. 157 (380 713 344 ; satlava.cz ; Horní 157 ; plats 190-385 Kč ; 11h-minuit)

U Dwau Maryí
Voir p. 157 (380 717 228 ; 2marie.cz ; Parkán 104 ; plats 180-265 Kč ; 11h-22h ; wi-fi)

Egon Schiele Café
Voir p. 156 (702 004 784 ; egoncafe.webnode.cz ; Široká 71 ; 9h30-22h mer-jeu, 9h30-23h ven-sam, 9h30-15h dim ; wi-fi)

Ideál
Voir p. 156 (737 748 897 ; prazirnaideal.cz ; Horská 70 ; 10-19h lun-ven, 11h-19h sam, jusqu'à 18h dim)

Zapa Cafe
Voir p. 156 (775 707 155 ; zapacafe.cz ; Latrán 16 ; 8h30-20h ; wi-fi)

ČESKÉ BUDĚJOVICE

Brasserie Budweiser Budvar
Voir p. 160 (Budějovický Budvar ; 387 705 347 ; budejovickybudvar.cz ; angle

Pražská et K Světlé ; tarif plein/réduit 220/150 Kč ; 9h-17h tlj mars-déc, mar-sam jan-fév ; 2 jusqu'à Budvar)

Cathédrale Saint-Nicolas
Voir p. 159 (Katedrála sv Mikuláše 386 350 455 ; dekanstvicb.cz ; Kanovnická)

Château de Hluboká
Voir p. 160 (Zámek ; 387 843 911 ; zamek-hluboka.cz ; Bezručova 142, Hluboká nad Vltavou ; tarif plein/réduit circuit 1 240/190 Kč, circuit 2 180/140 Kč, circuit 3 160/130 Kč, circuit 4 280/220 Kč, tour du château 140/110 Kč ; 10h-16h mar-dim nov-mars, 9h-16h30 mar-dim avr, sept et oct, 9h-17h mar-dim mai-juin, 9h-17h lun-dim juil-août)

Église de la Présentation-de-Marie
Voir p. 159 (Kostel Obětování Panny Marie ; 606 632 817 ; bcb.cz ; Piaristická náměstí ; visite 10 Kč ; 10h-17h mai-oct)

Musée Aleš de Bohême du Sud
Voir p. 160 (Alšova jihočeská galérie ; 387 967 120 ; ajg.cz ; Zámecká jízdárna 144, Hluboká nad Vltavou ; tarif plein/réduit à partir de 90/60 Kč ; 9h-18h mai-oct, 9h-16h nov-avr)

Musée de la Bohême du Sud
Voir p. 159 (Jihočeské muzeum ; 391 001 531 ; muzeumcb.cz ; Dukelská 1 ; tarif plein/réduit 90/50 Kč ; 9h-17h30 mar-dim)

Tour de la Vierge de fer
Voir p. 160 (Železná Panna ; 734 182 986 ; Zátkovo nábřeží 15 ; tarif plein/réduit 30/15 Kč ; 13h-19h juin-oct, 15h-19h nov-mai)

Tour Noire
Voir p. 159 (Černá věž ; 386 352 508 ; U Černé věže 70/2 ; tarif plein/réduit 30/20 Kč ; 10h-18h tlj juil-août, mar-dim avr-juin et sept-oct)

Tour Rabenštejn
Voir p. 160 (Rabenštejnská věž ; 387 022 511 ; angle Hradební et Panská ; tarif plein/réduit 20/10 Kč ; 10h-16h lun-ven, 9h-12h sam juin-sept)

Masné Krámy
Voir p. 160 (387 201 301 ; masne-kramy.cz ; Krajinská 13 ; plats 170-300 Kč ; 11h-23h lun-jeu, 11h-minuit ven-sam, 11h-21h dim)

Naše farma
Voir p. 160 (605 228 803 ; restaurace.nasefarma.cz ; U Černé věže 15 ; plats 189-450 Kč ; 11h-22h lun-jeu, 11h-23h ven-sam, 11h-16h30 dim)

U Tří Sedláků
Voir p. 160 (775 384 794 ; utrisedlaku.cz ; Hroznová 488 ; plats 150 Kč ; 11h-22h lun-jeu, 11h-0h ven-sam)

Budvar Arena
Voir p. 159 (ČEZ Motor České Budějovice ; billetterie 606 877 674 ; hcmotor.cz ; FA Gerstnera 7/8 ; billets à partir de 200 Kč ; billetterie ouverte à partir de 13h les jours de match sept-mars)

Český Krumlov (p. 155) sous la neige

Point de vue de Marie (p. 182), dans la Suisse tchèque

NORD ET EST DE LA BOHÊME

DE GRÈS ET D'OS

Les chaînes de montagnes qui ferment l'horizon au nord-est de Prague vous promettent des randonnées époustouflantes. Des châteaux de rêve et une église un rien effrayante raviront votre curiosité.

Bien que proches, le nord et l'est de la Bohême présentent des visages très différents. Des chaînes de montagnes accidentées (dont le **mont Sněžka**, point culminant du pays) forment la frontière au nord – et un terrain idéal pour les activités de plein air. À l'est de Prague s'étendent des plaines basses et fertiles le long de l'**Elbe** (Labe), le berceau de la culture tchèque.

Destination familiale, la ville de **Liberec** propose une foule d'activités adaptées aux enfants. Le centre scientifique **iQLANDIA** (p. 172), notamment, stimulera les jeunes esprits ; les petits les plus aventureux apprécieront le trajet en téléphérique jusqu'à la **tour Ještěd**.

GRISHA BRUEV/SHUTTERSTOCK ©

Les amateurs de randonnée arpenteront les sentiers du **parc national de la Suisse tchèque** ou de la réserve naturelle de **Labské pískovce**. La ville de **Kutná Hora** offre une excursion appréciée depuis Prague pour sa sidérante chapelle ornée d'ossements ; un hôtel de la Monnaie et des mines témoignent aussi de son passé d'ancienne capitale de l'argent. Enfin, la petite cité de **Litomyšl**, tout à l'est, possède un des plus beaux châteaux du pays.

SITES PRINCIPAUX

LIBEREC
Destination familiale par excellence.
p. 172

SUISSE TCHÈQUE
Parc national, royaume des randonneurs.
p. 180

KUTNÁ HORA
Chapelle macabre et mines d'argent.
p. 187

LITOMYŠL
Perle Renaissance de l'Est.
p. 192

S'orienter

Cette partie du pays est bien desservie par les transports en commun, les bus prenant le relais des trains si nécessaire. Cela dit, une voiture est utile dans les zones reculées de montagne.

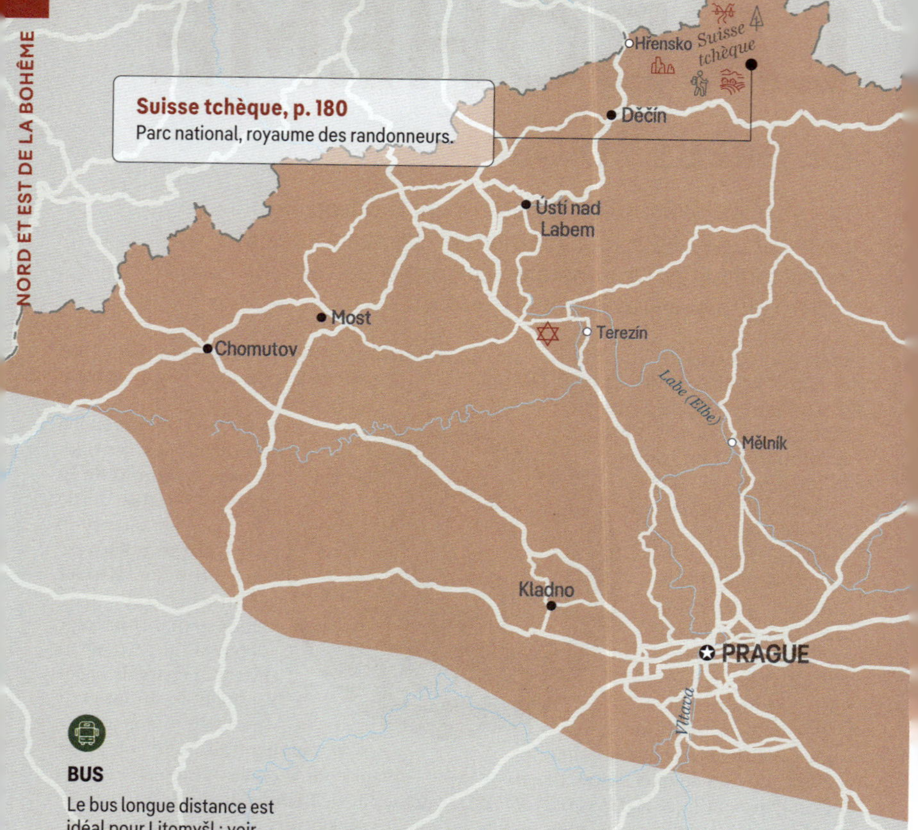

BUS

Le bus longue distance est idéal pour Litomyšl ; voir **Regiojet** (regiojet.cz/en) et **Flixbus** (flixbus.fr). Les bus locaux desservent le départ des sentiers de randonnée, mais ne circulent que le matin et l'après-midi, pour les écoliers et les travailleurs ; il y en a peu le samedi et pas le dimanche. Consultez **IDOS** (idos.idnes.cz/vlakyautobusy/spojeni).

TRAIN

Liberec, Děčín et Kutná Hora sont toutes bien desservies par le train depuis Prague. Horaires et billets sur le site de **České dráhy** (ČD ; cd.cz). Pour les zones de montagne, c'est sur les bus locaux qu'il vous faudra compter.

VOITURE

Au départ de Prague, la D10, l'autoroute du Nord, conduit à peu de chose près jusqu'à Liberec. Empruntez la D8 pour rejoindre Děčín, et la D11, vers l'est, pour Kutná Hora et Litomyšl.

Liberec, p. 172
Destination familiale par excellence.
Monts de la Jizera
POLOGNE
Liberec
Monts des Géants
Trutnov
Jizera
Paradis de Bohême
Jičín
Mladá Boleslav
BOHÊME
Orlické hory
Hradec Králové
Rychnov
Elbe (Labe)
Pardubice
Kolín
Chrudim
Kutná Hora
Ustí nad Orlicí
Litomyšl
Kutná Hora, p. 187
Chapelle macabre et mines d'argent.
Litomyšl, p. 192
Perle Renaissance de l'Est.
MORAVIE
0
40 km

Planifier son séjour

Que vous soyez plutôt nature ou plutôt culture, les pistes de séjour sont nombreuses dans cette région encore assez peu connue des étrangers.

FOTO-MIGAWKI MD/SHUTTERSTOCK ©

Suisse tchèque (p. 180)

Randonnée à la journée depuis Prague

- Une randonnée vous tente mais vous ne disposez que d'une journée pour vous échapper de la capitale ? La **Suisse tchèque** est proche, vous serez à Prague pour le dîner.

- Si vous avez besoin d'aide, vous pouvez faire appel à un tour-opérateur spécialiste de la **randonnée** (p. 182).

- En prenant tôt un train à Prague, puis un bus à Dečin, vous serez sur le sentier balisé rouge, à Mezní Louka, dès 9h du matin. Vous aurez la journée pour gagner la **porte Pravčická** ou les **gorges de Kamenice**. Dernier retour au départ de Hřenko après 19h.

AU FIL DES SAISONS

Les montagnes tchèques se parcourent en toutes saisons. Mais, en basse saison, les villes historiques de Kutná Hora et Litomyšl s'apprécient différemment.

JANVIER

Début de la saison de ski dans les monts des Géants. La région est prise d'assaut. Réservez bien à l'avance.

FÉVRIER

La **Jizerská 50**, une course à skis de 50 km dans les monts de la Jizera, attire participants et simples spectateurs.

JUIN

La meilleure saison pour les amateurs de musique classique, qui se rendront au **Festival Smetana de Litomyšl**.

ITOMM/SHUTTERSTOCK © ; CTK/ALAMY STOCK PHOTO © ; CUM OKOLO/ALAMY STOCK PHOTO ©

Un Grand Tour tchèque

- Un circuit récemment ouvert, **Stezka Českem**, propose de faire le tour complet de la République tchèque, en suivant des sentiers de randonnée existants.

- Le tronçon nord entre la **réserve naturelle de Labské pískovce** et la partie orientale des **monts des Géants** est le plus difficile. Cet itinéraire d'environ 200 km, réalisable entre 10 jours et 3 semaines, part de Tisá et s'achève à Žacléř. Il embrasse la **Suisse tchèque**, les monts de la Jizera autour de Liberec et la chaîne des monts des Géants.

- Le **Stezka Českem** (www.stezkaceskem.cz/en/) est aujourd'hui le parcours le plus populaire au sein de la communauté des sports de plein air locale.

En un week-end

- Kutná Hora et Litomyšl : double destination idéale pour un week-end hors de Prague.

- Allez d'abord à **Kutná Hora**, à 75 km à l'est de Prague. Une journée suffit pour découvrir l'étonnant ossuaire de Sedlec, le riche patrimoine minier de la ville et l'**église Sainte-Barbe**, la plus belle en dehors de la capitale.

- Le dimanche matin, gagnez **Litomyšl** (à 90 km en voiture ou 2 heures en train), pour déjeuner dans un restaurant local, avant de visiter le château. Prague n'est plus qu'à 2 heures de route, pour un retour en soirée.

JUILLET

Festival Benátská! à Liberec, le dernier week-end de juillet, grand rendez-vous de la fine fleur de la scène musicale tchèque.

AOÛT

Début de la saison des champignons, leur cueillette est un sport national. Des Tchèques armés de paniers parcourent les forêts.

OCTOBRE

L'automne est la période idéale pour parcourir les sentiers de la Suisse tchèque.

DÉCEMBRE

Chaque dimanche de l'Avent, **Litomyšl** organise un marché de Noël dans l'enceinte et autour du château.

LIBEREC

Il y a encore vingt ans, peu de touristes se rendaient dans cette ville du nord du pays, mais les choses ont bien changé. Capitale de la région éponyme, avec plus de 100 000 habitants, elle ne manque pas de raisons de s'y rendre en train depuis Prague. Si la ville n'est certes pas la plus séduisante du pays, elle est un excellent point de départ pour explorer la région environnante, ses montagnes, ses châteaux et ses ateliers de verrerie, entre autres sites qui valent le détour. Si vous voyagez avec des enfants, le centre scientifique iQLANDIA équivaut en qualité au Techmania de Plzeň. Vous pourriez bien aussi passer un week-end entier avec eux au Centrum Babylon. Élément immédiatement reconnaissable du paysage urbain, la tour de télévision Ještěd, tout droit sortie des années 1970 et témoin des premières décennies de l'ère spatiale, offre de son sommet une vue imprenable sur la région.

Pour les infos pratiques, voir le Carnet d'adresses p. 196

À SAVOIR

Liberec dispose d'un excellent réseau de bus et de trams. Hormis le téléphérique de Ještěd, presque tous les sites de la ville sont accessibles à pied depuis la gare.

POURQUOI J'AIME LIBEREC

Marc Di Duca, coauteur de ce guide. Je suis père de deux enfants. J'aime Liberec parce que, plus que n'importe quelle capitale régionale, les enfants y trouvent de quoi s'occuper et s'amuser pendant plusieurs jours. Je pense bien sûr à iQLANDIA et au Centrum Babylon ; mais le DinoPark et les châteaux environnants sont aussi des destinations fiables. Sans oublier Ještěd : les petits adorent à la fois monter au pied de la tour et jouer à repérer à la longue-vue leur hôtel tout en bas.

Centre scientifique iQLANDIA

LA DESTINATION "ENFANTS" DU NORD

Pour le titre de destination tchèque idéale pour des enfants, iQLANDIA le dispute au Techmania de Plzeň (p. 152). Ce centre à vocation scientifique fait la part belle aux expériences, démonstrations, expositions et curiosités de toute nature parfaitement à la portée des petits. Une sortie idéale pour apprendre en expérimentant et en s'amusant !

Les six niveaux du bâtiment sont reliés par une promenade en spirale. À l'extérieur et au rez-de-chaussée, les enfants s'éclaboussent dans les jeux d'eau ; ils peuvent programmer la fontaine interactive qui domine l'atrium central.

Le premier étage est dédié à la météo : les enfants peuvent affronter un ouragan ! L'étage suivant est occupé par une exposition sur le corps humain et les sens. Là, ils seront plongés dans le noir et pourront tester leur force et leur endurance.

Le troisième étage, le plus populaire, est consacré à la technique : les enfants verront une voiture coupée en deux, pourront piloter le Mars Exploration Rover et apprendre à maîtriser un véhicule grâce à une installation interactive. On y trouve aussi un planétarium (en supplément). Enfin, sur le toit-terrasse, ils pourront manipuler des instruments de musique.

En sous-sol, une fascinante exposition interactive, et un rien nostalgique, présente les technologies obsolètes. On y découvre de gros appareils datant de l'ère communiste. Il n'est pas rare d'entendre des Tchèques d'un certain âge s'exclamer : "J'en ai encore un à la maison !", tandis que les enfants riront devant les téléphones fixes et les machines à écrire des années 1980.

Vos enfants n'en ont pas eu assez ? Traversez la rue et entrez au **Centrum Babylon**. Vous y trouverez l'Aquapark (piscines, toboggans, rivières d'eau vive, tourbillons, etc.), le Lunapark (manèges et divers jeux), le Funpark et bien d'autres choses.

Ještěd

PATRIMOINE ARCHITECTURAL DU XXe SIÈCLE

Au sud-ouest, Liberec est dominée par le **mont Ještěd** (1012 m). Il est surmonté d'une tour de télévision des années 1970 digne de la série *Les Sentinelles de l'air* ou d'un repaire de méchant dans une aventure de James Bond. L'architecte tchèque Karel Hubáček a remporté le prestigieux prix Auguste Perret en 1969 pour cet étonnant bâtiment circulaire de 33 m de large à la base et de 100 m de haut, qui abrite un restaurant et un hôtel. Il a été classé "Bâtiment tchèque du XXe siècle" en l'an 2000.

La **tour Ještěd** vaut le déplacement, ne serait-ce que pour le panorama qui se déploie à son pied (on peut voir Prague, distante de 100 km, lorsque la visibilité est bonne). Hérissée d'antennes de télécommunication, véritable pièce d'horlogerie, elle offre une expérience rétro qui transporte dans la Tchécoslovaquie des années 1970. Le bistrot est relativement bon marché, l'hôtel qui occupe le haut, généralement complet.

VALLÉE DU CRISTAL

Liberec est de loin le meilleur point de départ pour explorer la "vallée du Cristal". Au nord de la Bohême, entre Kamenický Šenov, à l'ouest, et à Harrachov, à l'est, plus de 60 sites dédiés au travail du verre sont ouverts à la visite. Tout au long de ce parcours informel, vous pourrez notamment voir des maîtres artisans travailler le verre (soufflage, tordage, découpe et polissage), visiter des musées, rencontrer des apprentis, admirer des bijoux et repartir avec d'innombrables souvenirs. Les petits ateliers et studios étant rarement ouverts le week-end, pensez à appeler à l'avance pour prévenir de votre venue. Liste complète des lieux à visiter sur le site crystalvalley.cz.

COMMENT S'Y RENDRE

Le bus est de loin le meilleur moyen de se rendre depuis Prague (départ régulier des stations Florenc et Černý Most) à Liberec, où la gare routière principale est située à côté de la gare ferroviaire, dans le centre-ville.

OÙ PRENDRE UN VERRE À LIBEREC

Kavárna Bez Konceptu
L'endroit rêvé pour un petit-déjeuner, un brunch ou simplement un café.

Ztráty a Nálezy
Taverne accueillante situé dans une ruelle de Liberec. Bière locale.

Barvírna
La meilleure bière artisanale, entre autres breuvages.

PYTY/SHUTTERSTOCK ©

Tour Ještěd

Vous pouvez rejoindre la tour en voiture, mais son parking est vite plein, même les jours calmes ; garez-vous plutôt sur le parking de Výpřež et finissez à pied par la route (2,8 km) ou en traversant la forêt (1,7 km, voie raide et accidentée par endroits).

Nombre de visiteurs prennent le téléphérique près du terminus du tram n°3. En hiver, il est utilisé par les skieurs qui gagnent les pistes du Ještěd. Du terminus du tram, vous pouvez aussi suivre le chemin de randonnée balisé en bleu (3,4 km, fort dénivelé).

Par les rues de Liberec

AUTRES CURIOSITÉS DE LA VILLE

Pour les enfants, le **DinoPark**, situé dans le centre commercial Liberec Plaza, expose des modèles réduits de dinosaures. Un film en 3D y est également projeté.

Le **Théâtre FX Šalda** de Liberec est un des plus beaux du pays. Il fut construit en 1883, et les frères Ernst et Gustav Klimt sont à l'origine de sa décoration intérieure.

Le **musée de la Bohême du Nord** a fait l'objet d'une rénovation complète en 2020. La section la plus intéressante est la partie sur les arts décoratifs avec le verre, la porcelaine, la céramique et les sculptures sur bois. La tour abrite la plus longue échelle de verre du monde (24 m), fabriquée en 2022.

OÙ SE LOGER

Pytloun City Boutique Hotel
Moderne et central, ce luxueux 4-étoiles fait partie de l'empire hôtelier local Pytloun. **€€**

Hotel Radnice
Hôtel traditionnel et central. Sites touristiques accessibles à pied. **€**

Pytloun Design Hotel
Meilleur rapport qualité-prix de la ville, à 3,5 km au sud du centre. Parking. **€**

La vie de château près de Liberec

CINQ ÉDIFICES INCONTOURNABLES

À environ 40 km au sud-est de Liberec, le **château de Bezděz** est surnommé le "roi des châteaux". Jamais remaniée, la forteresse conserve son imposant aspect gothique. Kunhuta (Cunégonde de Slavonie) et son fils, futur roi de Bohême sous le nom de Venceslas II, y ont été retenus captifs. Le site comprend une chapelle du XIIIe siècle, le palais royal et le palais du burgrave. Par beau temps, la tour offre une vue sur un bon quart de la Bohême. C'est aussi le cadre de belles fêtes médiévales.

Les ruines du **château de Trosky** sont dominées par deux tours, surnommées Baba ("la vieille") et Panna ("la vierge"), qui sont les points culminants et les symboles d'une région forestière baptisée le "Paradis de Bohême" (p. 178). Bien que réputé imprenable et, paraît-il, bâti sur un vaste réseau de galeries souterraines débouchant entre les rochers de grès des environs, par où s'échapper aurait été possible, il fut détruit pendant la guerre de Trente Ans. Ses ruines pittoresques furent de tout temps un objet d'inspiration pour les poètes, les peintres, les photographes et tous les romantiques.

À 16 km au sud de Liberec se dresse le **château de Sychrov**. Ce vaste ensemble, à l'origine de style baroque, doit son allure néogothique à un prince de la famille française des Rohan. Le visiteur plonge dans le quotidien de l'aristocratie à la campagne dans la seconde moitié du XIXe siècle. Les anciennes écuries sont occupées par une exposition sur les inventions et inventeurs des XIXe et XXe siècles. Le parc anglais, de 26 ha, abrite une des plus riches collections botaniques du pays. En octobre-novembre s'y tient le festival musical Dvořákův Turnov a Sychrov (www.dvorakuvturnovasychrov.eu).

Près de Turnov, le **château de Hrubý Rohozec** occupe, quant à lui, les lieux depuis le XIIIe siècle, avant sa transformation en résidence néoclassique au XIXe siècle. Après la visite des appartements, promenez-vous dans le parc à l'anglaise, au milieu d'essences d'arbres rares et de statues de saints.

Le **château de Frýdlant**, au nord de Liberec, est lui aussi imposant. Depuis son promontoire de basalte, il règne sur la *Terra felix*, surnom des environs à l'époque du règne du duc Albrecht von Wallenstein (Valdštejn ; 1583-1634). Il reçut ces terres, ainsi qu'une énorme fortune, après la bataille de la Montagne-Blanche (1620). Après son assassinat, le château fut occupé par une garnison suédoise, et les vicissitudes de la guerre de Trente Ans achevèrent de le ruiner. Il fut remanié à la Renaissance. Ouvert au public depuis 1801, c'est le plus ancien château-musée d'Europe centrale.

FERDINAND PORSCHE

Bien que généralement présenté comme originaire d'Autriche, Ferdinand Porsche (1875-1951) a vu le jour dans la banlieue de Liberec, à Vratislavice nad Nisou (qui faisait alors partie de l'empire d'Autriche) ; il y vécut jusqu'à ses 18 ans. Après des études d'électronique à l'université de Liberec, il se lance dans l'industrie automobile. Le père de la célèbre Coccinelle fonde l'usine Volkswagen de Wolfsburg (Allemagne). Porsche reste controversé pour ses activités durant la Seconde Guerre mondiale, au cours de laquelle il sert dans la SS, avant de créer, en 1947, la marque Porsche avec son fils.

OÙ SE RESTAURER

Radniční Sklípek
Cuisine tchèque généreuse et bon marché. Dans les caves de l'hôtel de ville. **€**

bistRAWveg
Cuisine brute et végane, comme son nom l'indique. Dans le centre commercial Plaza. **€**

Balada
Cuisine traditionnelle. Une institution du centre-ville. **€€**

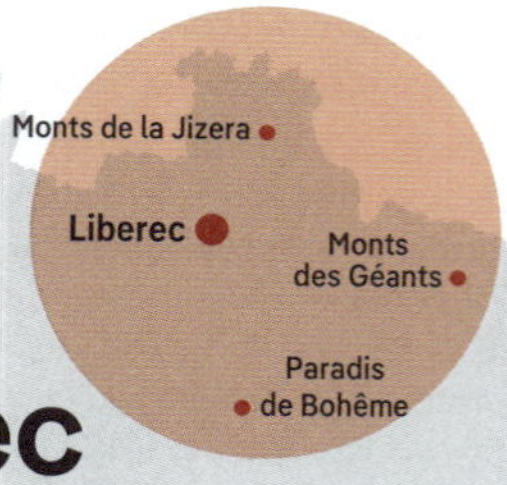

Environs de Liberec

Où que vous alliez, les paysages naturels, souvent en dehors circuits touristiques, se révèlent d'une grande beauté.

Si vous aimez la randonnée, le vélo ou le ski, la région de Liberec est faite pour vous. Au nord, les chemins de randonnée et les sommets culminant à 1 000 m d'altitude des **monts de la Jizera** sont peu fréquentés. Au sud s'étend le **Český ráj**, le "Paradis de Bohême" : cette appellation n'est pas usurpée, car il s'agit de l'une des régions les plus attrayantes du pays.

À l'est, les **monts des Géants**, où se concentrent les sommets les plus élevés de la République tchèque, offrent de quoi satisfaire les amateurs d'adrénaline. Les principales stations de sports d'hiver sont situées sur le **mont Sněžka**, point culminant du pays.

Pour les infos pratiques, voir le Carnet d'adresses p. 197

À SAVOIR

Randonnez dans les montagnes du Nord à la fin du printemps et en automne. La saison de ski s'étend de décembre à mars/avril.

Mont Sněžka (p. 179)

GOLERO/GETTY IMAGES ©

Ski de fond sur les monts des Géants

Monts des Géants

LES PLUS HAUTS SOMMETS DU PAYS

À environ 30 km de Liberec, les monts des Géants (Krkonoše en tchèque), dans la chaîne des Sudètes, bordent la frontière polonaise. Les pentes et vallées profondes de ce parc national sont recouvertes de forêts d'épicéas. C'est le plus fréquenté du pays, particulièrement pendant la saison des sports d'hiver. La plupart des Tchèques se rendent pour skier dans les grandes **stations de Špindlerův Mlýn**, **Harrachov** et **Pec pod Sněžkou**. Cette dernière est située au pied du mont Sněžka, plus haut sommet du pays culminant à 1602 m d'altitude.

Toutes ces stations sont prises d'assaut entre décembre et mars par les Pragois, qui apprécient la proximité des pistes avec la capitale. Les conditions de circulation peuvent alors être particulièrement éprouvantes.

À la fonte des neiges, les randonneurs prennent le relais. Le sentier le plus spectaculaire est le chemin des crêtes (balisage rouge), le long de la frontière polonaise. On trouve, parmi les refuges d'altitude (appelés *bouda*) – à réserver plusieurs jours à l'avance –, des chalets basiques et d'autres offrant un niveau de confort proche d'un trois-étoiles. Ils servent tous des repas.

MONTS DE LA JIZERA

Au nord de Liberec, les monts de la Jizera offrent une alternative aux monts des Géants.

Avec leurs nombreux sentiers de randonnée, leurs pistes cyclables faciles et la limitation de la circulation à une route l'été, ils sont, en effet, moins fréquentés. Leur point culminant est le **mont Jizera** (1 122 m). La vue y est magnifique.

Le point de départ des randonnées peut s'effectuer à **Liberec**, près du zoo. Vous avez aussi la possibilité d'emprunter les transports en commun pour vous rendre au départ d'un chemin. La carte n°20-21 du Club des touristes tchèques (KČT) couvre la région en détail. Les monts de la Jizera sont connus pour accueillir une compétition importante, la **Jizerská 50**, course d'endurance à skis de fond de 50 km, qui attire environ 7 000 skieurs.

OÙ SE LOGER DANS UN CHALET DE MONTAGNE

Luční Bouda
Le plus ancien et le plus grand chalet d'altitude des monts des Géants. **€€**

Labská Bouda
Méga-projet controversé de l'ère communiste, à 1 312 m d'altitude. **€**

Martinova Bouda
Joli chalet portant le nom de Martina Navrátilová, qui a passé une partie de son enfance dans la région. **€**

Tours du château de Trosky, dans le Paradis de Bohême

Que vous fassiez du trekking ou du VTT, vous pouvez facilement passer en Pologne, où le parc national des Karkonosze, moins vaste, occupe le versant nord de la chaîne. N'oubliez pas de vous munir de vos documents d'identité. Malgré le relief relativement modeste de ces montagnes, il fait généralement froid et venteux toute l'année à haute altitude. Même en été, le brouillard de montagne à 1600 m crée un risque d'hypothermie. Il vaut mieux prévoir une tenue adaptée.

Au Paradis de Bohême

ROCS ET CHÂTEAUX SPECTACULAIRES

Le Paradis de Bohême (Český ráj) est un camaïeu de châteaux en ruines, de chaos de roches et de pitons volcaniques, un paysage préservé et insolite, qui prend progressivement de la hauteur jusqu'aux contreforts des monts des Géants. Au cours de la Renaissance nationale tchèque (XIXe siècle), poètes, sculpteurs et peintres se sont inspirés de ses merveilleux panoramas. Aujourd'hui, cet assemblage de grès et de basalte aux formes étranges attire les grimpeurs et les randonneurs sur les sentiers qui le sillonnent. L'été (de juin à août) connaissant

COMMENT CIRCULER

Une voiture est ici indispensable. Si les stations des monts des Géants et le Paradis de Bohême sont bien desservis par les transports en commun, les zones plus éloignées des monts de la Jizera restent difficiles à atteindre.

une très forte fréquentation, il est préférable de s'y rendre au printemps ou en automne afin de profiter pleinement de la région.

L'un de ses sites touristiques phares sont bien sûr les ruines de Trosky (p. 175). Mais d'autres merveilles vous y attendent. Le **château de Valdštejn** (site d'origine des princes de Wallenstein), tout près de Turnov, occupe un superbe site : il est perché sur trois pitons de grès reliés par des passerelles en bois et cerné par la forêt. On y découvre les ruines de la forteresse médiévale, des caves voûtées creusées dans la roche, une chapelle (XVIIIe siècle) dédiée à Jean Népomucène et un corps de logis néogothique (1843). Une des visites plaira aux enfants : elle est menée par un guide costumé. Quant au **château de Kost**, à 15 km à l'ouest de Jičín, il date du XIVe siècle et est un des plus beaux exemples gothiques du pays, à découvrir lors d'une visite guidée.

Côté curiosités naturelles, ne manquez pas les **formations rocheuses de Hrubá Skála**, dominées par un château reconverti en hôtel, et le **chaos de Prachovské skály** – le plus grand et le seul de la région pour lequel un droit d'entrée est requis afin d'en arpenter les chemins.

La région se découvre facilement au départ de Turnov, Jičín et Železný Brod. Elle est aussi accessible depuis Liberec, située à 25 km au nord.

Ascension du mont Sněžka

POINT CULMINANT DE LA RÉPUBLIQUE TCHÈQUE

Il existe plusieurs façons d'atteindre le sommet du mont Sněžka (1602 m ; Śnieżka en polonais), mais son ascension est relativement aisée quelle que soit la voie empruntée. L'itinéraire le plus direct et le plus court consiste à suivre un chemin au balisage bleu en direction du nord depuis Pec, à travers la forêt d'Obří důl. On commence sur 3 km goudronnés ; le chemin grimpe ensuite brutalement.

Pour s'immerger davantage dans le paysage, empruntez le chemin balisé en rouge puis en vert en direction de l'ouest jusqu'au chalet Výrovka, puis les itinéraires marqués en rouge et bleu jusqu'au sommet via le chalet Luční bouda. La randonnée couvre 10,5 km au total. Vous pouvez ensuite redescendre par la piste balisée en bleu (ou emprunter le téléphérique). Une autre option consiste à suivre un chemin marqué en vert jusqu'au chalet Růžohorky, puis le chemin au balisage jaune qui passe sous le téléphérique.

Du sommet, sur lequel passe la frontière entre la République tchèque et la Pologne, la vue est magnifique. Le site accueille plusieurs bâtiments : côté tchèque, on y trouve un bureau de poste et le terminus du télésiège montant de Pec pod Sněžkou ; côté polonais, un refuge surmonté d'une station météorologique et la chapelle Saint-Laurent (Kaple sv. Vavřince), construite à la fin du XVIIe siècle.

SUISSE TCHÈQUE

À l'extrême nord du pays, la **Suisse tchèque** (České Švýcarsko) est un régal pour les randonneurs. Parc national depuis 2000, cette région fourmille de monumentaux pinacles rocheux, de falaises, d'éperons, d'arches et de grottes. Ces formations naturelles, alliés aux vues époustouflantes sur le paysage et les forêts, font de chaque randonnée un moment mémorable.

La plupart des visiteurs se dirigent directement vers la **porte de Pravčice**, son symbole, une arche de pierre naturelle qui force l'admiration. On peut aussi passer la frontière et arpenter le parc national de la Suisse saxonne, côté allemand.

Au cours du long et très sec été 2022, la Suisse tchèque a subi l'un des plus importants incendies de forêt jamais connus par le pays. Les pompiers sont venus de tous les coins de République tchèque pour éteindre les flammes.

Pour les infos pratiques, voir le Carnet d'adresses p. 197

À SAVOIR

Le parc national est à seulement 1 heure 30 au nord de Prague. Plusieurs tour-opérateurs pragois proposent des excursions à la journée. Passer une nuit sur place permet évidemment de profiter davantage des paysages.

LE PARC EN BREF

Site Internet
ceskesvycarsko.cz

Office de tourisme
Dům Českého Švýcarska, dans le village de Krásná Lípa

Date d'ouverture
1er janvier 2000

Périodes idéales
Automne et fin de printemps/début d'été

Superficie
79,23 km²

Couverture forestière
97%

Carte KČT
Carte de randonnée n°12

Surface touchée par les feux en 2022
1 600 ha

Point culminant
Růžovský vrch (619 m)

Une boucle dans la Suisse tchèque

RANDONNÉE CLASSIQUE

Le point de départ du sentier est situé à 2,5 km à l'est de **Hřensko**, site réputé pour les **gorges de la Kamenice** et où l'Elbe quitte le pays pour couler vers la Saxe. Du village, suivez le chemin au balisage rouge le long de la route, faites du stop ou prenez un taxi. La randonnée démarre à **Tři prameny**, d'où une montée de 2 km mène à la **porte de Pravčice**, arche naturelle gigantesque sous laquelle se trouve un restaurant et un kiosque à rafraîchissements. Symbole de la région, cette arche de grès large de 27 m et haute de 21 m est l'un des sites les plus impressionnants du pays. À l'endroit le plus étroit, elle est toutefois très fine, il n'est donc pas possible de l'escalader. Il faut payer pour passer sous l'arche, mais vous profiterez de magnifiques vues sur cette formation depuis les environs.

De l'arche, le chemin balisé en rouge fait des coudes et se faufile entre des cimes et des formations rocheuses aux noms évocateurs, tels que la Forteresse (Pevnost), la muraille de Chine (Čínská zeď) et le Cône (Homole), jusqu'au hameau de **Mezní Louka**, à 4,8 km de là. De novembre à mars, vous devrez emprunter le chemin au balisage vert qui traverse Mezná, puis un chemin marqué en jaune pour revenir à Tři prameny. D'avril à octobre, vous pourrez opter pour le chemin balisé en bleu, ainsi qu'un court tronçon de route jusqu'à **Divoká soutěska** : c'est une des randonnées les plus originales du pays.

En raison de deux gorges très étroites (Divoká soutěska et Edmundova soutěska) qui bloquent le chemin, oubliez l'idée d'une randonnée complète le long de la Kamenice. De petits

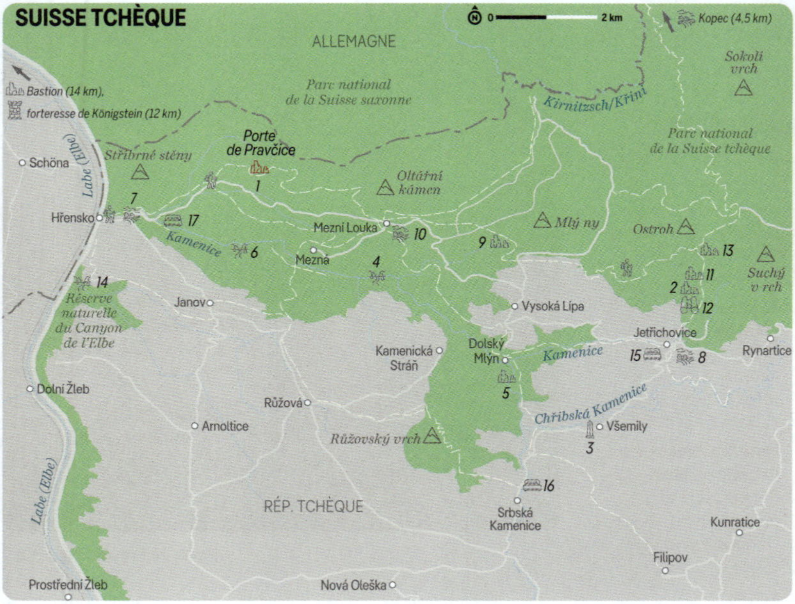

INCONTOURNABLES
1 Porte de Pravčice

VOIR
2 Balzerovo ležení
3 Skalní kaple sv Ignáce
4 Divoká soutěska
5 Ferdinandova soutěska
6 Gorges de la Kamenice
7 Hřensko
8 Jetřichovice
9 Malá Pravčická brána
10 Mezní Louka
11 Mur de Vilemínina (Vilemínina stěna)
12 Point de vue de Marie (Mariina vyhlídka)
13 Rocher de Rudolf (Rudolfův kámen)
14 Suchá Kamenice

OÙ SE LOGER
15 Na Výšinkách
16 Penzion Pod Kaštany
17 Penzion Soutěsky

bacs vous permettent de voyager sur la rivière surplombée par la forêt et les falaises – inoubliable en automne. Depuis le dernier bac, il faut parcourir 2,5 km pour revenir à Hřensko.

Cette randonnée assez facile offre la possibilité de s'arrêter en cours de route. De novembre à mars, prévoir des vêtements chauds d'hiver et de quoi prendre des forces.

Au départ de Jetřichovice

RANDONNÉE SPORTIVE

Si vous avez déjà fait la boucle classique et que vous n'êtes repu ni d'efforts ni de nature, ce circuit de 8 km, en général moins fréquenté, va vous combler, en particulier en automne.

OÙ SE LOGER

Penzion Soutěsky
Maison d'hôtes en bois, bien restaurée, au cœur de la gorge de Hřensko. €

Na Výšinkách
Pension familiale dans une ferme de Jetřichovice. Chambres confortables. €€

Penzion Pod Kaštany
Maison d'hôtes à Srbská Kamenice. Chambres douillettes. Petit-déjeuner roboratif. €

À DÉCOUVRIR

Si vous avez le temps de sortir des sentiers battus, voici une sélection de sites à découvrir dans la Suisse tchèque :

Ferdinandova soutěska
Une gorge de la Kamenice, entre Srbská Kamenice et Dolský Mlýn.

Malá Pravčická brána
La sœur cadette de la célèbre arche monumentale est sur l'itinéraire principal, balisé en rouge.

Kopec
On comprend mieux pourquoi le parc s'appelle "Suisse tchèque" en voyant le style de ce hameau de Staré Křečany.

Suchá Kamenice
Excursion près de Hřensko, dans une vallée où l'eau ne coule qu'en hiver.

Skalní kaple sv Ignáce
Cette étonnante petite chapelle, dédiée à saint Ignace de Loyola, est creusée dans un énorme rocher. Elle est située dans le hameau de Všemily, à 3 km au sud-ouest de Jetřichovice.

Porte de Pravčice (p. 180)

Des bus circulent entre Děčín, Hřensko et Jetřichovice ; il est donc facile de se rendre au point de départ. Empruntez le sentier balisé en rouge au nord du village. En montant sur 1 km, on parvient au **point de vue de Marie** (Mariina vyhlídka), une pergola en bois sculpté, perchée au sommet d'un éperon rocheux, via des marches en pierre et en métal. La vue sur le paysage montagneux environnant y est spectaculaire.

Après avoir passé un énorme surplomb rocheux, **Balzerovo ležení**, sous lequel se nichent des bancs sculptés et un emplacement pour feu de camp, il vous reste moins de 1 km pour atteindre le **mur de Vilemína** (Vilemínina stěna), où un chemin latéral mène à un point de vue. Le chemin balisé en rouge serpente à travers de hautes formations jusqu'au **rocher de Rudolf** (Rudolfův kámen). Un autre abri occupe son sommet, accessible via des chemins, échelles et marches, tous étroits et de guingois. Le jeu en vaut la chandelle, car la vue y est sans doute la plus belle du parc national. Le chemin devient plus facile après le rocher de Rudolf, en se dirigeant vers un petit oratoire sculpté dans un rocher (Skalní kaple KNY), à 2,8 km de là. À proximité de ce site part un sentier balisé en bleu, qui vous ramènera à Jetřichovice.

LES MEILLEURS SPÉCIALISTES DE LA SUISSE TCHÈQUE

Bohemian Adventures
Organise des randonnées au sein du parc national. Prise en charge à Prague.

Northern Hikes
Excursions et activités au départ de Prague.

Prague Active
Randonnées faciles, toute l'année, au départ de la capitale.

Parc national de la Suisse saxonne

CIRCUIT DE RANDONNÉE SPORTIF

Les beautés de la nature ne connaissent pas de frontière : le parc national de la Suisse saxonne (Sächsische Schweiz, en allemand), quoique plus petit, est le pendant allemand de la Suisse tchèque.

Le **Bastion** (Bastei), énorme formation rocheuse s'élevant à près de 200 m au-dessus de l'Elbe, est presque toujours assiégé par des groupes d'autocars. On y accède par des ponts et des passerelles. Le reste du parc offre, quant à lui, de très belles randonnées sur de sentiers ponctués de formations rocheuses, chutes d'eau et gorges, que l'on pourrait passer des semaines à parcourir. Malheureusement, peu de chemins de randonnée tchèques se poursuivent côté allemand.

L'appli mapy.cz (utilisable sans connexion) vous guidera le long des chemins, tant du côté tchèque que saxon. La carte Kompass Elbsandsteingebirge est aussi très utile.

La **forteresse de Königstein** (Festung Königstein), à environ 15 km de la frontière tchèque, est un bel exemple de l'architecture fortifiée européenne. Cet imposant ensemble d'édifices, de styles gothique flamboyant, baroque et XIXe siècle, est le fruit d'une histoire de plus de 750 ans. Perchée au sommet d'une falaise rocheuse massive surplombant l'Elbe, elle serait la plus vaste forteresse d'Europe.

Forteresse de Königstein

LE CLUB DES TOURISTES TCHÈQUES

La République tchèque dispose de l'un des réseaux de sentiers de randonnée les plus denses et les mieux organisés au monde, vous le constaterez en parcourant la Suisse tchèque. L'ensemble du réseau national (plus de 44 000 km de chemins) est supervisé par le Club des touristes tchèques (Klub českých turistů, KČT ; kct.cz), dont les nombreux bénévoles arpentent inlassablement le terrain équipés de pots de peinture et de pinceaux. Le KČT utilise 4 couleurs : rouge, bleu, vert et jaune (les autres signalent des balises locales). Le balisage rouge indique, par exemple, des sentiers longue distance. Ce code est le même qu'en Slovaquie, dans les Carpates ukrainiennes et dans certaines régions de Croatie.

COMMENT S'Y RENDRE ET CIRCULER

Des trains réguliers relient la gare centrale de Prague à Děčín, où vous pouvez emprunter des bus pour Hřensko, Mezní Louka et Jetřichovice.

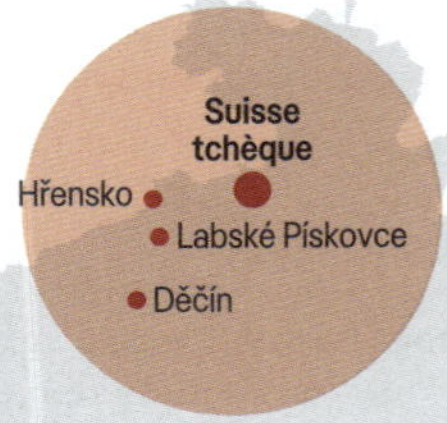

Environs de la Suisse tchèque

Ce parc national s'inscrit dans une aire que dominent les formations rocheuses.

Au nord et à l'ouest du parc national, les pinacles et falaises de grès surgissent dans l'air vif et embaumé de pins. La partie principale de la **réserve naturelle de Labské Pískovce** ("des Rochers de grès de l'Elbe") se trouve à l'ouest de l'Elbe et de Děčín. La ville mérite le détour, ne serait-ce que pour visiter le château et s'équiper pour la randonnée. Beaucoup moins visitée que la Suisse tchèque, cette réserve est un endroit superbe où échapper aux excursionnistes d'un jour. Pour découvrir la région sous un angle différent, une minicroisière sur l'Elbe jusqu'à Hřensko est également bien agréable.

Pour les infos pratiques, voir le Carnet d'adresses p. 197

À SAVOIR

De l'autre côté de la frontière germano-tchèque, la Saxe est également un haut lieu de la randonnée.

Réserve naturelle de Labské Pískovce

RICHARD SEVCIK/SHUTTERSTOCK ©

MAREK KONIECZNY/SHUTTERSTOCK ©

Château de Děčín

Děčín

UNE VILLE SERTIE DANS LA ROCHE

Děčín s'étend de part et d'autre de l'Elbe, assez large à cet endroit puisqu'il y reçoit les eaux provenant de toute la Bohême. Quoique la plus grande ville de la région, et située à seulement 12 km de Hřensko, ce n'est souvent qu'une ville d'étape le temps d'une correspondance. Elle possède néanmoins quelques sites dignes d'intérêt.

Le principal est le **château de Děčín**. Ce monument historique, un des plus importants de Bohême du Nord, a été une forteresse militaire et la résidence de grandes dynasties aristocratiques (il fut la propriété des Thun und Hohenstein jusqu'en 1932). Nombreux furent les souverains et artistes qui y séjournèrent. Frédéric Chopin y a d'ailleurs composé, en 1833, sa *Grande Valse brillante en mi bémol majeur*. Au cours de son histoire, il servit, au cours de la guerre froide, de caserne de 1968 à 1991 pour les troupes soviétiques, qui l'ont laissé en piteux état. Château Renaissance lors de sa construction, restauré depuis, il a évolué au fil des siècles en une résidence néoclassique, aujourd'hui ouverte toute l'année et cadre ponctuel de soirées musicales.

LES PLUS BELLES RANDONNÉES DE LABSKÉ PÍSKOVCE

Děčínský Sněžník (19 km)
Sentier balisé rouge depuis le mur du Berger (Paštýrská stěna), à Děčín, jusqu'à la tour d'observation en pierre du mont Děčínský Sněžník.

Boucle de l'Elbe (14 km)
Sentier balisé en jaune depuis le pont Tyršův de Děčín jusqu'à la réserve naturelle, puis retour en suivant le balisage vert.

Tanečnice (23 km)
Boucle le long du sentier balisé en bleu jusqu'à la tour d'observation de Tanečnice, dans la réserve naturelle.

Boucle des Zschirnstein (env. 10 km)
Un circuit dans les formations rocheuses des monts Zschirnstein, côté saxon.

OÙ SE RESTAURER

Coffee & Books
Sandwichs, gâteaux, livres et ambiance cosy – que demander de plus ? **€**

Arrigo
Une cuisine italienne au top, sans oublier d'excellents plats tchèques. **€€**

Cafe Prostoru
Adresse sympathique, anciennement pragoise. Délicieux cafés et repas légers. **€**

NARNIA COMME SI VOUS Y ÉTIEZ

Le premier opus de la saga *Le Monde de Narnia*, produit par Disney en 2005, a été en partie tourné dans la réserve de Labské Pískovce, dans une zone appelée **Tiské stěny** (falaises de Tisá), à proximité du village de **Tisá**. Le réalisateur Andrew Adamson l'a choisie en raison de son atmosphère féerique, proche de l'univers de Narnia. On y voit également la **porte de Pravčice**.

La Bohême est le lieu d'innombrables tournages de superproductions.

BORIS STROUJKO/SHUTTERSTOCK ©

L'Elbe au pied du château de Děčín

Face au château se dresse le **mur du Berger** (Paštýrská stěna), falaise de grès qui offre une vue splendide depuis son sommet, où se trouvent un restaurant et le **zoo de Děčín**, axé sur les animaux européens, ainsi que l'accès à un sentier balisé en direction de la réserve naturelle de Labské Pískovce.

Croisière sur l'Elbe

LA BOHÊME VUE DE L'EAU

L'Elbe (Labe en tchèque) est navigable de Prague à Dresde, en Allemagne. Une croisière est une façon bien agréable de passer une journée ou davantage dans la région. Les petits bateaux sont exploités par **Labská Plavební** (labskaplavebni.cz) et circulent entre Děčín et Dresde (Drážďany en tchèque) via Hřensko, Bad Schandau, Königstein et Pillnitz.

Si vous n'avez pas le temps d'aller jusqu'au terminus, une minicroisière jusqu'à Hřensko permet de combiner balade fluviale et randonnée. Le trajet dure 50 minutes et longe une vallée pittoresque avec ses hautes falaises et ses jolies maisons ; un bar est aussi à votre disposition. Le départ a lieu généralement le matin et le retour l'après-midi, ce qui laisse le temps d'atteindre au moins la porte de Pravčice.

COMMENT S'Y RENDRE ET CIRCULER

Des trains circulent régulièrement entre Prague et Děčín. De là, vous pourrez emprunter des bus sillonnant entièrement la région. Pour vous rendre à Tisá, il faut effectuer un changement à Libouchec ; le trajet se fait bien plus facilement en voiture.

KUTNÁ HORA

C'est dans cette cité médiévale enrichie par le minerai d'argent extrait des collines environnantes que Venceslas II installa son hôtel de la Monnaie en 1308. On y frappait le gros de Prague, monnaie de référence en Europe centrale, et Kutná Hora rivalisait alors en importance avec Prague. Mais, au XVIe siècle, les mines commencèrent à s'épuiser, et la guerre de Trente Ans ainsi qu'un incendie dévastateur survenu en 1770 précipitèrent le déclin de la ville. Inscrite au Patrimoine mondial en 1996, Kutná Hora séduit les visiteurs par l'abondance de ses monuments historiques. Un site les attire particulièrement : l'ossuaire (Kostnice) de Sedlec. Cette chapelle arbore des milliers d'ossements humains, qui composent un étrange décor.

Pour les infos pratiques, voir le Carnet d'adresses p. 198

À SAVOIR

L'ossuaire se trouve dans le quartier de Sedlec. Des bus circulent toutes les 30 min entre la gare ferroviaire et la gare routière, à 700 m au nord de la place principale. Descendez à Sedlec Tabák. Sinon, du centre, comptez 30 min de marche (2,5 km).

Ossuaire de Sedlec

UN CHEF-D'ŒUVRE MACABRE

Quand la famille Schwarzenberg acheta le **monastère de Sedlec** (à 2,5 km au nord-est du centre de Kutná Hora), en 1870, ils autorisèrent le sculpteur sur bois František Rint à donner libre cours à son imagination avec les ossements entassés dans la crypte. Ces ossements sont ceux de quelque 40 000 personnes, principalement des victimes de la peste et des croisades contre les hussites.

Des guirlandes de crânes et de fémurs descendent de la voûte, tels les ornements d'une fête macabre, tandis qu'un lustre énorme, constitué d'au moins un exemplaire de chaque os du corps humain, pend au centre. Quatre grandes pyramides d'os se tiennent dans les chapelles d'angle, et l'autel est décoré de croix, calices et ostensoirs du même matériau. Des os ont également été employés pour dessiner un blason des Schwarzenberg, ainsi que la signature de l'artiste figurant au pied de l'escalier. Notez qu'il est interdit de prendre des photos.

Face à l'ossuaire de Sedlec se dresse la **cathédrale de l'Assomption-de-Notre-Dame-et-de-Saint-Jean-Baptiste**, une basilique classée par l'Unesco. Elle fut reconstruite au XVIIIe siècle dans un style rare, baroque gothique, par l'architecte Santini-Aichel, auquel on doit aussi l'église Saint-Jean-Népomucène sur la montagne Verte, près de Žďár nad Sázavou, à 80 km à l'est (également classée à l'Unesco ; voir p. 191).

MUSÉE TCHÈQUE DE L'ARGENT

Le Hrádek (petit château) était, au XVe siècle, la résidence de Jan Smíšek, administrateur des mines royales qui s'était enrichi grâce au minerai qu'il extrayait illégalement juste sous le bâtiment. Il abrite aujourd'hui le musée tchèque de l'Argent, que l'on découvre dans le cadre de deux visites guidées, la seconde incluant une ancienne mine.

Le circuit 1 (1 heure) couvre la partie principale du musée, dédiée aux mines qui firent la richesse de Kutná Hora ; on peut admirer un dispositif en bois, qui servait à remonter des charges pesant jusqu'à 1 tonne de puits profonds de près de 200 m. Le circuit 2 (1 heure 30) permet de visiter 500 m de galeries médiévales sous la ville.

Église Sainte-Barbe

LA PLUS IMPORTANTE CATHÉDRALE EN DEHORS DE PRAGUE

Le monument le plus majestueux de Kutná Hora est cette église gothique, qui rivalise avec la cathédrale Saint-Guy de Prague, tant en matière de dimensions que de magnificence. Sa construction, commencée en 1380, fut interrompue pendant les guerres hussites, reprise entre 1489 et 1499 par Matěj Rejsek (qui avait auparavant participé aux travaux de la tour Poudrière, à Prague), puis abandonnée en 1558, lorsque les mines d'argent commencèrent à s'épuiser. Elle fut achevée, dans le style néogothique, à la fin du XIXe siècle. Sa nef culmine en une élégante voûte d'ogives, et les chapelles du déambulatoire accueillent des fresques du XVe siècle, dont certaines représentent des mineurs à l'ouvrage.

Promenez-vous autour de l'édifice : depuis la terrasse située à l'extrémité est se déploie la plus belle vue sur la ville.

OÙ SE RESTAURER

Dačický
Vieille brasserie au décor traditionnel. Bières blondes, raviolis. **€€**

U Šneka Pohodáře
Pizzas et bières dans ce restaurant appelé "À l'Escargot peinard". **€**

Kavárna na Kozím plácku
Café coquet. Poutres et meubles dépareillés des années 1950. **€**

Église Sainte-Barbe

Au cœur de l'histoire

HÉRITAGE SPIRITUEL ET MATÉRIEL

À l'écart des grands axes touristiques, la ville compte plusieurs sites dignes d'intérêt. L'imposante **colonne de la Peste** (Morový sloup ; rue Šultysova) nous rappelle que 6 000 personnes moururent ici lors de l'épidémie de 1713. La **fontaine gothique** en pierre (1495), œuvre de Matěj Rejsek (architecte de Sainte-Barbe), attire aussi le regard. Cette imposante construction alimenta la ville en eau jusqu'en 1890.

L'ancien collège jésuite du XVIIe siècle a été restauré et abrite désormais la **galerie de Bohême centrale**, consacrée à l'art des XXe et XXIe siècles, ainsi qu'une boutique présentant le travail de jeunes artistes et designers tchèques.

La **rue Barborská**, qui longe la façade de l'ancien collège jésuite, offre une vue superbe sur la vallée. Elle est ornée de 13 statues de saints de style baroque, comme sur le pont Charles à Prague. La deuxième – la femme tenant un calice, flanquée d'une tour en pierre – est sainte Barbe, patronne des mineurs, donc de la ville.

COUR ITALIENNE

À l'est de l'église Saint-Jacques (kostel sv Jakuba ; 1330), l'ancien hôtel de la Monnaie doit son nom de **Cour italienne** (Vlašský dvůr) aux maîtres artisans que Venceslas II fit venir de Florence pour lancer la frappe de la monnaie. C'est ici que naquit le gros de Prague, qui, au XIVe siècle, avait cours dans l'Europe entière. Le bâtiment resta l'hôtel royal de Bohême jusqu'en 1727 ; les salles du Trésor d'origine abritent une exposition numismatique. La visite se poursuit par la salle d'audience royale, avec ses peintures murales représentant l'élection du roi de Bohême Vladislav II Jagellon, pour finir par la chapelle Saints-Venceslas-et-Vladislav, au style Art nouveau éclatant.

COMMENT S'Y RENDRE

De bus pour Kutná Hora partent toutes les heures de la gare routière Háje de Prague. De la gare ferroviaire principale de Prague, des trains directs partent toutes les 2 heures en direction de la gare de Kutná Hora-hlavní nádraží.

Environs de Kutná Hora

La paisible Sázava, affluent de la Vltava, coule depuis Žd'ár nad Sázavou jusqu'à la périphérie sud de Prague.

Avant de rejoindre la Vltava (Moldau en allemand), la **Sázava** circule dans une vallée encaissée bordée de collines et de forêts touffues. Appréciée des Tchèques pour les descentes en rafting et en canoë l'été, elle traverse de nombreuses petites villes, la plupart laissées de côté par les touristes. Elle donne son nom à plusieurs d'entre elles. Parmi les sites d'intérêt qui jalonnent son parcours, ne manquez pas le château de Český Šternberk et l'église Saint-Népomucène, juste à la sortie de Žd'ár nad Sázavou.

Pour les infos pratiques, voir le Carnet d'adresses p. 198

À SAVOIR

Sur la route entre Prague et la Moravie, faites une pause à Žd'ár nad Sázavou. À l'écart du tourisme de masse (à l'exception de Saint-Jean-Népomucène), on y partage plus facilement qu'ailleurs le quotidien des Tchèques.

La Sázava

LP PRODUCTION/SHUTTERSTOCK ©

Château de Český Šternberk

Český Šternberk

UNE CITADELLE SUR LA SÁZAVA

À quelque 40 km au sud-ouest de Kutná Hora, le **château de Český Šternberk** est un des plus anciens du pays. Fondé en 1241, il appartient toujours à la famille Sternberg. C'est un édifice gothique auquel furent apportées des modifications à l'époque baroque, complétées au XXe siècle par l'installation du chauffage central et de l'électricité. Une seule visite guidée est proposée, permettant de découvrir 15 pièces au deuxième étage. Temps forts : la salle des chevaliers, avec ses stucs baroques, et le bureau du père de l'actuel propriétaire, Jiří Sternberg. Ne manquez pas de visiter également la tour Hladomorna, conçue pour protéger le château contre les attaques. Édifié au-dessus d'un coude pittoresque de la rivière Sázava, le château offre un point de vue spectaculaire, tout en étant lui-même très photogénique.

ÉGLISE SAINT-JEAN-NÉPOMUCÈNE

On vient dans la modeste ville de Žd'ár nad Sázavou pour l'**église Saint-Jean-Népomucène** (sur Zelená hora, "la Montagne verte"), un site inscrit au Patrimoine mondial de l'Unesco. À environ 4 km au nord de la gare, l'église baroque gothique, style créé par l'architecte Jan Blažej Santini-Aichel, se dresse au sommet d'une colline. Bâtie en forme d'étoile à cinq branches, elle est entourée d'un cloître décagonal. On dit que cinq étoiles seraient apparues à l'endroit où Népomucène fut jeté par Venceslas IV dans la Vltava à Prague, après avoir refusé de divulguer les secrets des confessions de la reine. L'église fourmille de symboles (étoiles, multiples de cinq, langues...). Un tel bâtiment représentait à l'époque une déclaration architecturale aussi audacieuse que scandaleuse.

COMMENT S'Y RENDRE ET CIRCULER

La principale ligne de chemin de fer reliant Prague à la Moravie suit la Sázava jusqu'à Žd'ár nad Sázavou, ce qui facilite l'accès aux localités de la vallée.

LITOMYŠL

Prétendant au titre de plus jolie ville de Bohême orientale, la petite cité de Litomyšl est située à 50 km au sud-est de la capitale régionale, Pardubice, et à 90 km d'Olomouc ou de Brno. On vient y admirer le château Renaissance le plus impressionnant et le mieux conservé du pays. Classé au patrimoine de l'Unesco en 1999, il est propriété de l'État tchèque depuis la fin de la Seconde Guerre mondiale. Litomyšl est également le lieu de naissance d'un célèbre compositeur tchèque, Bedřich Smetana, qui vit le jour au château et y vécut jusqu'à l'âge de 6 ans. Le festival de musique classique Smetana est l'un des points d'orgue du calendrier culturel tchèque. Une des plus belles places du pays, réunissant styles gothique, Renaissance et baroque, quelques galeries d'art intéressantes et un patrimoine religieux baroque raffiné devraient achever de vous convaincre.

Pour les infos pratiques, voir le Carnet d'adresses p. 199

À SAVOIR

Litomyšl est une petite ville. Le centre historique, où se concentrent la place et le château, peut être parcouru à pied en quelques minutes. La gare ferroviaire se trouve juste au nord de la place, la gare routière au sud.

FESTIVAL SMETANA

Plus illustre enfant de Litomyšl, le compositeur Bedřich Smetana est célébré chaque année par la ville les deux dernières semaines de juin. Le festival de musique classique Smetana est le deuxième événement de ce type par son ancienneté dans le pays. La scène principale est installée dans la deuxième cour intérieure du château, dont l'acoustique est réputée excellente. Un toit coulissant permet au festival, essentiellement en plein air, d'avoir lieu quelle que soit la météo.

Le château

LE PLUS BEAU PALAIS RENAISSANCE DU PAYS

Au nord-est de la place Smetana (Smetanovo náměstí ; voir p. 194) se dresse le spectaculaire **château de Litomyšl**, véritable prouesse architecturale commandée par la famille Pernštejn au XVIe siècle.

Avant de découvrir l'intérieur du château, notez certaines caractéristiques intéressantes sur sa façade (d'origine). Des motifs en sgraffite recouvrent l'intégralité de sa surface. La loggia à trois niveaux est également unique en son genre dans le pays.

Vous ne pourrez visiter le château que sous la conduite d'un guide ; deux circuits sont proposés. La visite principale permet de parcourir les salles majestueuses occupées par les Valdštejn (Wallenstein) au début du XIXe siècle. Cette partie du château a fait l'objet d'une vaste rénovation en 2021.

Le clou du spectacle est sans doute la découverte du théâtre familial privé, datant de 1797 et incroyablement bien conservé, avec la plupart de ses attributs d'origine. Le décor de ce théâtre est l'œuvre de Josef Platzer, qui a également réalisé les décors du Théâtre des États à Prague et du Burgtheater à Vienne.

Une visite optionnelle permet d'explorer l'aile occupée par la famille Thurn und Taxis, derniers propriétaires du château, qui furent contraints de le quitter en 1945. Notez en passant que les Thurn und Taxis disposaient d'un monopole sur le système postal et de transport en Autriche impériale, leur nom de famille étant à l'origine du mot "taxi".

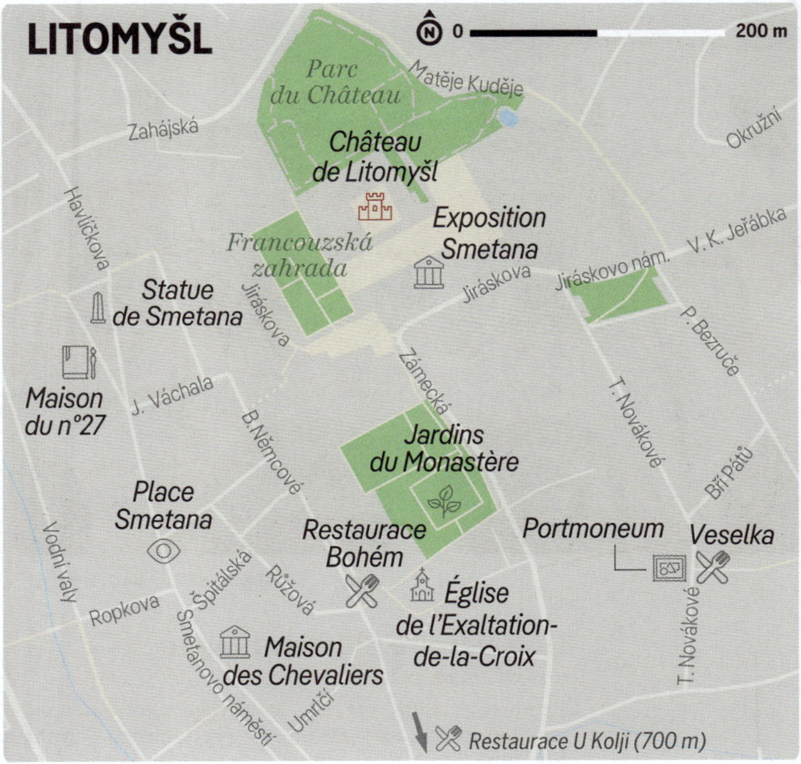

Le compositeur Bedřich Smetana (1824-1884) a vu le jour dans la brasserie du château (son père y était maître-brasseur). Intégré au **musée régional de Litomyšl** (tout comme le Portmoneum, p. 195), le bâtiment abrite aujourd'hui un modeste musée consacré à la petite enfance du compositeur à Litomyšl, qui comporte son lieu de naissance (Rodný byt Bedřicha Smetany).

Après la visite, place à la détente dans les **jardins du Monastère**, situés au sud-ouest du château, entre deux églises. On y trouve aussi la place Václav Havel, l'un des rares lieux publics du pays à porter le nom du président le plus célèbre de République tchèque.

OÙ SE RESTAURER

Restaurace Bohém
La cuisine la plus savoureuse de Litomyšl. Au sein de l'hôtel Aplaus, à proximité du château. **€€**

Restaurace U Kolji
Intérieur épuré scandinave et cuisine légère. Agréable pour déjeuner. **€€**

Veselka
Le meilleur pub traditionnel de Litomyšl avec nappes à carreaux, bière fraîche et carte de plats copieux. **€**

Maison des Chevaliers, Litomyšl

Une histoire pluricentenaire

UN PATRIMOINE EXCEPTIONNEL

Explorez la ville, car elle le mérite : son patrimoine architectural ne se résume, en effet, pas au château. La **place Smetana** (Smetanovo náměstí), au cœur de la cité, frappe par son alignement de maisons bourgeoises élancées aux façades baroques et néoclassiques, la plupart reposant sur des arcades gothiques.

La plus ancienne est la **maison des Chevaliers** (dům u Rytířů), qui date des années 1540. Elle se distingue par sa façade richement décorée – on admire en particulier les éléments sculptés à l'étage. Elle abrite aujourd'hui la galerie municipale de Litomyšl (expositions temporaires toute l'année). L'entrée de la maison est libre, offrant l'opportunité de découvrir son intérieur unique, de style Renaissance.

À l'extrémité nord de la place se dresse la **statue de Smetana**, mains posées sur les hanches, en position d'observation. Elle fut érigée en 1924 pour marquer le centenaire de sa naissance. La place elle-même n'a été baptisée d'après le célèbre compositeur qu'en 1990, après avoir porté le nom du dirigeant stalinien

OÙ PRENDRE UN VERRE

Muuza
Café-bar ultramoderne de l'hôtel Aplaus. Restauration en journée, cocktails le soir.

Chocco Cafe
Le meilleur *coffee shop*, sur la place principale.

Veselka
Brasse sa propre bière, la Bedřich, du nom du compositeur.

d'après-guerre, Klement Gottwald, sous le régime communiste. Au **nº27**, près de la statue de Smetana, on trouve la maison de la plus célèbre écrivaine tchèque, Božena Němcová, qui y vécut en 1839 et 1840.

L'**église de l'Exaltation-de-la-Croix** (kostel Povýšení sv Kříže), près du château, est un impressionnant témoin de l'époque baroque. Entièrement restaurée, elle abrite un orgue de taille gigantesque. Le festival Smetana s'y déroule. Litomyšl comptait autrefois une communauté juive prospère ; des traces de cette culture subsistent encore aujourd'hui, notamment le **cimetière juif** (Židovský hřbitov), à 2 km au nord du centre. L'office du tourisme, sur la place Smetanovo, organise des visites guidées sur le thème du judaïsme.

Portmoneum

DÉLICIEUSEMENT BIZARRE

Ce musée occupe une maisonnette d'apparence modeste, située dans une rue résidentielle calme au sud-est du château, qui tranche avec le faste Renaissance tout en maîtrise du centre-ville. Ses murs, plafonds et meubles sont décorés avec des peintures ultraréalistes d'un artiste hors norme, **Josef Váchal** (1884-1969).

Váchal réalisa ces peintures entre 1920 et 1924 sur commande du propriétaire de la maison, Josef Portman, dans un style plutôt psychédélique, mêlant iconographie chrétienne et épigraphes hindoues, avec une touche délicieusement macabre. Son côté dérangeant rappelle la pochette d'un album oublié d'un obscur groupe de rock des années 1970.

Artiste tchèque tombé dans l'oubli, Váchal excella dans de nombreuses disciplines, de la peinture à la sculpture sur bois, de la poésie à l'art graphique, à l'image d'un homme de la Renaissance.

LES PLUS BELLES BALADES DANS LES ENVIRONS

Polička
Ville à la beauté fascinante, peu touristique, avec des fortifications médiévales parmi les mieux conservées d'Europe.

Žďárské vrchy
Paysage préservé de hautes collines, à 40 km en direction du sud-ouest.

Kozlovský kopec
Randonnée d'une journée (env. 25 km) à l'ouest de Litomyšl. Chemin balisé rouge en direction de la tour d'observation Kozlovský kopec.

Pardubice
Une journée dans la capitale régionale. Château et spécialité de pain d'épices.

Bikepark Pekľák
Près de Česká Třebová, à 12 km en direction du nord-est. Vélo sportif.

COMMENT S'Y RENDRE

Sans voiture, se rendre à Litomyšl peut se révéler compliqué. Depuis Prague, que vous arriviez en bus ou en train, un changement sera nécessaire. Les principaux trains express à destination de l'Est s'arrêtent à Česká Třebová, d'où partent des bus pour Litomyšl. On trouve aussi des bus au départ de Svitavy, Choceň, Pradubice et Hradec Králové.

Carnet d'adresses

LIBEREC

Centre scientifique iQLANDIA
Voir p. 172 (724 586 230 ; iqlandia.com ; Nitranská 415/1 ; tarif plein/enfant en ligne 320/210 Kč, sur place 390/260 Kč, iQLANDIA + Aquapark 520-750 Kč ; 10h-18h, horaires à affiner sur le site)

Centrum Babylon
Voir p. 173 (485 249 111 ; centrumbabylon.cz ; Nitranská 1/1 ; Aquapark tarif plein/enfant 490/390 Kč la journée, Funpark tarif plein/enfant 90/290 Kč, Lunapark tarif plein/enfant 90/190 Kč, Aquapark+ iQLANDIA 520-750 Kč ; Aquapark 10h-21h dim-jeu et 10h-22h ven-sam, Funpark et Lunapark 10h-20h)

Château de Bezděz
Voir p. 175 (723 774 904 ; hrad-bezdez.cz ; Bezděz 144 ; tarif plein/réduit 160/130 Kč ; 10h-16h30 sam-dim avr, 9h-16h30 mer-dim mai-sept, 9h-15h-30 sam-dim oct)

Château de Frýdlant
Voir p. 175 (482 312 130 ; zamek-frydlant.cz ; Zámecká 4001 ; tarif plein/réduit 180/140 Kč ; 10h-15h mar-dim avr et oct, 10h-16h mar-dim mai et sept, 10h-17h juin-août)

Château de Hrubý Rohozec
Voir p. 175 (481 321 012 ; zamek-hrubyrohozec.cz ; Hrubý Rohozec 1 ; tarif plein/réduit 180/140 Kč ; 10h-16h sam-dim avr, 10h-16h mar-dim mai et sept, 9h-17h mar-dim juin-août, 10h-15h sam-dim oct)

Château de Sychrov
Voir p. 176 (482 416 011 ; zamek-sychrov.cz ; Sychrov 1 ; tarif plein/réduit 240/190 Kč ; 10h-14h jan-mars, 9h-15h30 avr et sept-oct, 9h-16h30 mai-août, 10h-14h déc)

Château de Trosky
Voir p. 175 (602 342 627 ; Rovensko pod Troskami ; tarif plein/réduit 120/100 Kč ; 9h-16h sam-dim avr et oct, 9h-16h30 mar-dim mai, 9h-17h30 mar-dim juin, 9h-17h30 tlj juil-sept)

Dinopark
Voir p. 174 (377 227 494 ; dinopark.eu/en/liberec ; Palachova 1404 ; tarif plein/enfant 250/210 Kč ; 9h-19h jan-juin et sep-déc, 9h-20h juil-août)

Musée de la Bohême du Nord
Voir p. 174 (Severočeské muzeum v Liberci ; 485 246 111 ; muzeumlb.cz ; Masarykova 11 ; 10h-19h mar-dim)

Tour Ještěd
Voir p. 173 (485 104 291 ; jested.cz ; Horní Hanychov 153)

Téléphérique de Ještěd
Voir p. 172 (jested.cz/en/jested ; A/R tarif plein/réduit 149/74 Kč ; Horní Hanychov ; 8h-19h)

Hotel Radnice
Voir p. 174 (485 105 257 ; hotelradnice.cz ; Moskevská 18/11)

Pytloun City Boutique Hotel
Voir p. 174 (608 000 351 ; pytlouncityboutiquehotel.cz ; Rumunská 655/9)

Pytloun Design Hotel
Voir p. 174 (770 138 101 ; pytloundesignhotel.cz ; Proletářská 195)

Balada
Voir p. 175 (485 110 109 ; balada-liberec.cz ; Moskevská 22/13 ; plats 155 Kč ; 10h30-22h lun-jeu, 10h30-23h ven, 12h-23h sam)

bistRAWveg
Voir p. 175 (734 399 379 ; bistrawveg.cz ; Palachova 1404/2 ; plats 59-149 Kč ; 9h-20h)

Radniční Sklípek
Voir p. 175 (602 602 260 ; sklipekliberec.cz ; Nám. Dr. E. Beneše 1 ; plats 179-335 Kč ; 11h-23h lun-jeu, 11h-0h ven-sam)

Barvírna
Voir p. 174 (724 185 797 ; barvirna.cz ; Barvířská 33/4, Jeřáb ; 11h-23h lun-jeu, 11h-1h ven-sam, 11h-22h dim)

Kavárna Bez Konceptu
Voir p. 174 (485 111 947 ; bezkonceptu.cz ; Husova 1094/87 ; 8h-20h lun-ven, 9h-20h sam-dim)

Ztráty a Nálezy
Voir p. 174 (702 100 707 ; ztratynalezy.com ; Široká 26 ; 11h-22h lun, 11h-23h mar-ven, 12h-23h sam)

Théâtre FX Šalda
Voir p. 174 (485 101 523 ; saldovo-divadlo.cz ; Nám. Dr. E. Beneše 22 ; billetterie 12h-18h mar-ven et 1 heure avant le début de chaque représentation)

ENVIRONS DE LIBEREC

Chaos de Prachovské skály
Voir p. 179 (777 917 646 ; prachovskeskaly.com ; Blata, Jičín ; tarif plein/réduit haute saison 120/60 Kč, basse saison 100/50 Kč, parking 100 Kč ; 8h-18h juin-sept, 9h-17h oct-mai)

Château de Kost
Voir p. 179 (721 756 041 ; kost-hrad.cz ; Podkost 1 ; circuit 1 tarif plein/réduit 190/150 Kč, circuit 2 190/150 Kč, circuit 3 250/180 Kč, circuit 4 120/80 Kč ; avr-oct)

Château de Valdštejn
Voir p. 179 (739 014 104 ; hrad-valdstejn.cz ; Kadeřavec 18, Turnov ; 50 Kč ; fermé en hiver)

Station de ski de Harrachov
Voir p. 177 (Sportovní areál Harrachov ; 481 529 353 ; skiareal.com/zima ; Rýžoviště 324 ; tarif 2/3/4 heures haute saison 500/610/730 Kč, basse saison 450/550/660 Kč ; déc à début avr, billetterie 7h45-16h)

Station de ski de Pec pod Sněžkou
Voir p. 177 (499 736 375 ; skiresort.cz ; Zahrádky 257 ; tarif journée haute/basse saison 1290/1090 Kč ; nov-mi-avr)

Station de ski de Špindlerův Mlýn
Voir p. 177 (Skiareál Špindlerův Mlýn ; 499 467 101 ; skiareal.cz ; Lyžařská 281 ; tarif journée 1590 Kč ; bureau 8h30-16h)

Labská Bouda
Voir p. 177 (720 952 909 ; labskabouda.cz ; Bedřichov 31, Vítkovice v Krkonoších)

Luční Bouda
Voir p. 177 (733 740 888 ; lucnibouda.cz ; Pec pod Sněžkou 203)

Martinova Bouda
Voir p. 177 (499 422 235 ; martinovka.cz ; Špindlerův Mlýn)

MARCIN/STOCKE.ADOBE.COM ©

Monts des Géants, au-dessus de Špindlerův Mlýn (p. 177)

SUISSE TCHÈQUE

Forteresse de Königstein
Voir p. 183 (0049 35021 64607 ; festung-koenigstein.de ; Königstein, Allemagne ; tarif plein/réduit 13/10 € ; 9h-18h avr-oct, 9h-17h nov-mars)

Porte de Pravčice
Voir p. 180 (Pravčická brána ; 412 554 286 ; pbrana.cz ; Hřensko 82 ; tarif plein/réduit 95/30 Kč ; 10h-18h tlj avr-oct, 10h-16h sam-dim nov-mars)

Bohemian Adventures
Voir p. 182 (792 323 895 ; bohemiadventures.com ; Velkoosecká 770/9, Praha-Vinoř ; à partir de 4 000 Kč ; 8h-20h)

Northern Hikes
Voir p. 182 (730 962 221 ; northernhikes.com ; Nám. Pod Lípou 7/7, Praha-Slivenec ; à partir de 3 300 Kč ; 8h-18h)

Prague Active
Voir p. 182 (608 450 891 ; pragueactive.cz ; Davídkova 114/443, Praha 8 ; à partir de 2 100 Kč ; 8h-16h)

Na Výšinkách
Voir p. 181 (606 408 858 ; navysinkach.cz ; Jetřichovice 36)

Penzion Pod Kaštany
Voir p. 181 (777 600 478 ; penzionpodkastany.cz ; Srbská Kamenice 106)

Penzion Soutěsky
Voir p. 181 (412 510 106 ; pensionsoutesky.cz ; Hřensko 43)

ENVIRONS DE LA SUISSE TCHÈQUE

Château de Děčín
Voir p. 185 (775 862 639 ; zamekdecin.cz ; Dlouhá Jízda 1254/11 ; visite guidée en anglais tarif plein/réduit 280/200 Kč ; 9h-18h juil-août, 9h-17h sept-nov et mars-juin, fermé jan-fév)

Zoo de Děčín
Voir p. 186 (412 531 164 ; zoodecin.cz ; Žižkova 1286/15 ; tarif plein/réduit 150/100 Kč avr-sep, 120/80 Kč oct-mars ; 8h-19h mai-août, 8h-18h sept-oct et mars-avr, 8h-16h nov-fév)

Labská Plavební
Voir p. 186 (777 037 379 ; labskaplavebni.cz ; K. Čapka 211/1, Děčín ; à partir de 649 Kč ; renseignements 11h-17h)

Arrigo
Voir p. 185 (412 152 811 ; arrigo.cz ; Duchcovská 827/6, Děčín ; plats 245-495 Kč ; 11h-22h dim-jeu, 11h-0h ven-sam, café ouvert à partir de 7h30)

Cafe Prostoru
Voir p. 185 (decin.prostoru.cz ; Teplická 59/49, Děčín ; 11h-18h45 lun-ven, 10h-18h45 sam)

Coffee & Books
Voir p. 185 (702 234 076 ; coffeeabooks.cz ; Pohraniční 462/3, Děčín ; sandwichs 144 Kč ; 7h-19h lun-ven, 8h-19h sam, 9h-18h dim)

KUTNÁ HORA

Cathédrale de l'Assomption-de-Notre-Dame-et-de-Saint-Jean-Baptiste
Voir p. 188 (326 551 049 ; sedlec.info/en/cathedral ; U Zastávky 280, Sedlec ; cathédrale + ossuaire tarif plein/réduit 160/120 Kč ; 9h-18h lun-sam et 11h-18h dim avr-sept, horaires réduits reste de l'année)

Cour italienne
Voir p. 189 (Vlašský dvůr ; 736 485 409 ; pskh.cz/vlassky-dvur ; Havlíčkovo náměstí 552 ; visites tarif plein/réduit 60/40 Kč ; 9h-18h avr-sept, 10h-17h mars et oct, 10h-16h nov-fév)

Église Saint-Jacques
Voir p. 189 (kostel sv Jakuba 327 515 796 ; khfarnost.cz ; Jakubská)

Église Saint-Jean-Népomucène, Žďár nad Sázavou (p. 191)

MARTIN M303/SHUTTERSTOCK ©

Église Sainte-Barbe
Voir p. 188 (Chrám sv Barbora ; 327 515 796 ; chramsvatebarbory.cz ; Barborská ; tarif plein/réduit 180/140 Kč ; 9h-18h avr-oct, 10h-17h mars et nov-déc, 10h-16h jan-fév)

Galerie de Bohême centrale
Voir p. 189 (Galerie Středočeského kraje ; 725 377 433 ; gask.cz ; Barborská 51-53 ; 100 Kč ; 10h-18h mar-dim)

Musée tchèque de l'Argent
Voir p. 188 (České muzeum stříbra ; 327 512 159 ; cms-kh.cz ; Barborská 28 ; circuit 1 adulte/enfant 90/60 Kč, circuit 2 160/120 Kč ; 10h-18h mar-dim juil-août, 9h-18h juin et sept, 9h-17h avr-mai et oct, 10h-16h nov, 10h-16h nov-jan)

Ossuaire de Sedlec
Voir p. 188 (Kostnice ; infos 326 551 049 ; sedlec.info/en ; Zámecká 127 ; ossuaire + cathédrale tarif plein/réduit 160/120 Kč ; 9h-18h avr-sept, horaires réduits reste de l'année)

Dačický
Voir p. 188 (603 434 367 ; dacicky.com ; Rakova 8 ; plats 190-400 Kč ; 11h-23h dim-jeu, 11h-0h ven-sam)

Kavárna na Kozím plácku
Voir p. 188 (776 018 607 ; koziplacek.cz ; Dačického náměstí 10 ; 11h-19h lun-jeu, 11h-20h ven, 10h-20h sam et 10h-19h dim)

U Šneka Pohodáře
Voir p. 188 (327 515 987 ; usneka.cz ; Vladislavova 11 ; plats 110-270 Kč ; 11h-22h)

ENVIRONS DE KUTNÁ HORA

Château de Český Šternberk
Voir p. 191 (Hrad Český Šternberk ; 317 855 101 ;

hradceskysternberk.cz ; tarif plein/réduit 200/160 Kč ; 9h-17h sam-dim avr et oct, 9h-17h mar-dim mai et sept, 9h-17h mar-ven et 9h-18h sam-dim juin, 9h-18h mar-dim juil-août)

Église Saint-Jean-Népomucène
Voir p. 191 (kostel sv. Jana Nepomuckého na Zelené hoře ; 724 758 993 ; zelena-hora.eu ; Sychrova ul., Žďár nad Sázavou ; tarif plein/réduit 150/90 Kč, avec visite guidée 300/170 Kč ; 9h-17h tlj mai-sept, 9h-17h sam-dim avr et oct)

LITOMYŠL

Château de Litomyšl
Voir p. 192 (461 615 067 ; zamek-litomysl.cz ; Jiráskova 93 ; tarif plein/réduit 200/160 Kč ; 10h-15h sam-dim avr et oct, 10h-16h mer-dim mai, 10h-16h mar-dim juin et sept, 9h-16h mar-dim juil-août)

Galerie municipale de Litomyšl
Voir p. 194 (461 614 765 ; galerie.litomysl.cz ; Smetanovo nám. 110 ; tarif plein/réduit 60/30 Kč ; 10h-12h et 13h-17h mar-dim)

Église de l'Exaltation-de-la-Croix
Voir p. 195 (kostel Povýšení sv Kříže ; 734 684 784 ; povyseni.dpv.cz ; Filipcovo nám., Prostějov)

Musée régional de Litomyšl
Voir p. 193 (461 615 287 ; rml.cz ; Jiráskova 9, Město ; tarif plein/réduit 60/30 Kč ; 9h-12h et 13h-17h mar-ven, 9h-17h sam-dim)

Portmoneum
Voir p. 195 (734 541 323 ; portmoneum.cz ; T. Novákové 75 ; tarif plein/réduit 70/50 Kč ; 9h-12h et 13h-17h sam-dim avr et oct, mar-dim mai-sept)

Restaurace Bohém
Voir p. 193 (461 614 901 ; hotelaplaus.cz/cs/m-11-restaurace ; Šantovo nám. 181 ; plats 295-500 Kč ; 11h-23h lun-sam, 11h-22h dim)

Restaurace U Kolji
Voir p. 193 (461 618 196 ; ukolji.cz ; Mařákova 365 ; plats 245-390 Kč ; 11h-22h lun-jeu, 11h-23h ven-sam, 11h-17h dim)

Veselka
Voir p. 193 et 194 (464 601 710 ; litomysl-veselka.cz ; T. Novákové 64 ; plats 165-370 Kč ; 11h-22h lun-jeu et dim, 11h-0h ven-sam, la cuisine ferme à 21h)

Chocco Cafe
Voir p. 194 (461 311 400 ; ceskepralinky.cz ; Smetanovo nám. 117 ; 8h-18h lun-sam, 10h-18h dim)

Muuza
Voir p. 194 (461 614 900 ; hotelaplaus.cz/cs/m-26-cafe-bar-muuza ; Šantovo nám. 181 ; 16h-0h mer-jeu, 16h-1h ven-sam)

PETR POHUDKA/SHUTTERSTOCK ©

Vignobles de Moravie

MORAVIE

VIGNOBLES ET COLLINES

C'est à l'automne, long et chaud, que la Moravie révèle ses plus beaux atours : fruits mûrissant sous un soleil voilé, vin nouveau, chants et traditions folkloriques bigarrées... un antidote à l'agitation pragoise !

Province la plus à l'est de la République tchèque, la Moravie est à la Bohême ce que le yin est au yang. Si les Bohémiens adorent le houblon, les Moraves ne jurent que par le raisin ; la Bohême attire par ses villes et ses bourgs, la Moravie par le charme de ses paysages aux collines ondoyantes. Dans la capitale, Brno, aux nombreux musées, les bars et cafés branchés se multiplient. Plus au nord, l'ancienne capitale, Olomouc, se distingue par son architecture fascinante et son héritage religieux. Et à l'est, Telč n'est pas en reste avec les superbes bâtiments Renaissance et baroques miraculeusement préservés de sa place centrale. Dans le sud, plus rural, on trouve surtout des vignobles, et le vin est dans tous les verres. Certaines familles nobles très aisées de l'Empire austro-hongrois en avaient fait leur fief, comme en témoigne aujourd'hui encore le faste de certaines demeures à Mikulov, Valtice et Lednice.

Hormis les plaines fertiles le long de rivières comme la Morava et l'Odra, et malgré quelques hauts sommets au nord et à l'ouest, la Moravie est loin d'offrir d'aussi grands espaces que la Bohême montagneuse. Son paysage plus plat se prête mieux au cyclisme, notamment dans les régions viticoles du sud. Le parc national de Podyjí offre de belles possibilités de randonnée le long de la frontière autrichienne, dans les collines de Chřiby, près de Kroměříž, et dans la région de Lednice-Valtice.

SITES PRINCIPAUX

BRNO
Capitale trépidante de la Moravie.
p. 206

MIKULOV
Épicentre de la viticulture en République tchèque.
p. 213

OLOMOUC
Joyau préservé de la Moravie.
p. 220

TELČ
Joli château et place historique.
p. 222

KROMĚŘÍŽ
Magnifique château et jardins baroques.
p. 224

S'orienter

La Moravie est aussi bien desservie par les bus et les trains que le reste du pays, avec des liaisons directes entre Brno et la plupart des villes. Seule la visite des régions plus à l'écart, au sud, justifie de louer une voiture.

Brno, p. 206
Deuxième ville du pays, Brno a un charme bien à elle : mille ans d'architecture y contemplent une importante population estudiantine pleine de vie.

Telč, p. 222
Avec sa place et son château très photogéniques, cette petite ville provinciale, où le temps semble s'être arrêté vers 1500, n'a rien à envier aux plus grandes cités tchèques.

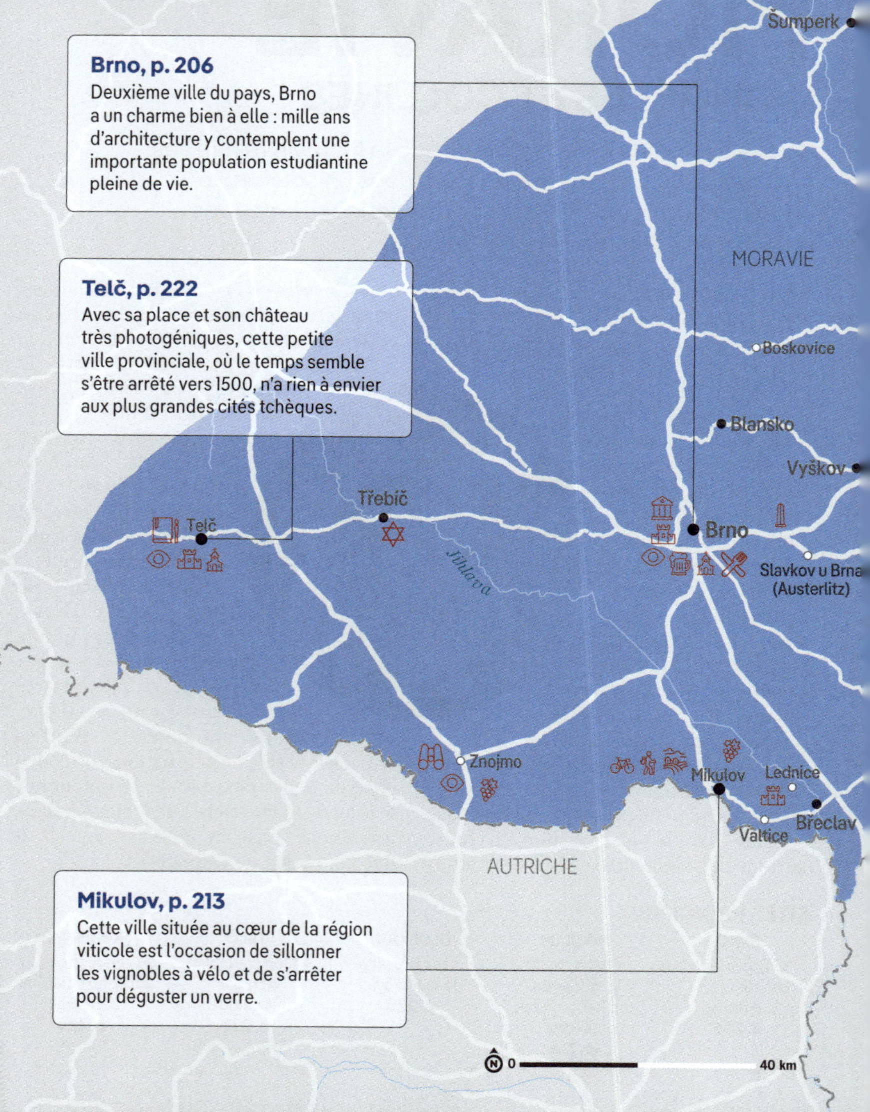

Mikulov, p. 213
Cette ville située au cœur de la région viticole est l'occasion de sillonner les vignobles à vélo et de s'arrêter pour déguster un verre.

Olomouc, p. 220

Fontaines baroques, églises de toutes les époques, colonne de la Sainte-Trinité classée par l'Unesco : cette grande cité méconnue est un bijou qui ravira les amoureux d'architecture et d'art.

VOITURE

L'autoroute D1 entre Prague et Ostrava traverse toute la Moravie. Avoir une voiture est assurément un avantage pour visiter les vignobles du Sud, mais une plaie quand il faut se garer à Brno, où les transports publics sont largement développés.

Kroměříž, p. 224

Cette ville calme et décontractée abrite un célèbre château et des jardins à la française parmi les plus élégants hors de Prague.

TRAIN

La Moravie compte trois grandes lignes : Břeclav-Prague via Brno, Břeclav-Ostrava via Zlín, et Břeclav-Olomouc. Le réseau secondaire, très développé, dessert des villes moindres, dont Slavkov (Austerlitz), Znojmo, Rožnov pod Radhoštěm, Mikulov et Lednice. Pour planifier vos trajets et acheter vos billets, rendez-vous sur le site de la compagnie ferroviaire tchèque **České dráhy** (ČD ; cd.cz).

BUS

Brno est desservi par les bus longue distance des compagnies privées **Regiojet** (regiojet.cz/en) et **Flixbus** (flixbus.fr).

Au vu des liaisons existantes entre Brno ou les grandes villes moraves et la plupart des sites d'intérêt, le bus local tend à être préférable au train, en dépit d'un service quasi nul le samedi après-midi et le dimanche, comme dans le reste du pays. Consultez **IDOS** (idos.idnes.cz/vlakyautobusy/spojeni) pour les horaires et tarifs.

Planifier son séjour

Un peu moins grande que la Bretagne et dotée d'un bon réseau de transports publics, la Moravie peut facilement se découvrir en bus et en train.

ELIS.DREAMER/SHUTTERSTOCK ©

Znojmo (p. 218)

Week-end en Moravie

- Deux jours loin de la capitale, et vous vous éprendrez sans doute de la région, qui pourrait bien vous donner l'envie d'y prolonger votre séjour.

- S'il fallait retenir seulement deux sites, **Olomouc** (p. 220) et **Mikulov** (p. 213) l'emporteraient. Le samedi, à vous Olomouc, avec ses splendides fontaines et la **colonne de la Sainte-Trinité** (p. 220) classée par l'Unesco, pour finir par une soirée inoubliable dans une brasserie.

- Le dimanche, direction les vignobles du **Pálava** (p. 216) pour une randonnée œnologique, avec dégustation de vins blancs moraves dans de petites caves, puis de mets locaux aux accents gorgés de soleil dans un bar à vins de Mikulov.

AU FIL DES SAISONS

Le calendrier morave est riche en rendez-vous folkloriques, culinaires et musicaux. Cette province de l'Est accueille certains des plus connus sur le plan national.

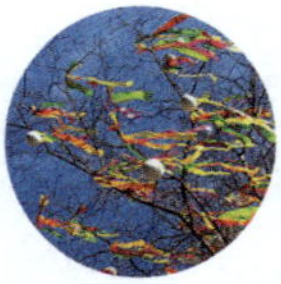

MARS-AVRIL

Pâques est un congé populaire en République tchèque. Le Vendredi saint et le lundi de Pâques sont fériés.

MAI

Fin mai, la **Chevauchée des Rois de Vlčnov (Jízda králů)** est l'événement folklorique le plus connu de Moravie.

JUILLET

Couleurs d'Ostrava est sans doute le festival tchèque de musique avec la plus grande renommée internationale.

MICHAELA JILKOVA/SHUTTERSTOCK ©, PHOTOBON/ALAMY STOCK PHOTO/CREDIT ©, HAAK78/ SHUTTERSTOCK ©

Trois jours : circuit œnologique

- Quelle que soit la durée de votre séjour dans les zones viticoles du Sud, il faut absolument prévoir trois jours pour la région du **Pálava** (p. 216) et **Znojmo** (p. 218).

- Commencez par visiter le château et les sites juifs de **Mikulov** (p. 213), puis rendez-vous à vélo dans la région du Pálava, juste au nord, avec ses immenses vignobles et domaines.

- Vous pouvez poursuivre les dégustations le lendemain, profiter de l'ambiance détendue de Znojmo, puis oublier le vin pour passer un troisième jour sur les sentiers du **parc national de Podyjí** (p. 218). Si vous voyagez à l'automne, ne manquez pas d'assister à un *vinobraní* (fête des vendanges).

Dix jours : le grand jeu morave

- Avec une dizaine de jours, la Moravie n'aura presque plus de secrets pour vous.

- La capitale **Brno** (p. 206) s'impose naturellement comme point de départ, avec une visite (sur réservation) de la Villa Tugendhat et d'un ou deux musées. En dehors de la ville, le champ de bataille de Slavkov (Austerlitz, p. 212) et le **Karst morave** valent aussi le détour.

- Ensuite, cap au sud pour les **vignobles moraves méridionaux** (p. 214). Vous pouvez loger à **Mikulov** (p. 213) ou **Znojmo** (p. 218) pour randonner dans la région du **Pálava** (p. 216) ou le **parc national de Podyjí** (p. 218), puis repartir vers le nord pour visiter la coquette **Olomouc** et le musée en plein air de **Rožnov pod Radhoštěm** (p. 211).

AOÛT

Durant deux semaines, Telč vibre au son du **festival Prázdniny v Telči**, offrant le meilleur de la musique traditionnelle tchèque.

SEPTEMBRE

La **fête du Vin de Znojmo** et le **Pálavské vinobraní** sont les plus grandes fêtes des vendanges du pays.

OCTOBRE

Le **burčák** est un vin nouveau fort, vendu – et donc à tester – entre août et fin novembre.

DÉCEMBRE

Le meilleur marché de l'**Avent** de la région est celui de Brno. Il se tient en divers endroits du centre-ville.

BRNO

Évoquant la capitale nationale, les Moraves n'hésitent pas à affirmer que Prague est la Brno de Bohême. Mais Brno n'est pas pour autant la Prague de Moravie. Ville ordinaire à certains égards, elle s'anime surtout sous l'impulsion des milliers d'étudiants qui font vivre bars, cafés et lieux de spectacle. La ville de naissance de Milan Kundera séduit aussi par sa richesse architecturale : outre quelques vieilles églises magnifiques, elle surprend par ses constructions modernes du début du XXe siècle, comme la Villa Tugendhat, classée par l'Unesco et sans doute l'exemple le plus connu de bâtisse fonctionnaliste en dehors de la capitale. Brno abrite aussi plusieurs musées intéressants et d'autres, plus excentriques, autour de thèmes insolites. Au final, si l'une des principales motivations à séjourner à Brno est sa position centrale par rapport aux sites majeurs de la Moravie, elle mérite néanmoins que l'on s'y attarde.

Pour les infos pratiques, voir le Carnet d'adresses p. 226

À SAVOIR

Brno est un point de chute idéal, car les transports publics la relient à la plupart des sites moraves et à de nombreuses villes de Bohême. Prague est à 2 heures à peine, et Bratislava, capitale de la Slovaquie, à 1 heure 30.

OÙ SE LOGER

Barceló Brno Palace
Hôtel cinq-étoiles avec un cachet historique en périphérie de la Vieille Ville.
€€€

Hotel Omega Brno
Hôtel de milieu de gamme bien tenu. Meilleur rapport qualité-prix à Brno.
€€

Wake Up Wellness Hostel
Auberge de jeunesse moderne, propre et bien équipée, en centre-ville.
€

Villa Tugendhat

MAISON FONCTIONNALISTE CLASSÉE PAR L'UNESCO

Dans les années 1920-1930, Brno était un haut lieu de l'architecture Bauhaus, et cette maison vous en offre le plus bel exemple. Conçue en 1930 par l'architecte moderne Mies van der Rohe pour Greta et Fritz Tugendhat, elle a inspiré l'écrivain britannique Simon Mawer pour son best-seller *Le Palais de verre* (2009). Des visites guidées sont proposées, soit basiques (1 heure), soit complètes (1 heure 30), mais il faut réserver par téléphone ou par e-mail au moins deux mois à l'avance. Cela étant, la façade de la maison à elle seule mérite le coup d'œil, tant elle contraste avec les autres bâtiments contemporains environnants. Pour vous rendre sur place, empruntez le tram sur la place Moravské náměstí vers Milady Horákové jusqu'à l'arrêt Dětská nemocnice, puis marchez 300 m vers le nord.

De l'étrange à l'hôtel de ville

MYTHES ET LÉGENDES DE BRNO

En ville, ne manquez pas l'**ancien hôtel de ville** médiéval, dont une partie date du XIIIe siècle. Les bizarreries commencent dès la façade, rue Radnická, avec le portail gothique, conçu par Anton Pilgram en 1510 et doté d'un pinacle central tordu. Selon la légende, cette inclinaison est volontaire : Pilgram se serait vengé de n'avoir pas été payé par la ville le montant convenu.

Empruntez le couloir voûté et passez sous le "dragon" de Brno, dont la rumeur dit qu'il faisait autrefois régner la terreur dans les rivières de la ville. En fait, ce caïman fut offert à l'archiduc

INCONTOURNABLES
1 Château de Špilberk
2 Couvent des Capucins
3 Villa Tugendhat

VOIR
4 Ancien hôtel de ville
5 Brasserie Starobrno
6 Cathédrale Saints-Pierre-et-Paul
7 Centre des sciences VIDA!
8 Musée de la Culture rom
9 Musée Mendel
10 Musée morave
11 Musée technique
12 Ossuaire de l'église Saint-Jacques
13 Planétarium
14 Réservoir de Brno
15 Souterrains sous le marché aux Choux
16 Tour d'observation Holedná
17 Zoo

SE LOGER
18 Barceló Brno Palace
19 Hôtel Omega
20 Penzion Na Starém Brně
21 Wake Up Wellness Hostel

SE RESTAURER
22 Bistro Franz
23 Pavillon
24 Soul Bistro

PRENDRE UN VERRE
25 Cafe Mitte
26 Cafe Podnebi
27 SKØG Urban Hub

Mathias en 1608 et viendrait du fleuve Amazone. Juste à côté, une roue de chariot en bois est suspendue au mur. En 1636, un charron de Lednice avait parié avec un ami qu'avant la nuit il réussirait à abattre un arbre, à réaliser une roue et à la faire rouler jusqu'à Brno, soit 50 km. Il releva brillamment le défi. Malheureusement, un esprit malveillant répandit la rumeur selon laquelle le diable aurait aidé le charron, qui fut lâché par ses clients et mourut sans un sou.

OÙ SE RESTAURER

Bistro Franz
Ambiance rétro et colorée pour une nourriture à base de produits bio locaux. **€**

Pavillon
Steakhouse raffinée dans un cadre élégant et fonctionnaliste. **€€€**

Soul Bistro
Bistro gai et lumineux, avec une cuisine de saison éclectique et des plats végétariens. **€€**

UN TEMPS D'AVANCE

Un peu perturbantes, les cloches de la **cathédrale Saints-Pierre-et-Paul** sonnent midi une heure plus tôt, à 11h. D'après la légende, cela remonte à 1645, pendant la guerre de Trente Ans, lors du siège de la ville par les soldats suédois. Leur chef, le général Torstenson, vexé d'être tenu en échec depuis plus d'une semaine, décida de lancer un ultime assaut, en avertissant que si ses troupes n'avaient pas vaincu à midi, il se retirerait.

À 11h, comme les Suédois progressaient, le bedeau eut la brillante idée de ne pas attendre 12h pour sonner midi. Les assiégeants se retirèrent alors, et la ville fut sauvée. Du haut de la tour se dévoile une perspective impressionnante.

Cave sous le marché aux Choux

Des hauteurs jusqu'aux profondeurs

UN CHÂTEAU, UN MARCHÉ ET DES SOUTERRAINS

Montez au **château de Špilberk**, édifice imposant coiffant le sommet d'une colline. C'est le monument phare de la ville, et son histoire remonte au XIIIe siècle, lorsqu'il logea les margraves puis devint une forteresse. Aux XVIIIe et XIXe siècles, sous les Habsbourg, il tint lieu de prison. Visitez-y le **musée de la Ville de Brno**, dont les expositions retracent l'histoire de la cité.

Envie de fruits et légumes ? Filez au **marché aux Choux** (Zelný trh), éponyme de la place sur laquelle il se tient depuis des siècles. Au centre trône la fontaine baroque dite du Parnasse (1695), où Hercule maîtrise Cerbère, chien tricéphale qui gardait l'entrée des Enfers. Trois figures féminines symbolisent les grands empires de l'Antiquité : Babylone (couronne), la Perse (corne d'abondance) et la Grèce (carquois et flèches).

Sous la place courent de nombreux **souterrains**. La visite (env. 1 heure) permet d'explorer plusieurs caves à 6-8 m de profondeur. Ce réseau de près de 1 km a été creusé pour stocker des denrées, bière et vin inclus, et se cacher pendant les guerres.

OÙ PRENDRE UN CAFÉ

Cafe Podnebi
Lieu prisé par les étudiants pour un café ou un dessert, avec un jardin d'été au calme.

SKØG Urban Hub
Café urbain, galerie d'art, espace scénique et bistrot.

Cafe Mitte
Arabica extra et meilleure terrasse de café de la ville.

Brno avec des enfants

DIVERTIR LES PLUS JEUNES

Après avoir amusé vos enfants avec le "dragon" de Brno et la roue de chariot (p. 206), où les emmener ? Avec sa large palette d'expositions interactives sur le corps humain, la Terre et les technologies, le **centre des sciences VIDA!** passionnera les plus jeunes et les ados. Même chose pour le **Planetarium**, où certaines projections sont doublées en anglais (mais pas en français). Les enfants aimeront aussi l'environnement et la variété des animaux du **zoo de Brno**, au nord-ouest de la ville ; ils se réjouiront de savoir que ce zoo agit pour la sauvegarde d'espèces en danger, dont le souslik d'Europe (un écureuil terrestre), la grue du Japon, le pygargue empereur ou la huppe fasciée. Enfin, au **Musée technique**, amusement garanti avec un stéréoscope en bois qui permet à 20 personnes de regarder des images en 3D à partir de plaques de verre anciennes, changées régulièrement ; les plus grands apprécieront aussi les technologies anciennes et les véhicules rétro.

Brno comme les Moraves

HORS DES SENTIERS BATTUS

Deuxième ville du pays (380 000 habitants), Brno offre des sites très divers. Faites preuve de curiosité !

Réservoir de Brno

Joignez-vous à la population, qui adore ce lac de barrage pour ses plages et les sports aquatiques que l'on peut y pratiquer.

Brasserie Starobrno

Outre leur don pour le vin, les Moraves savent aussi brasser de très bonnes bières. Ajoutez la visite à votre agenda !

Ossuaire de l'église Saint-Jacques

Envie de frissons ? Redécouverte en 2001, la crypte de l'église Saint-Jacques abrite les ossements de 50 000 personnes, ce qui en fait le plus grand ossuaire après les catacombes de Paris.

Crypte du couvent des Capucins

Encore quelques frissons ? La crypte de ce couvent, sèche et bien ventilée, se prêtait à la momification naturelle des corps. Jusqu'à 150 défunts y furent ainsi déposés avant 1784, principalement ceux de moines, d'abbés, d'aristocrates et d'autres notables du XVIIIe siècle.

MUSÉES DE BRNO À NE PAS RATER

Musée morave
Musée d'ethnographie et d'histoire naturelle abritant 6 millions de pièces. C'est le deuxième plus grand musée du pays.

Musée de la Culture rom
Un des rares musées au monde à présenter les richesses méconnues de la culture rom.

Retro muzeum na Statku
Plus grand musée d'objets des années 1950-1990 du pays, situé dans la lointaine banlieue sud (avr-oct).

Galerie de Moravie
Cette institution met à l'honneur les arts visuels tchèques dans plusieurs bâtiments ; le palais Pražak abrite une belle collection d'art moderne et contemporain ; le **musée des Arts décoratifs** vaut le détour pour ses objets de verre, ses textiles et ses meubles, du Moyen Âge à nos jours.

COMMENT CIRCULER

La gare ferroviaire se trouve juste au sud de la vieille ville, tandis que les bus longue distance s'arrêtent à la gare routière de Zvonářka et au Grandhotel Brno.

Le réseau des transports publics (bus et trams) couvre toute la ville et permet de rejoindre n'importe quelle curiosité hors du centre médiéval.

Environs de Brno

La région autour de Brno à beaucoup à offrir, et nombre de trajets peuvent se faire en transports publics à la journée.

Des grottes calcaires et des eaux souterraines du **Karst morave** aux bâtiments rustiques en bois de **Rožnov nad Radhoštěm**, en passant par l'architecture fonctionnaliste de **Zlín** ou le sombre champ de bataille d'Austerlitz, le choix est vaste ! Avec un peu plus de temps, **Třebíč**, aussi, est à découvrir pour son ancien quartier juif, joyau classé par l'Unesco. Au gré de rencontres avec des habitants chaleureux et de dégustation de produits locaux, ces excursions réservent de très belles surprises.

Pour les infos pratiques, voir le Carnet d'adresses p. 227

À SAVOIR

Avoir une voiture est un plus, mais à condition de loger dans un hôtel avec parking à Brno.

Gouffre de Macocha

ROMAN KYBUS/SHUTTERSTOCK ©

Le Karst morave

AVENTURES SOUTERRAINES EN MORAVIE

Juste au nord de Brno se trouve l'une des régions tchèques les plus propices à la spéléologie : le **Karst morave** (Moravský kras). Creusé de gorges et de quelque 400 grottes, il séduit aussi en surface par son paysage boisé et vallonné.

Les formations karstiques sont nées de l'infiltration d'eaux de pluie dans le calcaire, qui ont peu à peu dissous celui-ci des millions d'années durant, créant des cavités, des fissures et, dans les grottes, des stalagmites et stalactites extraordinaires.

Les excursions vers ces sites partent de **Blansko**, ville dont l'office de tourisme vend des cartes et des billets d'entrée pour deux des grottes principales : **Punkva** et **Kateřinská**. Pour le week-end, surtout en juillet-août, réservez bien à l'avance, car les visites sont vite complètes.

La plus prisée est celle des **grottes de la Punkva** : après 1 km de marche dans les cavernes calcaires, vous atteignez le fond du **gouffre de Macocha**, un entonnoir profond de 140 m. Des petits bateaux électriques vous ramènent ensuite à l'entrée par la rivière souterraine.

Souvent moins fréquentée mais très appréciée aussi, la **grotte Kateřinská** se visite en 30 minutes : vous découvrez deux immenses salles, dont un dôme gigantesque.

Zlín

ÉPOPÉE INDUSTRIELLE ET UTOPIE URBAINE

Au début du XXe siècle, la Moravie fut un foyer de l'architecture avant-gardiste. C'est ainsi que **Tomáš Bat'a**, magnat de la chaussure et philanthrope, concrétisa son projet d'urbanisme audacieux et fascinant dans la petite ville industrielle de Zlín.

L'ensemble des usines, bureaux, centres commerciaux et habitations furent construits en brique rouge, selon un modèle fonctionnaliste, afin de fournir aux ouvriers de cette immense manufacture un “environnement global” où se loger, se nourrir et se divertir.

Le **bâtiment 14|15** de ce complexe permet de mesurer l'importance de Bat'a et de ses idées. L'exposition *Aujourd'hui la fantaisie, demain la réalité*, credo de l'industriel, présente l'histoire de Zlín et de la société Bat'a sous des formes très variées, intéressantes et interactives, avec d'anciens plans, des photos, des machines et, naturellement, des chaussures.

MUSÉE EN PLEIN AIR DE VALACHIE

L'excellent **musée en plein air de Valachie** (Valašské muzeum v přírodě) se situe dans la ville de **Rožnov pod Radhoštěm**, à moins de 2 heures de voiture de Brno (et 1 heure 15 d'Olomouc).

Il réunit des bâtiments en bois (chalets rustiques, scieries, boulangeries, églises, etc.) surtout moraves, mais aussi du reste du pays. Elles ont été démontées, apportées sur place et réassemblées, puis aménagées à l'ancienne, afin de montrer cette architecture aux générations futures. Souvent, des Moraves en costume d'époque présentent l'artisanat traditionnel.

Fondé en 1925, le musée s'est enrichi au fil du temps. Curieusement, c'est ici qu'est enterré le célèbre marathonien tchèque **Emil Zátopek**, triple médaille d'or aux JO d'Helsinki de 1952.

OÙ SE RESTAURER

Restaurace U Johana, Zlín
Excellents plats locaux, parfois internationalisés à dessein, dans un cadre rustique fait de bois blond. **€€**

La Villa, Zlín
Menus dégustation dignes d'un étoilé au Michelin et service impeccable. **€€€**

Kafec, Zlín
Café moderne et établissement formidable pour un petit-déjeuner et un brunch. **€**

AUSTERLITZ

Le secteur de **Slavkov u Brna**, ville historiquement connue sous le nom autrichien d'Austerlitz, a joué un rôle presque aussi important durant les guerres napoléoniennes que Bonaparte lui-même. C'est ici, lors de la fatidique **bataille des Trois Empereurs** en 1805, que Napoléon vainquit la coalition austro-russe de l'empereur François II et du tsar Alexandre Ier.

Napoléon séjourna plusieurs jours au **château de Slavkov**, où fut signé l'armistice avec l'Autriche. Vous pouvez le visiter ou tester la "bataille virtuelle", qui donne un bon aperçu du cadre de l'affrontement. Pour finir votre **circuit Austerlitz**, rendez-vous au plateau de Pratzen (Pracký kopec), à 12 km à l'ouest de Slavkov, où se joua la bataille et où se trouve le **Mémorial de la paix** (Mohyla míru, Prace).

Quartier juif de Třebíč

Třebíč

ARCHITECTURE CLASSÉE PAR L'UNESCO

Cette petite ville morave figure sur les circuits touristiques depuis 2003, année où l'Unesco a inscrit son ancien quartier juif, très bien conservé, sur la liste du Patrimoine mondial.

Principal édifice de ce quartier, la **Synagogue postérieure** (Zadní synagóga), qui date de la Renaissance (1669), renferme des fresques magnifiquement restaurées et une maquette historique du ghetto au milieu du XIXe siècle. Seule la visite guidée de 30 minutes permet d'entrer.

Situé rue Hrádek, à 600 m au nord du ghetto, le **cimetière juif** du XVIIe siècle est le plus grand du pays. Il compte plus de 11 000 tombes, la plus ancienne datant de 1641.

Aussi classée par l'Unesco, la **basilique Saint-Procope** est une église surprenante, car on y voit clairement le passage du style roman au gothique au milieu du XIIIe siècle.

COMMENT CIRCULER

Si vous n'avez pas de voiture, mieux vaut vous rendre en train au Karst morave et à Třebíč, mais en bus à Slavkov et Zlín. La voiture reste préférable pour Rožnov.

MIKULOV

Dans l'esprit des Tchèques, Mikulov évoque une région viticole petite par la taille, mais qui s'est largement fait connaître. Et c'est la plus belle ville vinicole de Moravie du Sud. Entourée de collines blanches crayeuses, elle possède un château Renaissance impressionnant, visible des kilomètres à la ronde. Les parcelles des environs étaient les seules terres tchèques à faire partie de l'Empire romain, et ce sont les légionnaires qui auraient introduit le vin sur le sol morave il y a 2 000 ans.

Jadis centre culturel prospère de la communauté juive morave, Mikulov reconstruit progressivement son ancien quartier juif. On y trouve l'un des plus grands et des plus émouvants cimetières juifs du pays. Une fois votre soif d'histoire assouvie, partez à pied ou à vélo à la découverte des paysages bucoliques et des caves à vins alentour. Ou sirotez tranquillement un verre de vin blanc local.

Pour les infos pratiques, voir le Carnet d'adresses p. 227

À SAVOIR

Pour découvrir la viticulture dans l'arrière-pays, passez avant à l'office du tourisme (Náměstí 1). Les employés, aimables et serviables, vous donneront de précieux conseils et des cartes de la région pour la rando et le vélo.

Par les rues de Mikulov

UNE PALETTE DE CURIOSITÉS

Votre meilleur point de repère sera **Náměstí**, un nom résolument sobre pour désigner la place centrale pavée. Celle-ci est bordée de jolies maisons pastel, desquelles se détache l'hôtel de ville (qui abrite l'office du tourisme), côté nord. Allez voir de près l'imposante colonne baroque de la Sainte-Trinité, puis rendez-vous au **tombeau des Dietrichstein** (Dietrichštejnská hrobka), mausolée de famille occupant l'ancienne église Sainte-Anne. La superbe façade baroque du début du XVIIIe siècle est l'œuvre de l'architecte autrichien Johann Bernhard Fischer von Erlach. Les tombes, qui datent de 1617 à 1852, contiennent les restes de 45 seigneurs du manoir et de leurs familles.

Rares sont les villes tchèques à ce point dominées par un **château**. Avec ses façades abricot et ses deux tours rondes, la forteresse trône sur une colline au cœur de la cité, qu'elle surplombe. Résidence de la famille **Dietrichstein** de 1575 à 1945, ce palais joua un rôle important au XIXe siècle, hébergeant tour à tour Napoléon Ier, le tsar Alexandre Ier et Frédéric de Prusse. En 1945, les Allemands l'incendièrent et en détruisirent la plus grande partie : l'intérieur actuel, somptueux, est donc le fruit d'une reconstruction minutieuse. Seule une visite guidée permet d'entrer ; la formule classique (env. 1 heure 30) donne accès à des salles importantes, ainsi qu'à des expositions permanentes sur la viticulture et l'archéologie.

Après avoir visité le château et rechargé vos batteries dans un bistrot, vous pouvez monter, à l'est, au sommet de la **Colline sacrée** (Svatý kopeček). Avant que le christianisme ne s'impose, cette énorme butte calcaire dépouillée était le théâtre de rituels païens. Un sentier balisé en bleu part du bas de la place principale et suit le **chemin de croix** jusqu'en haut. Vous découvrez alors l'**église Saint-Sébastien** et ses murs chaulés, avec une vue photogénique sur Mikulov et son château.

Pour une autre vue splendide sur la vieille ville, vous pouvez aussi monter au sommet de la **colline de la Chèvre** (Kozí hrádek), coiffée d'une tour d'observation du XVe siècle abandonnée. On y parvient par une rude montée depuis l'entrée du cimetière juif. Attention aux horaires irréguliers de la tour : elle n'est ouverte que lorsque le drapeau est hissé.

PATRIMOINE JUIF DE MIKULOV

La **Haute Synagogue** (Horní synagoga), rue Husova, date d'environ 1550 et serait la seule en Moravie de style "polonais". Elle fut reconstruite après un incendie en 1719 et rénovée plusieurs fois depuis. Aujourd'hui s'y tient une petite exposition sur les juifs de Mikulov. Avec quelque 4000 pierres tombales, la taille du **cimetière juif** (Židovský hřbitov) abandonné au nord de la ville témoigne de l'importance de cette communauté à Mikulov au fil des siècles. La plus vieille stèle épargnée date de 1605. L'entrée se fait par l'ancienne salle de cérémonie, qui accueille une petite exposition sur l'histoire et les traditions funéraires juives.

Les vins moraves

UNE VITICULTURE MÉCONNUE

En comparaison avec les régions des grands pays vinicoles (France, Californie, Australie ou Nouvelle-Zélande), le tourisme lié au vin en Moravie est plus modeste et moins organisé.

OÙ SE LOGER

Pension Baltazar
Établissement joliment rénové dans l'ancien quartier juif, avec une terrasse dans un jardin tranquille. **€€**

Boutique Hotel Tanzberg
Hôtel plutôt classique, rénové récemment et bien tenu, avec 17 chambres standard. **€€**

Hotel Templ
Hôtel familial rénové avec goût et avec quelques éléments d'époque. **€€**

Náměstí, place centrale de Mikulov

Loin des hôtels chics ou des restaurants étoilés, l'essentiel se passe lors de fêtes des vendanges populaires et de balades à vélo dans des vignobles familiaux. 90 % du vin produit par la République tchèque l'est dans la région au sud de Brno, vers la frontière avec l'Autriche et la Slovaquie. Si les habitants des campagnes consommaient plutôt des vins rouges charpentés, ceux-ci ont été supplantés ces dernières décennies par les blancs issus des vendanges tardives. La maturation plus lente du raisin produit des vins aromatiques, souvent épicés, avec plus de corps.

La sous-région de Mikulov se caractérise par un terrain calcaire et sablonneux, dû à la proximité des **monts Pavlovské**. Durant votre séjour, goûtez au **rulandské šedé** (pinot gris), au **ryzlink vlašský** (plus connu sous le nom allemand de *welschriesling*) et au **veltlínské zelené** (*grüner veltliner*), cépages blancs, riches en minéraux, ainsi qu'au müller-thurgau et au chardonnay.

Plus à l'ouest, protégée par les montagnes de Bohême et de Moravie, la région de **Znojmo** offre un sol plus pierreux.

Parmi les vins blancs aromatiques de qualité, citons le **sauvignon**, le **pálava** et **ryzling rýnský** (riesling), sans oublier des rouges comme le **frankovka** (*blaufränkisch*). Pour

LE TOP DES FESTIVITÉS LIÉES AU VIN

Pour connaître les festivités vinicoles proches de votre lieu de séjour, consultez www.festivalyvina.cz.

Pálavské vinobraní
Plus importante fête du vin du pays, qui se tient à Mikulov et dans ses environs.

Znojmo historické vinobraní
Plus grande fête de l'année à Znojmo, lors de laquelle coulent des hectolitres de vin local.

Jour de la Saint-Martin
Pour fêter le 11 novembre, tous les restaurants du pays servent vin nouveau et oie rôtie.

Karlštejnské vinobraní
Célèbre les vignes cultivées autour du château de Karlštejn.

Mělnické vinobraní
Plus imposante fête du vin de Bohême au château de Mělník.

OÙ BOIRE DU VIN

Dobrý Ročník
Petit café et bar à vins qui sert des vins locaux au verre ou à la bouteille.

Vinařské Centrum
Centre de dégustation de vin sur la place principale.

Vinařství Šílová
Restaurant à vins minimaliste, servant des rouges et des blancs de sa propre exploitation.

PAROLE D'HABITANTE

Andrea Kotašková, cofondatrice de Wine Travel in Czech (winetravelinczech.com), agence d'œnotourisme.

Pour bien démarrer la journée, montez sur la **Colline sacrée** et sirotez-y un verre de mousseux en admirant le majestueux château perché sur le sommet d'en face.

Dans les caves du **château**, ne ratez pas le plus grand tonneau d'Europe. Pour découvrir la magie de la vinification, offrez-vous une visite avec dégustation au **domaine Gurdau**, qui me fait plus penser à un village de hobbits contemporain qu'à une cave à vins.

Le musée souterrain de l'**Archeopark Pavlov**, à **Dolní Věstonice**, contient une copie de la statuette en terre cuite de la vénus de Dolní Věstonice, symbole de la fertilité, réalisée entre 29 000 et 25 000 ans avant le présent.

plus d'informations sur les circuits viticoles et l'importance croissante de la Moravie sur la scène vinicole internationale, consultez l'excellente brochure de Czech Tourism, **Through the Land of Wine**, ou le site www.wineofczechrepublic.cz.

Lors des fêtes marquant la fin des vendanges, on consomme plutôt le **burčák** (vin bourru), un vin nouveau commercialisé entre le 1er août et le 30 novembre, et qui peut aller de perlé à très pétillant. Comme pour tout vin jeune, n'en abusez pas si vous voulez préserver votre système digestif et/ou si vous êtes sujet aux maux de tête.

Pour découvrir des vins moraves, le **Vinařské Centrum** de Mikulov et le **Centre national du vin** de Valtice (p. 218) et sont tout indiqués. Si vous achetez en supermarché, ne vous laissez pas berner par le drapeau tchèque sur les bouteilles et assurez-vous que tel müller-thurgau morave n'est pas de la piquette slovaque ou hongroise.

Route des vins de Mikulov

DE CAVE EN CAVE

Envie de vous dégourdir les jambes ? La route des vins de Mikulov (Mikulovská vinařská stezka ; vinarske.stezky.cz) est est l'occasion rêvée de combiner marche ou vélo et dégustation de vin, les principales activités de cette région vallonée. Ce circuit de 86 km balisé en jaune traverse et relie de petits vignobles locaux, notamment celui du **Pálava**.

L'office du tourisme peut vous conseiller certaines portions plus intéressantes. Beaucoup de touristes se rendent à **Brod nad Dyjí** pour ses 150 caves à vins. Vous pouvez louer un vélo chez **Mikolovna**, mais soyez raisonnable sur les dégustations si vous voulez maîtriser votre guidon jusqu'au bout ! Si vous préférez la marche, le circuit rouge au nord fait découvrir des ruines de châteaux, les **collines de Pálava** et le sommet du **Děvín**, puis **Dolní Věstonice**, à 11 km, près du réservoir de Nové Mlýny. Le retour à Mikulov peut se faire en bus ou en sillonnant les vignobles autour de Horní Věstonice et Perná.

COMMENT CIRCULER

Tout voyage en train pour Mikulov implique un changement à Břeclav ou Šakvice. La liaison en bus depuis la gare Zvonařka de Brno est possible, mais irrégulière. Mikulov se visite à pied, mais, pour les alentours, il faut de bonnes chaussures de marche ou louer un vélo.

Environs de Mikulov

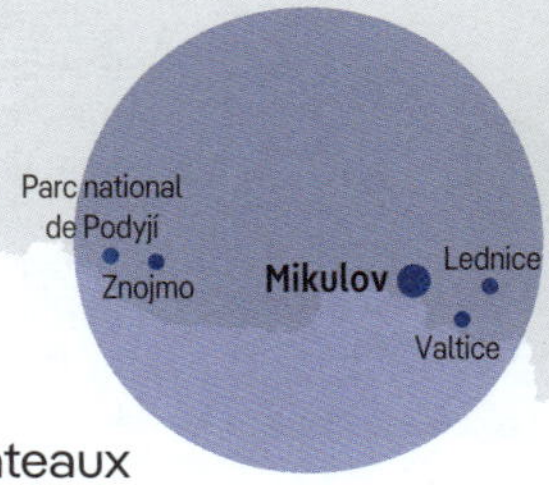

Tradition du vin, raisin qui mûrit au soleil, châteaux romantiques et randos faciles dans des collines boisées font la richesse de la Moravie du Sud.

Frontalière de l'Autriche, la Moravie du Sud évoque çà et là l'Italie. À l'automne, la chaleur s'y attarde et fait mûrir les cépages adaptés au sol calcaire. Le vin façonne l'identité de la région depuis deux millénaires, et c'est souvent une surprise pour le voyageur. L'activité est à son apogée dans la zone protégée de Pálava. Vers l'est, le site de **Valtice-Lednice**, classé par l'Unesco, séduit par ses folies, ses châteaux et ses crus. Plus à l'ouest, le **parc national de Podyjí** (le plus petit du pays) offre des randonnées faciles. Pour en profiter, séjournez dans la tranquille Znojmo.

Pour les infos pratiques, voir le Carnet d'adresses p. 228

À SAVOIR

À Znojmo, passez derrière l'église Saint-Nicolas pour une vue à couper le souffle sur la vallée de la Dyje.

Parc national de Podyjí

DÉGUSTATIONS À VALTICE

Le **Centre national du vin**, qui se tient dans la cave du château de Valtice, est l'endroit parfait pour acheter des crus locaux. Dédié à la promotion des vins tchèques, il les propose tous à la dégustation, et des spécialistes sont là pour vous conseiller. Il est possible de déguster au verre ou de participer à une vraie séance, durant parfois jusqu'à 1 heure 30, où chacun peut déguster "tout son saoûl"...

Valtice-Lednice

PAYSAGE CULTUREL CLASSÉ PAR L'UNESCO

Les Tchèques apprécient le paysage culturel de Valtice-Lednice, classé par l'Unesco, pour la randonnée, le vélo, les vins locaux et l'architecture historique, dont deux fabuleux châteaux royaux. Environ 10 km séparent les deux villes, reliées par un service de bus régulier (ou à faire à vélo ou à pied). Vu le peu d'animation nocturne, mieux vaut les visiter sur une journée depuis Mikulov ou même Brno. Néanmoins, si vous avez le temps, dormir dans l'une ou l'autre vous laissera le temps de découvrir le paysage vallonné quasiment préservé de la **région des vins de Moravie du Sud** : des centaines de kilomètres de chemins pédestres et cyclables vous attendent.

Imposante propriété néogothique de la famille Liechtenstein de 1582 à 1945, le **château de Lednice** est l'une des destinations de week-end préférées dans la région. La beauté de l'intérieur et des jardins attire les foules, tout comme la serre de plantes exotiques, les plans d'eau avec des bateaux de plaisance et le faux minaret turc (lubie princière du XIXe siècle). Seule une visite guidée permet d'entrer. La première formule se résume aux salles principales, avec le célèbre escalier de bois en colimaçon. La seconde se concentre sur les appartements des Liechtenstein, avec en point d'orgue le salon chinois du XIXe siècle. D'autres visites font découvrir la serre et les chambres des enfants.

Bâti au XIIe siècle, le **château de Valtice** fut la résidence des Liechtenstein, famille fortunée. Remanié par l'Autrichien Johann Bernhard Fischer von Erlach et l'Italien Domenico Martinelli, il est l'un des bâtiments baroques les plus réussis du pays. Si l'extérieur et les jardins sont en accès libre aux heures d'ouverture, il faut suivre une visite guidée pour pénétrer à l'intérieur et découvrir les murs tapissés de kilos d'or et le mobilier abandonné par les Liechtenstein fuyant les Soviétiques en 1945.

Znojmo et le parc national de Podyjí

ENTRÉE DANS LA RÉGION DES VINS

La ville frontalière de **Znojmo** est l'une des plus fréquentées pour une excursion à la journée en Moravie du Sud, surtout par les Autrichiens. Située entre Prague et Vienne, elle peut constituer une halte agréable de quelques heures. C'est aussi une bonne base où loger pour pouvoir explorer les vignobles de Moravie du Sud, avec de charmants petits hôtels et pensions. On y vient pour le vin, pour le plaisir de flâner de ruelles en

OÙ SE RESTAURER

Winebar Chatka, Znojmo
Restaurant de la Vinařský dům (Maison du vin) avec tapas et plats chauds plus consistants pour accompagner le vin. **€**

La Casa Navarra, Znojmo
Restaurant italien bien connu des habitants pour ses gnocchis ; pâtes, grillades et steaks sont aussi très bons. **€€**

Om, Znojmo
Petit restaurant indien où l'on mange curries et *vindaloo*, bien préparés mais moins relevés qu'à l'ordinaire. **€**

Château de Lednice

placettes intimistes et de goûter à l'atmosphère villageoise des lieux, mais aussi pour les grandes places animées.

Le château baroque est une curiosité majeure. Il dépend du **musée de Znojmo**, qui permet de découvrir l'histoire locale. Juste à côté, la **rotonde Notre-Dame-et-Sainte-Catherine** (XIe siècle) est l'un des plus anciens vestiges romans du pays. Ses fresques bien préservées (XIIe siècle) relatent la vie du Christ et de chefs Přemyslides. En raison de leur fragilité, les visites se limitent à 15 minutes deux fois par heure par groupe de 10 au maximum ; le lieu ferme s'il pleut. Enfin, la fête du Vin de Znojmo, la plus grande de la région, comprend des dégustations, des concerts, des défilés et d'autres réjouissances.

Avec ses 63 km², le **parc national de Podyjí**, aux abords de la ville, est le plus petit du pays. Il longe la rivière Dyje jusqu'au château de **Vranov nad Dyjí** et se poursuit en Autriche (**parc national de Thayatal**, encore plus petit). C'est un lieu propice à la randonnée facile et à l'observation de la faune. Son symbole est la cigogne noire, et l'on peut y pratiquer le kayak.

COMMENT CIRCULER

La voiture est idéale pour découvrir la région, mais des liaisons ferroviaires et en bus relient Brno à Znojmo et Valtice-Lednice, avec parfois un changement à Břeclav. Il existe aussi des trains pour l'Autriche au départ de Znojmo.

OLOMOUC

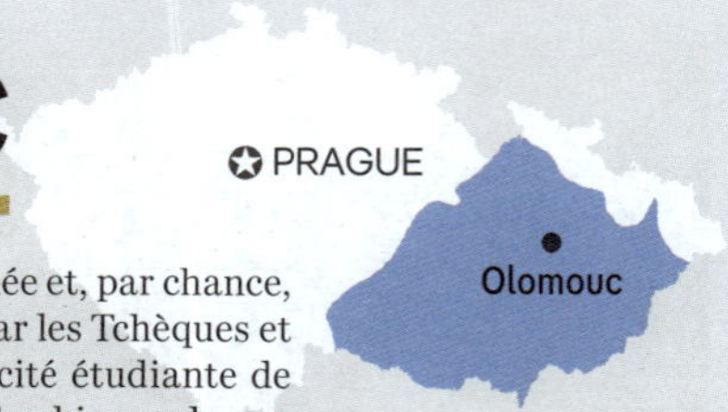

Olomouc est une ville clairement sous-estimée et, par chance, elle reste méconnue. Bizarrement boudée par les Tchèques et presque inexistante pour les autres, cette cité étudiante de 100 000 habitants a une vraie majesté, et l'ambiance de son vieux centre rappelle l'Italie.

Brno mis à part, Olomouc est le pendant morave de Prague (les massages thaïlandais et les sucettes au cannabis en moins). Sa place principale, avec ses bâtiments historiques et sa colonne de la Sainte-Trinité classée par l'Unesco, est particulièrement grandiose, et les belles églises du centre-ville, témoins de la domination catholique pendant des années, créent une ambiance singulière. Après Prague, la zone préservée d'Olomouc est la plus grande du pays. La visite peut se conclure dans un pub ou une microbrasserie fréquentée par les étudiants de l'université – ils sont plus de 20 000 ! –, mais n'oubliez pas de tester le très odorant *Olomoucké tvarůžky*, fromage tchèque typique.

Pour les infos pratiques, voir le Carnet d'adresses p. 229

À SAVOIR

En venant fin mai ou début juin, vous pouvez assister au Svátek písní, festival de chant choral de renommée internationale, qui se tient pendant 5 jours sur les places et dans les églises du vieux centre.

UNE COLONNE À L'UNESCO

Fierté d'Olomouc, la **colonne de la Sainte-Trinité**, érigée entre 1716 et 1754, domine Horní náměstí du haut de ses 35 m. Merveille de perfection baroque, elle serait la plus grande de ce style. Son inscription sur la liste du Patrimoine mondial en 2000 n'a donc rien de surprenant. Elle est l'œuvre de Václav Render, qui mit aussi grandement la main à la poche pour pouvoir la réaliser. Elle est ornée de superbes sculptures religieuses, la plupart sont dues au grand artiste morave Ondřej Zahner. À sa base se trouve une chapelle.

Les piazzas d'Olomouc

DE LA PLACE HAUTE À LA PLACE BASSE

La plupart des curiosités sont si proches les unes des autres que vous pourrez les découvrir à pied. Deux superbes places s'étirent depuis l'hôtel de ville, situé sur Horní náměstí, la place principale ("haute"). Sur cette première place, ne manquez pas l'horloge astronomique des années 1950, l'immense **colonne de la Sainte-Trinité** (voir ci-contre), bâtie à la fin d'une épidémie de peste, et deux des **six fontaines baroques** de la ville. Dolní náměstí, la place "basse", au sud de la première, est bordée de magasins et de restaurants.

La ville est née sur la place Venceslas, **Václavské náměstí**, au nord-est du centre, où s'élevait, il y a mille ans, le château d'Olomouc. Les fondations de celui-ci sont visibles au **Musée archidiocésain**, meilleur musée de la ville, qui revient sur mille ans d'histoire. Ne manquez pas le magnifique carrosse de l'évêque Troyer. Le quartier autour abrite toujours les plus vieilles bâtisses et les secrets les plus sombres d'Olomouc.

Remonter le cours religieux de l'histoire

ÉGLISES, CHAPELLES ET CATHÉDRALES

Ancien lieu de résidence d'un archevêque (seule Prague se situe au même niveau dans la hiérarchie catholique), Olomouc possède un patrimoine ecclésiastique hors du commun. Le **palais de l'Archevêque**, qui date de 1685, demeure le siège de l'archidiocèse. Seule une visite guidée (Audioguide gratuit en anglais) permet d'entrer pour admirer le luxueux intérieur.

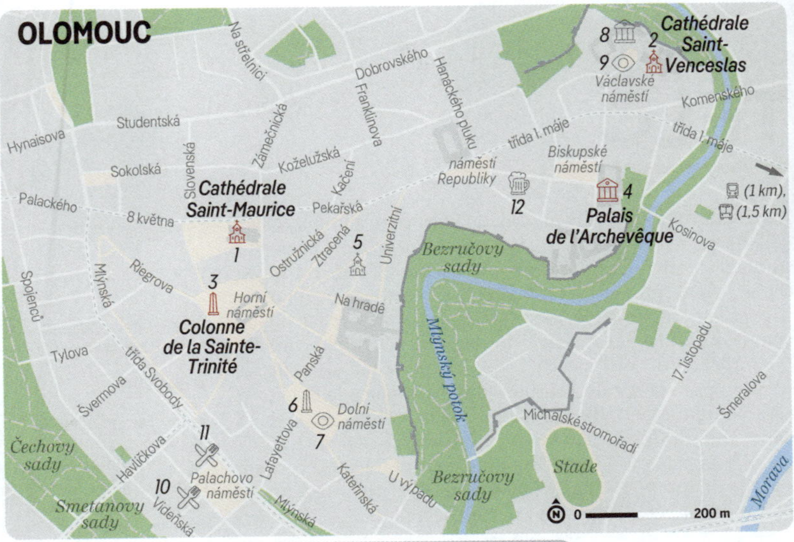

INCONTOURNABLES
1 Cathédrale Saint-Maurice
2 Cathédrale Saint-Venceslas
3 Colonne de la Sainte-Trinité
4 Palais de l'Archevêque

VOIR
5 Chapelle Saint-Jean-Sarkander
6 Colonne de la Peste
7 Dolní náměstí
8 Musée archidiocésain
9 Václavské náměstí

SE RESTAURER
10 Moritz
11 Plan B
12 Svatováclavský Pivovar

C'est ici que François-Joseph Ier fut couronné empereur d'Autriche en 1848, à l'âge de 18 ans.

Olomouc possède deux cathédrales. La **cathédrale Saint-Maurice** (chrám sv Mořice) est une imposante église gothique enrichie d'éléments baroques et dotée du plus grand orgue du pays (10 400 tuyaux). Consacrée en 1131, la **cathédrale Saint-Venceslas** (katedrála sv Václava) connut une restauration néogothique dans les années 1880. Elle jouxte la maison où le roi Venceslas III fut assassiné en 1306. Avec lui s'éteignit la dynastie des Přemyslides.

Après tant de faste, la **chapelle Saint-Jean-Sarkander** (kaple sv Jana Sarkandra) de 1909, tout en rondeur, fait pâle figure. Elle occupe le lieu de la prison où fut détenu Sarkander, prêtre torturé à mort en 1620 pour avoir refusé de trahir le secret de la confession et canonisé en 1995 par Jean-Paul II.

OÙ SE RESTAURER

Moritz
Brasserie artisanale, restaurant et *beer garden*. **€€**

Plan B
Produits locaux dans un bistrot agréable. **€€**

Svatováclavský Pivovar
Chaleureuse brasserie artisanale servant une copieuse cuisine tchèque. **€€**

COMMENT CIRCULER

Une multitude de lignes ferroviaires relient Olomouc au reste du pays, avec deux ou trois arrêts par jour de l'express Bohumín – Prague – Karlovy Vary. Des trains et des bus assurent plusieurs liaisons par heure depuis/vers Brno. Le vieux centre-ville se visite aisément à pied.

TELČ

Telč est une petite ville tranquille à la frontière auc confins de la Bohême et de la Moravie, avec comme principale curiosité sa place historique, l'une les mieux préservées du pays. D'une beauté rare et très pimpante, elle est bordée d'hôtels particuliers aux façades de style Renaissance et baroques peintes dans des tons pastel : un vrai musée en plein air de l'architecture du XVIe siècle ! La place a peu changé depuis sa création par Zachariáš z Hradce (qui lui donna son nom), un aristocrate très actif. Pendant votre visite, prenez le temps de flâner et d'admirer le château Renaissance à l'extrémité nord-ouest de la place, ainsi que les parcs et les étangs tout autour de celle-ci. En 1992, le centre historique fut l'un des premiers sites du pays à être inscrit au Patrimoine mondial de l'Unesco.

Vous pouvez visiter Telč depuis Brno sur une journée ou depuis Prague en y passant la nuit.

Pour les infos pratiques, voir le Carnet d'adresses p. 229

À SAVOIR

Visitez Telč fin juillet et début août, quand elle bat au rythme du festival de musique traditionnelle Prázdniny v Telči. Deux semaines durant se succèdent spectacles, débats, concerts et expos.

CHÂTEAU DE TELČ

Ce somptueux château Renaissance au nord-est de la presqu'île de Telč fut reconstruit au XVIe siècle à partir de l'édifice gothique d'origine. Il est entouré de superbes pelouses, et l'intérieur est fastueux. La chapelle Saint-Georges, aux décors ciselés, abrite la dépouille de son fondateur, Zachariáš z Hradce. Pour entrer, suivez l'une des deux visites guidées. Le circuit A (env. 50 min) traverse les salles Renaissance, dont la Salle dorée. Le B (env. 40 min) laisse voir les appartements du 1er étage.

Centre historique de Telč

LES CHARMES DE LA PETITE TELČ

Commencez, sans hésiter, votre visite par la **náměstí Zachariáše z Hradce**, place d'une insolente beauté, avec sa longue rangée de maisons hautes à arcades et à pignon, dotées de façades peintes en jaune, en vert ou en rose. Certaines sont célèbres, dont les **nos 15 et 61**, avec leurs sgraffites Renaissance si caractéristiques, et la **no 48**, dotée d'une façade baroque au XVIIIe siècle. Deux portes Renaissance donnent sur la place : l'une élégante, **Horní brána** (porte haute), l'autre massive, **Dolní brána** (porte basse). La première donne accès aux **étangs d'Ulický et de Staroměstský**, la seconde à celui de Štěpnický.

L'impressionnante tour gothique de 60 m de haut de l'**église Saint-Jacques** (kostel sv Jakuba) domine la place centrale et offre une vue superbe sur l'arrière-pays. L'**église du Saint-Esprit** (kostel sv Ducha) et sa tour mitoyenne datent du début du XIIIe siècle, fin de la période romane. L'église a été reconstruite plusieurs fois, mais la tour de 49 m est d'origine, ce qui en fait le plus vieux bâtiment de la ville. La troisième église de Telč, celle du **Saint-Nom-de-Jésus** (kostel Jména Ježíš), est baroque et dotée de tours jumelles ; achevée en 1667, elle fait partie du collège jésuite voisin.

Souvent boudé des touristes, le **Musée technique** regorge d'antiquités de toutes sortes : voitures, machines, mécanismes, objets domestiques, landaus et appareils. La plupart des textes sont en tchèque, mais cela ne gâche rien au plaisir.

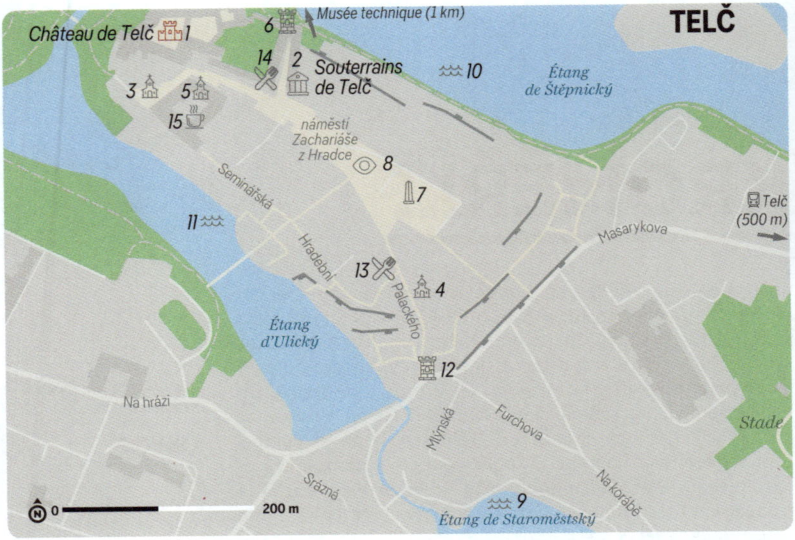

INCONTOURNABLES
1 Château de Telč
2 Souterrains de Telč

VOIR
3 Église de Saint-Jacques
4 Église du Saint-Esprit
5 Église du Saint-Nom-de-Jésus
6 Tour inférieure
7 Colonne mariale
8 Náměstí Zachariáše z Hradce
9 Étang de Staroměstský
10 Étang de Štěpnický
11 Étang d'Ulický
12 Grande porte

SE RESTAURER
13 Bistro Cafe Friends
14 Švejk Restaurant Telč

PRENDRE UN VERRE
15 Cukrárna-Kavárna Haas

Souterrains de Telč

EXPLORER LES ENTRAILLES DE LA VILLE

Descendez dans les profondeurs de Telč : environ 250 m du vaste réseau médiéval de tunnels serpentant sous la place principale et le château sont ouverts au public ; leur visite permet de découvrir l'histoire de la ville. Ces souterrains servaient surtout d'entrepôts et de cachette pour les habitants en cas d'invasion ennemie. De nouvelles sections sont ouvertes régulièrement, donc peut-être vivrez-vous une expérience encore plus riche. Des visites guidées en groupe, étayées de présentations multimédias et de vidéos en 3D, font parcourir ces dédales. Il y en a presque tous les jours, mais il faut réserver sur le site de l'office du tourisme (www.telc.eu). Prévoyez une veste et des chaussures robustes.

OÙ SE RESTAURER

Bistro Cafe Friends
Bistro moderne, assez haut de gamme. **€**

Švejk Restaurant Telč
Cuisine tchèque classique dans une ambiance pub. **€€**

Cukrárna-Kavárna Haas
Délicieux chocolats, gâteaux et cafés, à deux pas de la place principale. **€**

COMMENT CIRCULER

Presque toutes les liaisons pour Telč (y compris depuis Brno et Prague) impliquent un changement de train ou de bus à Jihlava.

Vous pouvez visiter la ville elle-même à pied, solidement chaussé, néanmoins, à cause des pavés.

KROMĚŘÍŽ

Si vous êtes mordu de patrimoine et déjà dans la région, la paisible Kroměříž mérite une journée de visite. Son principal attrait est le luxueux Château archiépiscopal baroque, avec sa tour imposante, ses intérieurs rococo et même un chef d'œuvre dérangeant : *Le Supplice de Marsyas*, de Titien. On peut aisément passer plusieurs heures à visiter cet édifice classé au Patrimoine mondial de l'Unesco. D'autres pépites sont à découvrir, comme de belles églises Renaissance et baroques et deux charmants jardins : le jardin floral, à la française, et un immense parc en contrebas du palais. Une pause dans l'excellente microbrasserie de l'hôtel Černý Orel finira agréablement votre circuit.

Pour les infos pratiques, voir le Carnet d'adresses p. 229

À SAVOIR

Ayant un œil sur les prévisions météo si vous voulez visiter les jardins, car ils sont fermés en cas de pluie ou de neige.

MAX ŠVABINSKÝ ET KROMĚŘÍŽ

L'intérêt majeur du **Musée municipal** réside dans la collection de l'artiste tchèque **Max Švabinský**, né à Kroměříž en 1873. Ses œuvres sont exposées dans des salles du 1er étage, tandis que le dernier niveau est dédié à la faune. Il faut aussi voir ses fresques dans les lunettes des arcs du mur extérieur d'un monastère franciscain (devenu l'**hôtel Octárna**), initialement destinées au Théâtre national de Prague. La maison natale de l'artiste se trouve **rue Jánská**, en face de l'église Saint-Jean-Baptiste.

Le Château archiépiscopal

UNE SPLENDEUR CLASSÉE PAR L'UNESCO

Inscrit au Patrimoine mondial en 1998, le **Château archiépiscopal** (fin XVIIe siècle) est la curiosité phare de Kroměříž. Au départ forteresse, sous l'empire de Grande-Moravie, il fut rebâti dans les styles gothique puis Renaissance, avant d'être détruit par les Suédois durant la guerre de Trente Ans. C'est le prince-évêque Karl II von Liechtenstein-Kastelkorn qui le fit renaître de ses cendres pour arriver à la résidence baroque actuellement visible. Délaissé par l'archidiocèse d'Olomouc, l'ensemble fut nationalisé par les communistes en 1950 et reste à ce jour la propriété de l'État tchèque.

La **tour baroque** de 84 m, visible des kilomètres à la ronde, est la pièce majeure du site. Outre les jardins, l'intérieur du palais en impose aussi, avec ses fresques baroques et rococo, sa **pinacothèque** avec des œuvres de grands peintres dont Titien ; sa toile *Le Supplice de Marsyas* revient sur un récit repris dans les *Métamorphoses* d'Ovide et représente la torture d'un satyre écorché vif pour avoir présomptueusement défié Apollon lors d'un concours musical. La **Sněmovní sál** (salle de l'Assemblée) est sans conteste la plus belle de toutes. Entre 1848 et 1849, elle accueillit les séances importantes de l'Assemblée impériale, qui avait fui Vienne temporairement après la révolution de 1848. Elle servit aussi de lieu de tournage pour certaines scènes du film *Amadeus* de Miloš Forman (1984).

Pour entrer, il faut suivre une visite guidée. Parmi les formules proposées, celle de 1 heure 30 (Reprezentační sály a Zámecká věž), qui fait découvrir les salles historiques, est

OÙ SE LOGER, SE RESTAURER ET PRENDRE UN VERRE

Hotel La Fresca
Adresse de charme dans une demeure ancienne restaurée. Très bon restaurant. **€€**

Hôtel et brasserie Černý Orel
Sur la place principale, le meilleur hébergement de la ville, juste au-dessus d'une brasserie artisanale hautement recommandée, tant pour ses bières que pour sa cuisine. **€€**

la plus plébiscitée. Les splendides jardins en contrebas du château sont ouverts toute l'année, avec entrée libre.

Pelouses baroques

CHARMANTS JARDINS À LA FRANÇAISE

Fondé par la famille Chotek, dont sont issus plusieurs archevêques dans les années 1830, le **jardin du Château** (Podzámecká zahrada) s'étend derrière le palais, vers la rivière Morava. À l'origine potager du palais, il s'illustre aujourd'hui à la fois par ses topiaires et ses étangs, folies et pavillons disséminés ici et là. Outre des paons qui s'y pavanent, on y trouve une volière. L'entrée est gratuite toute l'année.

Le petit **Jardin floral** baroque du XVIIe siècle (Květná zahrada ; rue Svobody) est géré par le Palais archiépiscopal, mais situé à 15 minutes à pied, au sud-ouest. Il séduit par son impeccable jardin à la française, taillé minutieusement pour respecter une géométrie parfaite. Admirez la colonnade et la rotonde, qui abrite une pièce intéressante : un **pendule de Foucault** (Foucaultovo kyvadlo) créé par l'enseignant František Nábělek en 1906. C'est une copie de l'original installé par le physicien français Léon Foucault au Panthéon, à Paris, en 1852, qui voulait prouver la rotation de la Terre.

COMMENT CIRCULER

Il y a des liaisons de bus régulières depuis Zlín et la gare Zvonařka de Brno pour Kroměříž. Pour rejoindre celle-ci en train, il faut changer à Hulín, à 6 km de là. Une fois en ville, tout peut facilement se faire à pied.

Carnet d'adresses

BRNO

Ancien hôtel de ville
Voir p. 206 (Stará radnice ; 542 427 150 ; gotobrno.cz/en/place/old-town-hall ; Radnická 8 ; tarif plein/réduit 90/50 Kč ; voir horaires en ligne ; 4, 9)

Brasserie Starobrno
Voir p. 209 (548 134 134 ; starobrno.cz ; Hlinky 160 ; tarif plein/réduit 150/100 Kč ; visite 9h-18h lun-ven, 13h-18h sam et 11h-18h dim)

Cathédrale Saints-Pierre-et-Paul
Voir p. 208 (Katedrála sv Petra a Pavla ; 543 235 031 ; colline de Petrov ; tarif plein/réduit 40/30 Kč ; 8h15-18h30 lun-sam, 7h-18h30 dim ; 1, 2, 10, 12)

Centre VIDA!
Voir p. 209 (515 201 000 ; vida.cz ; Křížkovského 12 ; tarif plein/réduit 250/150 Kč ; 9h-14h lun, 9h-18h mar-ven, 10h-18h sam-dim ; ; 1)

Château de Špilberk
Voir p. 208 (542 123 611 ; spilberk.cz ; Špilberk 210/1 ; tarif plein/réduit 160/95 Kč ; 9h-17h tlj avr-sept, 9h-17h mar-dim oct-mars)

Crypte des Capucins
Voir p. 209 (Kapucínská hrobka ; 511 140 053 ; hrobka.kapucini.cz ; Kapucínské nám. 5 ; tarif plein/réduit 120/70 Kč ; 9h-12h et 13h-18h lun-sam, 11h-17h dim avr-oct, 10h-16h lun-sam et 11h-16h30 dim nov-mars ; 4, 9)

Galerie de Moravie
Voir p. 209 (Moravská galerie v Brně ; 532 169 111 ; moravska-galerie.cz ; Husova 18 ; entrée libre ; 10h-18h mer-dim, 10h-19h jeu ; 4, 9)

Musée de la Culture rom
Voir p. 209 (Muzeum romské kultury ; 545 581 206 ; rommuz.cz ; Bratislavská 67 ; tarif plein/réduit 80/40 Kč ; 10h-18h mar-dim ; 2, 4, 11)

Musée morave
Voir p. 209 (Moravské zemské museum ; 533 435 220 ; mzm.cz ; Zelný trh 8 ; tarif plein/réduit 190/120 Kč ; 9h-15h mar, 9h-17h mer-ven, 10h-17h sam, 13h-17h dim ; 4, 9)

Musée technique
Voir p. 209 (Technické muzeum v Brně ; 541 421 411 ; www.tmbrno.cz ; Purkyňova 105 ; tarif plein/réduit 150/80 Kč ; 9h-17h mar-ven, 10h-18h sam-dim ; 12)

Ossuaire de l'église Saint-Jacques
Voir p. 209 (Kostnice u sv Jakuba ; 515 919 793 ; podzemibrno.cz/en/ ; Jakubské náměstí ; tarif plein/réduit 160/80 Kč ; 9h30-18h mar-dim ; 4, 9)

Planetarium
Voir p. 209 (541 321 287 ; hvezdarna.cz ; Kraví hora 2 ; tarif plein/réduit 180/150 Kč ; 7h30-15h et 18h-19h30 lun-mar, 7h30-20h30 mer-ven, 9h-20h30 sam, 9h-18h30 dim ; 68, 3, 11)

Retro muzeum na Statku
Voir p. 209 (737 380 601 ; www.retromuzeumnastatku.cz ; Pěstitelská 155, Dolní Heršpice ; tarif plein/enfant 150/70 Kč ; 10h-18h sam-dim avr-oct)

Souterrains de Brno
Voir p. 208 (Brněnské podzemí ; 542 212 892 ; podzemibrno.cz/en ; Zelný trh 21 ; tarif plein/réduit 180/90 Kč ; 9h-18h mar-dim)

Villa Tugendhat
Voir p. 206 (515 511 015 ; tugendhat.eu ; Černopolní 45 ; tarif plein/réduit 350/200 Kč ; 10h-18h mar-dim ; 3, 5, 9)

Zoo de Brno
Voir p. 209 (546 432 311 ; zoobrno.cz ; Bystrc ; tarif plein/réduit 150-130/110-90 Kč ; 9h-16h nov-fév, 9h-17h mars et oct, 9h-18h avr-sept ; 1, 3, 11)

Barceló Brno Palace
Voir p. 206 (532 156 777 ; barcelo.com ; Šilingrovo nám. 2 ; 5, 6, 12)

Hotel Omega Brno
Voir p. 206 (543 215 152 ; hotelomega.eu ; Křídlovická 19b ; 1, 2)

Wake Up Wellness Hostel
Voir p. 206 (604 702 199 ; en.wakeuphostel.cz ; Křenová 8 ; 8, 9)

Bistro Franz
Voir p. 207 (720 113 502 ; bistrofranz.cz ; Veveří 14 ; plats 60-245 Kč ; 8h-14h30 mar-dim ; ; 3, 4, 5, 6, 11, 12)

Marché aux Choux
Voir p. 208 (Zelný trh ; 6h-18h lun-ven, 6h-14h sam-dim)

Pavillon
Voir p. 207 (541 213 497 ; pavillonsteakhouse.cz ; Jezuitská 6 ; plats 300-570 Kč ; 11h-23h lun-jeu, 11h-0h ven, 12h-0h sam, 12h-21h dim ; ; 1)

Soul Bistro
Voir p. 207 (773 179 212 ; soulbistro.eatbu.com ; Jezuitská 7 ; plats 180-240 Kč ; 8h-22h lun-jeu, 8h-23h ven, 10h-23h sam ; ; 4, 9)

Cafe Mitte
Voir p. 208 (www.mittecoffee.cz ; Panská 7 ; 8h-20h lun-ven, 9h-19h sam-dim)

Cafe Podnebi
Voir p. 208 (542 211 372 ; podnebi.cz ; Údolní 5 ; 8h-0h lun-ven, 9h-0h sam-dim ;)

SKØG Urban Hub
Voir p. 208 (607 098 557 ; skog.cz ; Dominikánské nám. 5 ; 8h-1h lun-jeu, 8h-2h ven, 9h-2h sam, 9h-23h dim ;)

Grottes de la Punkva (p. 211)

ENVIRONS DE BRNO

Basilique Saint-Procope
Voir p. 212 (Bazilika sv Prokopa ; 568 610 022 ; www.visittrebic.eu/sights/sacral-buildings/ ; Zámek 1, Třebíč ; tarif plein/réduit 160/130 Kč ; voir en ligne)

Bâtiment 14|15
Voir p. 211 (14-15 Baťův Institut ; 573 032 111 ; www.14-15.cz ; Vavrečkova 7040, Zlín ; musée tarif plein/réduit 129/59 Kč ; 10h-18h mar-dim)

Cimetière juif
Voir p. 212 (Židovský hřbitov ; 737 180 813 ; www.mkstrebic.cz/trebicske-pamatky/zidovsky-hrbitov ; Hrádek, Třebíč ; 9h-18h mars-oct, 10h-16h nov-fév)

Grottes de la Punkva
Voir p. 211 (Punkevní jeskyně ; 516 413 575 ; visit.caves.cz ; Skalní Mlýn, Blansko ; tarif plein/réduit/3-15 ans 320/270/160 Kč ; 10h-16h lun et 8h20-16h mar-dim avr-sept, 8h40-14h mar-dim oct-mars)

Grotte Kateřinská
Voir p. 211 (Kateřinská jeskyně ; 516 413 161 ; visit.caves.cz ; Skalní Mlýn, Blansko ; tarif plein/réduit/3-15 ans 140/110/80 Kč ; horaires détaillés en ligne)

Musée en plein air de Valachie
Voir p. 211 (Valašské muzeum v přírodě ; 571 757 111 ; nmvp.cz/en ; Palackého 634, Rožnov pod Radhoštěm ; tarif plein/réduit/enfant 120/100/60 Kč ; 9h-16h mar-dim oct-mars, 9h-17h mar-dim avr, 9h-17h tlj mai-juin et sept, 9h-18h tlj juil-août)

Synagogue postérieure
Voir p. 212 (Zadní synagóga ; 568 610 023 ; mkstrebic.cz ; Subakova 44, Třebíč ; tarif plein/réduit 140/110 Kč ; 9h-18h juil-août, 9h-17h sept-nov, 9h-16h déc, 10h-17h jan-juin)

Kafec
Voir p. 211 (776 733 353 ; kafec.cz ; náměstí T. G. Masaryka 2433, Zlín ; plats 125-195 Kč ; 8h-20h lun-ven, 8h-19h sam-dim ;)

La Villa
Voir p. 211 (571 612 044 ; lavilla.cz ; Stráže 3661, Zlín ; plats 395-725 Kč ; 11h30-14h30 et 18h-22h30 mar-jeu, 11h30-15h et 18h-23h ven-sam)

Restaurace U Johana
Voir p. 211 (577 018 282 ; www.ujohana.cz ; Vizovická 410, Zlín ; plats 200-530 Kč ; 11h-23h lun-sam, 11h-22h dim)

MIKULOV

Archeopark Pavlov
Voir p. 216 (519 322 126 ; Dubna 264 ; tarif plein/réduit 150/80 Kč ; 9h-16h ven-dim avr et oct-nov, 9h-17h mar-dim mai-juin et sept, 9h-18h tlj juil-août, fermé déc-mars)

Château de Mikulov
Voir p. 214 (Zámek ; 777 061 230 ; rmm.cz ; Zámek 1 ; tarif plein/réduit 180/90 Kč ; 9h-18h tlj juil-août, 9h-17h mar-dim mai-juin et sept, 9h-16h ven-dim avr et oct-nov, fermé déc-mars)

Cimetière juif
Voir p. 214 (Židovský hřbitov ; visites 519 512 368 ; jewishheritagemikulov.org ; Hřbitovní nám. ; tarif plein/réduit 40/25 Kč ; 10h-16h mar-dim avr, 10h-17h mar-dim mai-juin, 10h-18h tlj juil-sept, 10h-16h sam-dim oct)

Domaine Gurdau
Voir p. 216 (702 011 877 ; www.gurdauvinarstvi.cz ; Kurdějov 300 ; 9h-16h lun-ven)

Église Saint-Sébastien
Voir p. 214 (737 382 622 ; farnostimikulovska.cz ; Svobody ; église 9h-17h sam et 9h-13h dim juin-août)

Haute synagogue
Voir p. 214 (Horní synagoga ; 727 914 223 ; rmm.cz ; Husova 11 ; tarif plein/réduit

50/25 Kč ; 9h-18h tlj juil-août, 9h-17h mar-dim mai-juin et sept, 9h-16h ven-dim avr et oct-nov)

Tombeau des Dietrichstein
Voir p. 214 (Dietrichštejnská hrobka ; 720 151 793 ; mikulov.cz ; Náměstí ; tarif plein/réduit 100/80 Kč ; 10h-16h sam-dim avr et oct, 10h-17h mar-dim mai-juin et sept, 10h-18h tlj juil-août)

Mikolovna
Voir p. 216 (777 555 898 ; mikolovna.cz ; Česká 168/14 ; à partir de 450 Kč/jour ; 9h-19h)

Boutique Hotel Tanzberg
Voir p. 214 (519 510 692 ; hotel-tanzberg.cz ; Husova 8)

Hotel Templ
Voir p. 214 (724 161 336 ; templ.cz ; Husova 50)

Pension Baltazar
Voir p. 214 (720 611 712 ; www.pensionbaltazar.cz ; Husova 44)

Dobrý Ročník
Voir p. 215 (703 807 551 ; www.dobryrocnik.eu ; Náměstí 27 ; 10h-18h dim-jeu, 10h-19h ven, 10h-20h sam ;)

Vinařské Centrum
Voir p. 215 (519 510 368 ; vinazmoravyvinazcech.cz ; Náměstí 11 ; 9h-21h tlj juil-août, 9h-19h dim-jeu et 9h-21h ven-sam sept-juin)

Vinařství Šílová
Voir p. 215 (703 144 007 ; vinosilova.cz ; Vienská 5 ; 11h-23h)

ENVIRONS DE MIKULOV

Centre national du vin
Voir p. 218 (Národní vinařské centrum ; 519 352 744 ; vinarskecentrum.cz ; Zámek 1, Valtice ; dégustation 150-600 Kč ; 9h30-17h mar-jeu et 10h30-18h ven-sam fév-déc, 10h30-17h sam-dim juin-sept, fermé jan)

Château de Lednice
Voir p. 218 (519 340 128 ; zamek-lednice.com ; Zámek, Lednice ; circuits tarif plein/réduit/6-18 ans 240/190/70 Kč ; 9h-17h mar-dim mai-sept, 9h-16h sam-dim avr et oct, 10h-16h sam-dim fév-mars et nov à mi-déc, fermé jan)

Château de Valtice
Voir p. 218 (778 743 754 ; zamek-valtice.cz ; Zámek, Valtice ; circuit standard en anglais tarif plein/réduit 240/190 Kč ; 10h-16h mar-dim avr, 9h-17h tlj mai-sept, 9h-16h tlj oct, 10h-14h mar-dim nov, fermé déc-mars)

Château de Vranov nad Dyjí
Voir p. 219 (515 296 215 ; zamek-vranov.cz ; Zámecká 93, Vranov nad Dyjí ; tarif plein/réduit 200/160 Kč ; 9h-15h lun et jeu-dim avr, 9h-16h mar-dim mai-juin et sept, 9h-17h mar-dim juil-août, 9h-15h sam-dim oct)

Musée de Znojmo
Voir p. 219 (Jihomoravské Muzeum ve Znojmě ; 515 282 211 ; Přemyslovců 129, Znojmo ; tarif plein/réduit 100/70 Kč ; 9h-17h sam-dim avr et oct, 9h-17h mar-dim mai-sept)

Parc national de Podyjí
Voir p. 219 (515 291 630 ; nppodyji.cz ; centre des visiteurs de Čížov 9h-17h sam-dim avr-mai et sept-oct, 9h-17h tlj juin, 9h-19h tlj juil-août)

Rotonde Notre-Dame-et-Sainte-Catherine
Voir p. 219 (Rotunda Panny Marie a sv Kateřiny ; 515 222 311 ; muzeumznojmo.cz ; Hrad, Znojmo ; 150 Kč ; 9h-17h sam-dim avr et oct, 9h-17h mar-dim mai-sept)

La Casa Navarra
Voir p. 218 (739 202 815 ; lacasanavarra.cz ; Kovářská 10, Znojmo ; plats 200-360 Kč ; 11h-22h dim-jeu, 11h-23h ven-sam ;)

Om
Voir p. 218 (Indická a Nepálská restaurace Om ; 731 947 236 ;

Château de Vranov nad Dyjí (p. 219)

Mikulášské náměstí 7, Znojmo ; plats 105-185 Kč ; 11h-22h mar-sam, 11h-20h dim ;)

Winebar Chatka

Voir p. 218 (775 678 922 ; www.vinarskydumznojmo.cz/winebarchatka ; Masarykovo nám. 389, Znojmo ; plats 119-299 Kč ; 17h-22h jeu, 17h-0h ven-sam)

OLOMOUC

Cathédrale Saint-Maurice

Voir p. 221 (chrám sv Mořice ; 585 223 179 ; moric-olomouc.cz ; Opletalova 10 ; 7h-19h ; 2, 3, 4, 6)

Cathédrale Saint-Venceslas

Voir p. 221 (katedrála sv Václava ; 733 742 800 ; katedralaolomouc.cz ; Václavské náměstí ; 7h-17h30 ; 2, 3, 4, 6)

Chapelle Saint-Jean-Sarkander

Voir p. 221 (Kaple sv Jana Sarkandra ; Mahlerova 19 ; 10h-12h et 13h-17h ; 2, 3, 4, 6)

Musée archidiocésain

Voir p. 220 (Arcidiecézni museum ; 585 514 111 ; muo.cz ; Václavské náměstí 3 ; tarif plein/réduit 120/70 Kč ; 10h-18h mar-dim ; 2, 3, 4, 6)

Palais de l'Archevêque

Voir p. 220 (Arcibiskupský palác ; 587 405 421 ; arcibiskupskypalac.cz ; Wurmova 9 ; tarif plein/réduit 180/120 Kč ; 10h-12h et 13h-17h sam-dim avr et oct, 10h-12h et 13h-17h mar-dim mai-sept ; 2, 3, 4, 6)

Moritz

Voir p. 221 (585 205 560 ; hostinec-moritz.cz ; Nešverova 2 ; plats 135-290 Kč ; 11h-22h lun-jeu, 11h-23h ven-sam ; ; 1, 3, 4, 6, 7).

Plan B

Voir p. 221 (773 046 454 ; bar-planb.cz ; Palachovo náměstí 1 ; plats 149-389 Kč ; 11h-0h lun-ven, 16h-0h sam ; ; 1, 3, 4, 6, 7)

Svatováclavský Pivovar

Voir p. 221 (585 207 517 ; svatovaclavsky-pivovar.cz ; Mariánská 4 ; plats 195-280 Kč ; 11h-22h30 lun-mar, 11h-23h30 mer-sam, 11h-21h dim ; ; 2, 3, 4, 6).)

TELČ

Château de Telč

Voir p. 222 (Zámek ; 567 243 943 ; zamek-telc.cz ; náměstí Zachariáše z Hradce 1 ; visites à partir de 160 Kč ; 10h-16h mar-dim mai-sept, 10h-15h avr et oct)

Église du Saint-Esprit

Voir p. 222 (kostel sv Ducha ; 567 112 407 ; telc.eu ; Palackého ; visite adulte/enfant 30/20 Kč ; 8h-18h)

Église Saint-Jacques

Voir p. 222 (kostel sv Jakuba ; 604 985 398 ; náměstí Jana Kypty 72, Vnitřní Město ; 13h-17h sam-dim mai-sept, 10h-17h mar-sam et 13h-17h dim juin, 10h-18h lun-sam et 13h-18h dim juil-août)

Église du Saint-Nom-de-Jésus

Voir p. 222 (Kostel Jména Ježíš ; náměstí Zachariáše z Hradce 3 ; 8h-18h)

Musée technique

Voir p. 222 (736 734 324 ; www.muzeumtechnikytelc.cz ; Na Sádkách 90 ; adulte/enfant 70/50 Kč ; 10h-18h tlj mai-sept, 10h-17h sam-dim avr-oct ;)

Souterrains de Telč

Voir p. 223 (567 112 407 ; telc.eu ; Náměstí Zachariáše z Hradce 71 ; adulte/enfant 30/15 Kč ; 10h-15h tlj juin-oct, 10h-15h sam-dim avr-mai ;)

Bistro Cafe Friends

Voir p. 223 (725 407 223 ; cafefriends.cz ; Palackého 25 ; plats 65-235 Kč ; 9h-18h jeu et dim, 9h-20h ven-sam ;)

Cukrárna-Kavárna Haas

Voir p. 223 (777 519 907 ; facebook.com/Kafac.Telc ; nám. Zachariáše z Hradce 2 ; 9h-17h)

Švejk Restaurant Telč

Voir p. 223 (567 213 151 ; svejk-telc.cz ; náměstí Zachariáše z Hradce 1 ; plats 150-280 Kč ; 11h-22h dim-jeu, 11h-23h ven-sam ;)

KROMĚŘÍŽ

Château archiépiscopal

Voir p. 224 (Arcibiskupský zámek ; 573 502 011 ; zamek-kromeriz.cz ; Zámek ; visite tarif plein/réduit 350/250 Kč, galerie 110/80 Kč, tour 70/50 Kč ; 8h30-18h mar-dim juil-août, 9h30-16h mar-ven et 8h30-17h sam-dim mai, 8h30-17h mar-dim juin et sept, 9h30-16h sam-dim avr et oct)

Hôtel Octárna

Voir p. 224 (573 505 655 ; octarna.cz ; Tovačovského 318/18)

Jardin floral

Voir p. 225 (Květná zahrada ; billetterie 723 962 891 ; zamek-kromeriz.cz ; ulice Gen Svobody ; tarif adulte/enfant 110/80 Kč ; 9h-18h30 mai-sept, 9h-17h30 avr, 9h-16h30 oct et mars, 9h-15h30 nov et fév)

Jardin du Château

Voir p. 225 (Podzámecká zahrada ; 725 584 079 ; zamek-kromeriz.cz ; 7h-16h nov-fév, 7h-17h mars, 7h-18h avr et oct, 7h-19h mai et sept, 7h-20h juin-août)

Musée municipal

Voir p. 224 (Muzeum Kroměřížska ; 573 338 388 ; muzeum-km.cz ; Velké náměstí 38 ; tarif plein/réduit 200/120 Kč ; 9h-12h et 12h30-17h mar-dim sept-juin, 9h-12h et 12h30-17h tlj juil-août)

Hotel La Fresca

Voir p. 225 (773 615 972 ; lafresca.cz ; Velké náměstí 109/55)

Černý Orel

Voir p. 225 (573 332 769 ; cerny-orel.eu ; Velké náměstí 24 ; plats 190-400 Kč ; 11h-0h ;)

CARNET PRATIQUE

Ce chapitre présente toutes les informations pratiques essentielles dont vous aurez besoin pour voyager à Prague et en République tchèque.

Chapelle Saint-Laurent, sur le mont Sněžka (p. 179)

Arriver à Prague et en République tchèque

Prague est la principale porte d'accès à la République tchèque. À 15 km du centre-ville, l'aéroport Václav Havel, de loin le plus grand du pays, compte deux terminaux : le terminal 2 pour les pays de l'espace Schengen, le terminal 1 pour tous les autres vols.

Visas
Carte d'identité ou passeport pour les citoyens de l'UE ou de Suisse pour un séjour de moins de 30 jours. Passeport pour les voyageurs canadiens et d'autres pays pour les séjours de moins de 90 jours.

Cartes SIM
La boutique Vodafone (24h/24) du terminal 2 vend des cartes SIM prépayées pour les mobiles désimlockés. Les forfaits des voyageurs européens fonctionnent comme dans leur pays d'origine.

Wi-Fi
Gratuit dans les deux terminaux, le Wi-Fi est lent mais relativement fiable. Ailleurs en République tchèque, l'accès Wi-Fi est meilleur que dans certains pays d'Europe de l'Ouest.

Distributeurs automatiques
Les DAB des deux terminaux appartiennent aux banques tchèques (et non au réseau Euronet, qui applique des frais de retrait).

Transports en commun de l'aéroport au centre-ville

Prague

MÉTRO	30 min 40Kč
BUS	30 min 100Kč
TAXI	30 min 700Kč

LES TAXIS À L'AÉROPORT DE PRAGUE

Les autorités ont fait de leur mieux pour que les visiteurs ne se fassent pas escroquer par un taxi à peine descendu de l'avion (cette mésaventure est toutefois plus fréquente sur le trajet de Prague vers l'aéroport) et ne payent pas un prix exorbitant au lieu des 700 Kč que coûte la course entre l'aéroport et le centre-ville. Mais le problème perdure. Pour l'éviter, faites appel à la compagnie officielle svez.se (réservations en ligne) ; ses taxis blancs stationnent 24h/24 devant chacun des deux terminaux et acceptent toutes les cartes bancaires.

EN HAUT À GAUCHE : FUSE/GETTY IMAGES ©,
EN BAS À GAUCHE : SANGA PARK/SHUTTERSTOCK ©,
EN HAUT À DROITE : JAN NEDBAL/SHUTTERSTOCK ©,
EN BAS À DROITE : GEORGE MDIVANIAN/EYEEM GETTY IMAGES ©

Bus

Flixbus et **RegioJet** proposent des liaisons entre des villes de République tchèque et des villes européennes. Paris-Prague : environ 14 heures ; Bruxelles-Prague ou Zurich-Prague : environ 12 heures.

Gare routière de Florenc (ÚAN Praha Florenc ; ☎221 895 555 ; florenc.cz ; Pod výtopnou 13/10, Karlín ; ⏲5h-minuit ; wifi ; Ⓜ Florenc).

Avion

Aéroport Václav Havel
(☎220 111 888 ; prg.aero ; K letišti 6, Ruzyně ; wifi ; bus 100, 119). Il accueille des vols directs internationaux (Air France, Czech Airlines, Vueling, Transavia, Hop!) au départ de **Paris**, de diverses villes françaises (Lyon, Nantes, Nice, Strasbourg, Toulouse ou Marseille), mais aussi de **Bruxelles** (Brussels Airlines, Czech Airlines) ou de **Zurich** (Swiss, EasyJet). Il n'y a pas de vol direct au départ du **Canada**. Comptez entre 1 heure 25 et 1 heure 45 de vol. Pour rallier le centre-ville de Prague depuis l'aéroport, vous pouvez emprunter le bus n°119 (toutes les 10 min, 100 Kč, 30-45 min) jusqu'à la station de métro Nádraží Veleslavín sur la ligne A, puis prendre le métro (40 Kč, 15 min) jusqu'au centre-ville ; vous pouvez également opter pour le bus n°110 jusqu'à la station Zličín de la ligne B du métro. Les billets de bus ou de métro s'achètent aux automates de l'aéroport. En taxi, comptez 30 minutes et 700 Kč.

Train

České dráhy (ČD ; cd.cz), la compagnie ferroviaire nationale tchèque, est intégrée au réseau ferré européen et est bien reliée aux pays frontaliers. Toutefois, se rendre à Prague en train depuis Paris, ou Bruxelles, nécessite plusieurs correspondances et prend au moins 13 heures. Un train de nuit direct relie quotidiennement Zurich à Prague en 13 heures 40 : voir les renseignements sur le site Web de la Deutsche Bahn (www.bahn.com/fr).

Des trains fréquents relient Prague à des villes allemandes comme Berlin et Dresde : horaires des lignes internationales sur le site Web de la Deutsche Bahn. Horaires des lignes nationales sur le site Web de České dráhy.

Deux compagnies ferroviaires privées desservent des destinations à l'étranger :

LEO Express (www.leoexpress.com/en). Trains pour quelques villes en République tchèque, avec correspondances en bus pour des villes de Pologne, de Slovaquie et d'Ukraine.

RegioJet (regiojet.com). Trains pour quelques villes de République tchèque et pour la Slovaquie.

Gare centrale (Praha hlavní nádraží ; cd.cz ; Wilsonova 8, Nové Město ; Ⓜ Hlavní nádraží, tram 5, 9, 15 et 26).

Voiture et moto

Prague se trouve à environ 1 030 km de Paris (au moins 10 heures de trajet), 610 km de Strasbourg (6 heures), 910 km de Bruxelles (9 heures), 690 km de Zurich (7 heures) et 960 km de Genève (10 heures).

Une vignette prépayée (*dálniční známka*) doit obligatoirement être posée sur le pare-brise : on peut l'acheter en ligne (edalnice.cz), dans les grandes stations-service à l'approche de la frontière tchèque ou juste après avoir franchi celle-ci ou encore dans les bureaux de poste : 310/440/1 500 Kč pour 10 jours/30 jours/1 an.

Comment circuler

Les transports en commun de Prague sont parmi les meilleurs au monde, mais le reste du pays est aussi très bien doté. Les routes sont un éternel chantier.

BUDGET

Prague-Karlovy Vary
170 Kč

Billet de train Prague-Brno
dès 260 Kč

Essence
Environ 40 Kč/l

Vignette 10 jours (autoroute)
310 Kč

Louer une voiture

Il y a des agences à l'aéroport de Prague. Elles sont plus rares en province. Les véhicules, généralement de bonne qualité, sont loués avec une e-vignette (voir aussi p. 233) qui permet de circuler sur le réseau autoroutier.
Réservez votre véhicule en ligne bien à l'avance afin de bénéficier des meilleurs prix.
Le conducteur doit avoir au moins 21 ans et présenter un permis valide ainsi qu'une carte bancaire. Notez que la sortie du territoire tchèque au volant n'est pas toujours autorisée.

État des routes

Pour emprunter les autoroutes, neuves mais souvent inachevées, il vous faudra acheter une vignette en ligne (edalnice.cz, p. 233).
Les autres routes sont de qualité variable, certaines correctes, d'autres pleines de nids-de-poule datant de l'ère communiste.

BON PLAN

Pour vous déplacer en voiture, utilisez plutôt Mapy.cz plutôt que Google Maps qui laisse beaucoup à désirer, surtout en zone rurale.

CODE DE LA ROUTE

50

Vitesse limitée à 50 km/h en ville, 90 km/h sur les routes secondaires et 130 km/h sur les autoroutes

0

Le taux d'alcool autorisé est de 0 g/l

AUTRES MODES DE TRANSPORT

La **marche** est le meilleur moyen de découvrir le centre de la plupart des grandes villes tchèques. C'est parfois même le seul moyen, la circulation automobile étant souvent interdite dans les centres-villes. C'est par exemple le cas à Prague, où le pont Charles est interdit aux voitures, de même que de nombreuses rues de Staré Město (Vieille Ville) ou de Malá Strana et des environs du château. Dans les montagnes, comme Sněžka et Ještěd, les **téléphériques** transportent les skieurs en hiver et les randonneurs en été. On peut traverser en **bateau** certains lacs et réservoirs et des navires de croisière parcourent la Vltava et l'Elbe. Seule Prague possède un **métro**. Enfin, côté aérien, il n'existe aucun vol intérieur.

À SAVOIR
Informations et horaires des transports en commun sur le site Web d'IDOS (www.idos.idnes.cz).

Taxi

Les taxis sont généralement fiables et bon marché. Ils ont l'obligation légale d'afficher leurs tarifs, ce que font d'ailleurs les chauffeurs intègres. À Prague, des entreprises fonctionnant 24h/24 emploient des chauffeurs fiables et des standardistes anglophones, notamment AAA Radio Taxi (aaataxi.cz)

Transports urbains

Toutes les villes de plus de 10 000 habitants possèdent des transports publics, généralement des bus, mais souvent des tramways et des trolleybus : peu coûteux, ils circulent toute la journée, plus rarement la nuit, sauf dans les très grandes villes (Prague, Pilsen, Brno).

Bus

Les bus rejoignent des lieux non accessibles en train, reliant souvent les capitales régionales aux villages et bourgades des alentours. Des bus express vont de Prague aux grandes villes. Le bus est souvent moins cher et parfois plus rapide que le train.

Vélo

Le cyclotourisme est une activité très populaire le week-end. L'ensemble du pays est sillonné par un réseau dense de voies cyclables. Des centaines de kilomètres de petites routes traversent le territoire ; relativement peu fréquentées, elles sont idéales pour le vélo. Les infrastructures, telles que pistes cyclables et boutiques de réparation et de location de vélos, se révèlent excellentes. Quelques grandes villes comme Prague possèdent des pistes cyclables, mais les installations laissent souvent à désirer.
Cyclists Welcome (Cyklisté vítáni ; www.cyklistevitani.cz, en anglais) est très utile si vous planifiez un voyage à vélo.

Train

Le réseau ferroviaire tchèque, l'un des plus denses du monde, dessert les petits villages et les vallées de montagne. Des trains express relient les grandes villes, avec des temps de trajet parfois longs. La compagnie nationale est **České Dráhy** (cd.cz) mais d'autres sociétés **RegioJet** (regiojet.cz) et **Leo Express** (le.cz) gèrent de nombreuses lignes.

Argent

MONNAIE : **COURONNE TCHÈQUE (KČ)**

Euros

Bien que peu courant, le paiement en euros est parfois possible. Certains supermarchés les acceptent mais à un taux de change inférieur à celui des banques. On vous rendra la monnaie en couronnes. Les dollars ne sont pas acceptés.

Cartes bancaires

Avec le Covid-19, la majorité des commerces ont adopté le paiement par carte : grands hôtels, magasins, restaurants, automates des transports publics de Prague. Dans les petites boutiques et cafés en revanche, on paie encore en espèces.

Pourboires

Le pourboire n'est pas vraiment pratiqué et vous vaudra une réaction sidérée ou excessivement enthousiaste. Ici, on arrondit aux 100 Kč supérieurs, une pratique courante mais pas forcément systématique.

COMBIEN COÛTE...

un café
60 Kč

0,5 l de bière
50 Kč

une bouteille d'eau minérale
20 Kč

un billet valable 90 minutes dans les transports à Prague
40 Kč

BON PLAN Ne changez pas votre argent en couronnes tchèques avant d'arriver dans le pays. Les taux sont très désavantageux en Europe de l'Ouest, sans parler du reste du monde. Retirez des espèces aux DAB une fois sur place (mais fuyez les distributeurs Euronet, qui vous coûteront une fortune) et choisissez toujours le retrait sans conversion.

PRIX RONDS

Les prix indiqués dans les magasins ne correspondent pas toujours à ce que l'on paie à la caisse. La couronne tchèque est en effet divisée en 100 *haléřů*, qui ne sont plus en circulation depuis une vingtaine d'années. Les prix donnés en fractions de couronne sont donc arrondis à la couronne la plus proche au moment de payer (10 Kč au lieu de 9,90 Kč, 8 Kč au lieu de 8,40 Kč). Deux articles coûtant 17,70 Kč au total vous reviendront à 18 Kč. Aujourd'hui, seuls les supermarchés semblent encore indiquer les prix en *haléřů*.

À SAVOIR

Ne faites jamais de change dans la rue à Prague. Les taux sont scandaleux et vous pourriez vous retrouver avec des leva bulgares ou des tugriks mongols. Adressez-vous aux banques.

Hébergement

Comme au temps des Habsbourg

À Prague, dans les stations balnéaires et dans quelques grandes villes, on trouve des hôtels cinq-étoiles historiques datant de l'Empire austro-hongrois et empreints d'une atmosphère d'antan. Le Pupp, à Karlovy Vary est le plus célèbre, talonné par le Nové Lázně à Mariánské Lázně et le Paříž à Prague.

En pension

Une *penzion* (pension) peut être aussi bien un B&B qu'un petit hôtel, souvent doté d'une salle de petit-déjeuner, voire d'un restaurant. Certains hôtels plus grands ont adopté cette appellation pour attirer les clients mais les vraies pensions, plus pittoresques et plus intimes, sont souvent la meilleure option pour loger dans les grandes villes.

En hauteur

Dans les monts des Géants et d'autres massifs montagneux, les hébergements les plus agréables sont les chalets, qui comportent souvent un restaurant correct. Le confort varie, de la chambre trois-étoiles à la simple place au sol pour votre matelas de camping. En juillet et août, réservez bien à l'avance.

COMBIEN COÛTE UNE NUIT DANS...

une auberge de jeunesse
450 Kč

une pension (pour deux)
1 700 Kč

un camping (tente)
400 Kč

Auberges de jeunesse

Les auberges de jeunesse peuvent offrir aussi bien des lits dans des dortoirs pour 12 personnes que des chambres doubles avec douche ; on vous facturera au lit (si vous dormez seul dans une double, vous paierez deux lits). En dehors de Prague et de Český Krumlov, il y a peu d'auberges pour globe-trotteurs.

Sous les étoiles

Souvent sommaires, les campings se présentent comme de vastes champs avec des tentes au milieu et des bungalows disposés tout autour. La plupart offrent un service de restauration. Compte tenu du climat, ils ne sont ouverts que de mai à octobre, sauf exception. Le camping sauvage est plus ou moins toléré mais abstenez-vous de faire du feu.

LOCATIONS DE COURTE DURÉE

Les sites comme Airbnb and Booking contribuent largement au problème du surtourisme à Prague. Des rues entières du centre-ville ont été achetées pour des locations de courte durée, transformant des pâtés de maisons en villes fantômes et perturbant la gestion municipale.

Excédés par les visiteurs bruyants et les lampadaires croulant sous les cadenas d'amour, les habitants font pression sur les autorités pour qu'elles interdisent ces plateformes ou les taxent lourdement. Si possible, réservez directement auprès d'un hôtel ou d'une pension.

Avec des enfants

La République tchèque est une destination qui convient plutôt bien aux familles. Les habitants sont bienveillants et, en dehors de Prague, ils se mettront même parfois en quatre pour vous aider. Les équipements pour enfants sont souvent excellents et les produits pour bébés largement disponibles, quoique sans doute plus coûteux que chez vous.

Visites

L'âge maximal pour bénéficier du tarif enfant varie de 12 à 18 ans ; les moins de 6 ans bénéficient souvent de la gratuité. De plus en plus de musées incluent des éléments interactifs dans leurs expositions et des activités tactiles, mais beaucoup de sites en sont restés à une muséographie classique.

Se déplacer

Les moins de 18 ans bénéficient d'une réduction de 50% dans tous les transports en commun, sur présentation d'une pièce d'identité avec photo. À Prague, les moins de 15 ans voyagent gratuitement.

Pratique

Les trottoirs accidentés, l'absence d'ascenseurs, d'espaces à langer et de chaises hautes au restaurant sont quelques-uns des problèmes qui vous attendent. Toutefois, les aires de jeux sont de qualité, on trouve des coins enfants même dans les hébergements bon marché et les Tchèques sont très "famille". Certains sentiers pédestres ont même été aménagés pour les poussettes.

Au restaurant

Beaucoup de restaurants (mais pas tous) servent un *dětský jídelníček* (menu enfant), souvent du fromage frit ou du poulet pané avec des frites. Les chaises hautes et les couverts adaptés sont rares. Les *cukrárny* (pâtisseries typiques) sont idéales pour les petits.

NOTRE SÉLECTION

iQLANDIA (p. 172)

Un centre scientifique interactif formidable.

Techmania (p. 152)

Dans un immense espace, le site le plus ludique de l'ouest du pays mêle expériences scientifiques et expositions et installations interactives ; à Plzeň.

Zoo de Prague (p. 100)

Le meilleur zoo du pays, un must si vous allez à Prague.

Musée national des Techniques (p. 95)

Un musée classique, avec toutes sortes de vieux objets et de véhicules d'autrefois.

AU GRAND AIR

La République tchèque est le lieu idéal pour arracher vos enfants à leurs écrans et leur faire prendre un bon bol d'air frais.

Marcher, cueillir des baies, se lancer des boules de neige ou barboter dans un lac, les activités amusantes à faire en famille ne manquent pas.

Gravissez une montagne en téléphérique et redescendez à pied, cherchez des champignons dans la forêt, faites une bataille de pommes de pin, prenez des cours de ski, guettez les cerfs dans une vallée isolée ou trouvez simplement l'aire de jeux la plus proche : les possibilités sont presque infinies.

À GAUCHE : ZHAKYAROSLAV/SHUTTERSTOCK ©, EN HAUT À DROITE : ALLIANCE IMAGES/SHUTTERSTOCK ©

Santé et sécurité

ASSURANCE

Il est conseillé de prendre une assurance qui vous couvrira en cas d'annulation de votre vol ou de problèmes médicaux. Les ressortissants de l'UE peuvent également demander une carte européenne d'assurance maladie (CEAM) qui facilite la prise en charge des soins médicaux d'urgence.

RACISME

La société tchèque reste encore très fermée aux cultures étrangères, surtout en ce qui concerne les personnes de couleur et les musulmans. Prague est la ville la moins problématique mais les réactions des habitants des petites villes peuvent parfois choquer.

EN SÉCURITÉ

En 2022, la République tchèque occupait la huitième place du classement des pays les plus sûrs au monde, le Global Peace Index. Sachant que Prague concentre la grande majorité des délits, cela signifie que le reste du pays présente l'un des taux de criminalité les plus bas de la planète.

VOYAGER EN SOLO

La République tchèque est l'un des pays les plus sûrs du monde. Les femmes en solo n'auront pas de souci particulier.

FEMMES SEULES

Les Tchèques sont généralement très respectueux des femmes. En revanche, évitez les touristes venus fêter un enterrement de vie de garçon.

Sécurité en montagne

Les secours en montagne interviennent quotidiennement pour venir en aide à des personnes parties en randonnée sans connaître le terrain ou avec un équipement inadapté. Consultez les prévisions météo et habillez-vous en conséquence, emportez des provisions et de l'eau et prévenez quelqu'un de votre itinéraire.

Feux de forêt

Avec le changement climatique, des incendies éclatent parfois dans les forêts tchèques après une longue période de temps sec et très chaud. Si un feu se déclare là où vous êtes, partez immédiatement. Ce type d'événement est bien plus destructeur qu'on ne l'imagine.

Tiques

L'animal le plus dangereux des forêts tchèques n'est ni le loup ni un sanglier pris d'un coup de folie, mais la tique. Cette minuscule créature transmet deux maladies : la maladie de Lyme, traitable avec des antibiotiques, et l'encéphalite à tiques, plus rare mais que seul un vaccin permet d'éviter. Utilisez des répulsifs et couvrez-vous.

Manger, boire et sorti

Les repas

Snídaně (petit-déjeuner, 7h-9h). Chez soi, une tartine rapide ; à l'hôtel, un repas copieux de style allemand.

Svačina (collation, 10h). Dans la matinée, les Tchèques grignotent des pâtisseries, des sandwichs et du café.

Oběd (déjeuner, 11h30-14h). Principal repas de la journée, avec souvent trois plats. La plupart des restaurants proposent des menus à petit prix.

COMPRENDRE LA CARTE

Jídelní lístek menu
...dle denní nabídky ... du jour
Předkrm entrée
Polévka soupe
Vývar bouillon
Salát salade
Hlavní chod plat principal
Moučník/Dezert dessert
Maso viande
Kuřecí/kuře poulet
Vepřový porc
Ryba poisson
Hovězí bœuf
Jelení/srnčí/dančí gibier
Kachna canard
Smažený frit
Vařený bouilli
Pečený rôti
Grilovaný grillé
Míchaný assortiment
Přílohy accompagnements
Hranolky frites
Brambory patates
Rýže riz
Knedlík quenelles

Où se restaurer

Restaurace (restaurant) Peut aussi bien désigner une table étoilée qu'un pub sans charme dans une gare.

Hospoda (pub) Contrairement aux pubs anglais, on ne reste pas debout dans les pubs tchèques mais on s'assied pour boire de la bière et manger des plats simples.

Cukrárna (pâtisserie-café) Ces cafés typiques ont presque disparu du centre de Prague, mais toute ville tchèque qui se respecte en possède un ou deux, qui servent des gâteaux, du strudel, du café et même du vin.

Jídelna (cafétéria) Repas rapides et bon marché, souvent debout.

L'ART DE...

manger au restaurant

Chaque pays a son étiquette lorsqu'il s'agit de manger au restaurant et la République tchèque ne fait pas exception. Voici donc quelques conseils. Tout d'abord, sachez que les serveurs à Prague ont l'habitude des étrangers (eux-mêmes l'étant souvent aussi) et qu'ils ne sont pas à cheval sur le respect des us et coutumes tchèques. Ce n'est pas le cas en dehors de Prague. Dans la capitale, les cartes sont souvent en anglais ; ailleurs, ne comptez pas trop dessus. Il n'est plus aussi difficile qu'autrefois d'attirer l'attention du serveur, mais dans tous les cas, ne claquez pas des doigts et n'agitez pas la main. Le plat principal est souvent servi sans accompagnements, à commander séparément. Depuis le Covid-19, le paiement par carte est la norme, mais vous devrez peut-être aller régler au bar. Arrondissez la note aux 100 Kč supérieurs.

COMBIEN COÛTE...

une place de cinéma
200 Kč

un expresso
60 Kč

une part de gâteau
30-50 Kč

un plat principal au restaurant
150-250 Kč

un menu déjeuner en semaine
100-200 Kč

une bière
50 Kč

un verre de vin
50-80 Kč

L'ART DE...

boire dans un pub

Vous avez choisi un pub et venez d'entrer. Déjà, les gens du coin vous fixent d'un œil soupçonneux. Que faire pour éviter d'autres regards désapprobateurs ? Pour bien savourer votre bière, il y a quelques règles à respecter.

Tout d'abord, ne vous précipitez pas sur une chaise. Pour vous assoir à côté de quelqu'un, demandez *"Je tu volno ?"* ("Est-ce libre ?"). Dans une salle bondée, il est courant de partager une table avec des inconnus.

Prenez un sous-bock dans le présentoir, posez-le devant vous et attendez la venue du serveur ; n'agitez pas la main : c'est la meilleure façon d'être ignoré. Lorsqu'il s'approche, levez le pouce pour indiquer une bière, le pouce et l'index deux bières, etc. – pas besoin d'en dire davantage. Le serveur note un ou plusieurs traits sur un bout de papier, qui reste sur la table. N'écrivez pas dessus et ne le perdez pas.

Sitôt votre verre presque vide, le serveur à l'œil de lynx vous en apportera un autre. Si vous n'en voulez plus, placez le sous-bock sur votre verre. Pour régler, dites "*Zaplatím*" ("Je vais payer"). Les traits sur votre feuille de papier seront additionnés et vous réglerez la note.

Champions de la bière

Les Tchèques sont les plus gros consommateurs de bière au monde, avec 180 l par personne et par an. Les Allemands arrivent cinquièmes avec 92 l, tandis que les Français n'en consomment que 33 l par personne et par an.

UNE SOIRÉE EN VILLE

Prague offre des possibilités de sorties quotidiennes : musique classique, ballet, opéra, théâtre, rock, jazz, comédies musicales, vernissages et festivals en tout genre foisonnent. La musique classique est de haute tenue et les grandes salles de concert accueillent régulièrement les célébrités de la pop et du rock en tournée.

On peut notamment voir des stars américaines ou britanniques des années 1970 ou 1980 oubliées de tous sauf de leurs fans inconditionnels (Jethro Tull a ainsi joué dans l'amphithéâtre de Loket en 2022). L'opéra fait aussi recette. Le théâtre et les comédies musicales (souvent des reprises des spectacles de Broadway et du West End) sont uniquement en tchèque. Le clubbing a le vent en poupe à Prague, ainsi qu'à Pilsen, Brno et Ostrava – le reste du pays est plus calme.

Dans les petites villes, on sort généralement dîner au restaurant avant d'aller au théâtre ou au cinéma. Les stations thermales, surtout fréquentées par des curistes âgés, sont désertes le soir.

Prague possède une petite scène gay centrée autour du quartier de Vinohrady. Les pubs, dont le nombre a baissé ces dernières années pour plusieurs raisons (principalement financières), restent incontournables les vendredis et samedis soir pour une expérience authentique. L'ambiance est fabuleuse dans les bars sportifs quand les Tchèques jouent au hockey sur glace, moins de nos jours quand il y a un match de football.

Voyage responsable

Voyage et changement climatique

L'impact des voyages sur l'environnement est aujourd'hui bien connu, et impose de faire ce qui est en notre pouvoir pour le limiter. Lonely Planet recommande ainsi aux voyageurs de se renseigner sur l'empreinte carbone de leurs déplacements. Divers outils en ligne permettent de calculer les émissions de CO_2 générées par chaque trajet, notamment celui de l'Ademe. De nombreuses plateformes de réservation et compagnies aériennes proposent de compenser leurs émissions de gaz à effet de serre par une contribution financière à des projets respectueux de l'environnement, partout dans le monde. Chez Lonely Planet, nous continuons à compenser l'empreinte carbone de tous nos auteurs, tout en étant conscients que ce n'est qu'une solution partielle.

Scannez pour accéder au calculateur d'émissions de carbone de l'Ademe

Recyclage

Après les Allemands, les Tchèques sont les meilleurs élèves de l'UE en matière de recyclage. Faites votre part en jetant vos déchets dans les poubelles spéciales installées littéralement à chaque coin de rue.

En randonnée

Avec le Covid-19, les montagnes et forêts tchèques ont vu arriver de nouveaux visiteurs et des lieux superbes sont désormais jonchés de mouchoirs en papier, couches pour bébé, masques ou pire. C'est inacceptable.

À emporter

Si vous trouvez des bouteilles en plastique ou d'autres détritus en pleine nature, emportez-les et jetez-les dans une poubelle de recyclage dans le village le plus proche.

Repas

Au restaurant, choisissez du gibier, du canard ou du sanglier tchèques, qui vivent en liberté, plutôt que du porc danois ou polonais ou du bœuf allemand, engraissés artificiellement et/ou bourrés d'hormones ou d'antibiotiques.

Souvenirs

Fuyez les boutiques de souvenirs de Prague et des villes d'eaux, avec leurs matriochkas, sucettes au cannabis et faux souvenirs communistes. Achetez plutôt des objets locaux dans des magasins comme Botanicus ou Manufaktura.

Pour diverses raisons, la crise énergétique est plus aigüe ici que dans beaucoup d'autres pays. Les hôtels sont très touchés. Pour les aider, baissez les radiateurs, réutilisez les serviettes et éteignez les lumières.

Prague possède un excellent système de transports en commun. Peut-être avez-vous l'habitude, chez vous, de rentrer en Uber mais ici le métro et le tramway sont bien moins coûteux et plus rapides.

Réfugiés ukrainiens

N'hésitez pas à soutenir les initiatives tchèques en faveur des réfugiés ukrainiens. Nul ne sait exactement combien ils sont en République tchèque, mais ce pays a fait plus que sa part pour aider son voisin déchiré par la guerre.

Sans viande

La production de viande est l'une des activités les plus nocives pour la planète. Les Tchèques adorent les *schnitzels* et le goulasch, mais peut-être pouvez-vous faire au moins un repas végétarien par jour ?

En été, évitez les feux à la campagne, surtout dans les forêts très sèches.

Les marchés fermiers de Prague sont une excellente alternative aux grandes chaînes de supermarchés allemandes.

Bonne note ?

Le Global Sustainability Index classe la République tchèque à la 13e place, une note étrange pour une nation en retard sur la plupart des pays d'Europe de l'Ouest en matière d'écologie et de développement durable.

Surtourisme

Airbnb, Uber, bureaux de change malhonnêtes, vendeurs de *trdelník* (gâteaux à la broche), massages thaïlandais, enterrements de vie de garçon : tout cela est à éviter pour réduire les problèmes dus au surtourisme.

SITES UTILES

uklidmecesko.cz
Début avril, les Tchèques nettoient leur pays.

mzp.cz
Site du ministère tchèque de l'Environnement.

kct.cz
Le Club de randonnée tchèque organise souvent des opérations de nettoyage des forêts et d'autres initiatives du même type.

Voyageurs LGBTQI+

Pour un ancien pays communiste, les Tchèques sont étonnamment tolérants envers les homosexuels, surtout à Prague. Les régions industrielles de Bohême et de Moravie du Nord nourrissent des opinions plus conservatrices mais les couples gays font rarement l'objet de réactions négatives. Les unions civiles entre personnes de même sexe existent depuis 2006. Le mariage pour tous devrait suivre dans les prochaines années.

Prague Pride

À la mi-août, la capitale accueille le plus grand événement homosexuel du pays : la Prague Pride (www.praguepride.cz). Cette manifestation qui a lieu depuis 2010 attire des participants du monde entier et se déroule principalement à Letná, face à la vieille ville, de l'autre côté de la rivière. Elle comprend aussi un défilé sur la place Venceslas. De nombreux Pragois et touristes hétérosexuels prennent également part à la fête.

STUD

STUD (www.stud.cz) est l'une des principales ONG promouvant les droits des homosexuels tchèques. Ce groupe mène des actions auprès du gouvernement et aide la communauté gay depuis 1996. Il organise aussi des manifestations comme le Queer Ball et Mezipatra, et offre une bibliothèque de 500 publications en ligne sur le thème de l'homosexualité.

UN BAL GAY

Créé en 2012, le Queer Ball (www.queerball.cz) se tient tous les ans en septembre à Prague et à Brno. Chaque année, les organisateurs choisissent un thème et les participants s'habillent en conséquence.

Mezipatra

Tous les ans en novembre, le festival international de cinéma Mezipatra, à Brno, présente des films traitant de thèmes gays, lesbiens et transgenres. Les projections s'accompagnent d'innombrables activités : discussions, spectacles de théâtre et multiples fêtes. Pour en savoir plus, voyez www.mezipatra.cz.

Publicité

Impensable il y a 20 ans, une campagne de publicité des chemins de fer tchèques menée à l'été 2022 et montrant un couple lesbien témoigne de l'ouverture d'esprit des Tchèques envers l'homosexualité.

SITES À CONNAÎTRE

Il existe trois bonnes sources d'informations en ligne : **Gay Europe** (www.travelgay.com), **Prague Gay Travel Guide** (www.patroc.com/gay/prague) et **Prague Pride** (www.praguepride.cz). Les deux premières publient une liste des meilleurs bars et restaurants, la dernière se concentre plutôt sur les sorties. **Prague City Tourism** (www.prague.eu) recense les hôtels et pensions qui acceptent les homosexuels.

ALEXANDER SPATARI/GETTY IMAGES ©

Voyage et handicap

Les progrès sont lents pour répondre aux besoins des personnes souffrant d'un handicap. Des difficultés demeurent et l'accessibilité reste souvent en bas de la liste des priorités malgré les obligations légales.

Escaliers

Pour les PMR et les malvoyants, les escaliers sont le principal obstacle partout en Europe de l'Est. Les ascenseurs sont de plus en plus répandus, mais ne comptez pas trop dessus, même à Prague.

Aéroport

L'aéroport de Prague offre un service d'assistance pour les personnes à mobilité réduite ou malvoyantes (www.prg.aero/en/persons-reduced-mobility-and-orientation). Vous y trouverez également 20 points d'où l'on peut appeler pour demander une aide.

Hébergement

Choisissez votre logement avec soin, car très peu sont entièrement accessibles. Seuls les hôtels les plus chers (et/ou les plus récents) ont des chambres 100% adaptées. Hors des villes, il n'y a aucune chance d'en trouver.

TOURS ET CHÂTEAUX

Malgré les tentatives des ingénieurs les plus déterminés, les tours d'observation dotées d'un escalier et les forteresses en ruine restent inaccessibles quel que soit le pays.

Se déplacer à Prague

Le site officiel des transports publics recense les stations de métro accessibles aux handicapés : www.dpp.cz/cestovani/bezbarierove-cestovani/metro. La grande majorité d'entre elles sont désormais dotées d'ascenseurs.

SITES UTILES

L'**Association pragoise des personnes à mobilité réduite** *(www.presbariery.cz)* agit pour promouvoir l'accessibilité des bâtiments et améliorer la vie des handicapés.

L'**Union des malvoyants tchèques** *(www.sons.cz)* fournit des informations mais pas de services.

VozejkMap *(www.vozejkmap.cz)* publie des cartes de lieux accessibles aux personnes à mobilité réduite.

Kudyznudy *(www.kudyznudy.cz)*, le site de l'office du tourisme (en tchèque), recense de nombreux endroits ouverts aux handicapés.

Skieurs de fond, monts de la Jizera

L'ART DE...

profiter des sports d'hiver

La République tchèque n'est pas la première destination qui vient à l'esprit pour les sports d'hiver, mais ce pays largement montagneux réserve de belles surprises, surtout pour qui aime le ski de fond et la randonnée en raquette. Certaines stations peuvent soutenir la comparaison avec les petits domaines skiables des Alpes. Les pentes douces des montagnes tchèques sont parfaites pour l'apprentissage des enfants.

Ski de piste

Dans les monts des Géants, les principales stations sont Harrachov, Pec pod Sněžkou et Špindlerův Mlýn, avec magasins de location, activités à pratiquer après le ski et hébergements de luxe. Il existe des dizaines d'autres stations dans le nord du pays et la Šumava. Klínovec est le plus vaste domaine skiable des monts Métallifères, tandis que Špičák et Zadov règnent sur la Šumava. Deštné tient la vedette dans les monts Orlické et Bedřichov est le lieu idéal pour chausser ses skis dans les monts de la Jizera. Des stations peu connues des monts Métallifères, comme Pernink, Bublava et Potůčky, permettent aux enfants d'apprendre à skier sur des pentes faciles pour quelques euros par jour.

Ski de fond

Le ski de fond (*běžkování*) est immensément populaire en République tchèque. Quand les stations de ski alpin ont fermé durant la pandémie de Covid-19, la moitié du pays s'est ruée sur le ski nordique. Les monts dela Jizera, les monts Métallifères, la région des hauts plateaux et la forêt de Slavkov sont parfaits pour une journée sur les *stopa* (pistes tracées par un chasse-neige spécial). La location coûte très peu cher et des chalets ouverts uniquement l'hiver permettent de se restaurer sur les pistes, souvent balisées par le Club de randonnée tchèque.

Autres activités

La raquette et la randonnée sur neige ont gagné en popularité. Les montagnes sont enneigées de décembre à mars et les petits Tchèques pratiquent le patinage et la luge (le ski fait partie du programme scolaire). Les lacs gelés accueillent souvent des matchs de hockey sur glace. Les stations de ski se prêtent bien sûr au snowboard.

BUDGET

Les forfaits coûtent entre 200 Kč/jour dans les petites stations des monts Métallifères et 600 Kč dans des domaines comme Harrachov. Pour la location (chaussures, skis, bâtons et casque), comptez 700 Kč/jour ou 2 000 Kč/semaine pour un adulte et environ les deux tiers pour un enfant.

Bon à savoir

HEURES D'OUVERTURE

Banques 8h-17h lundi-vendredi

Bars 12h-2h

Cafés 8h-17h

Discothèques 23h-4h jeudi-samedi

Restaurants 11h-22h

Supermarchés 7h-22h tous les jours

Boutiques
9h-17h lundi-vendredi,
9h-13h samedi

Toilettes

Les toilettes publiques sont difficiles à trouver, surtout en dehors de Prague. Elles sont payantes et la plupart facturent entre 10 et 20 Kč.

Réductions pour seniors

Les plus de 65 ans, Tchèques ou non, ont droit à 50% de réduction dans tous les transports en commun du pays. Les chauffeurs et les guichetiers devraient vous proposer cette remise. Présentez votre passeport pour prouver votre âge.

Poids et mesures

Le système métrique est en vigueur. Les décimales sont indiquées par une virgule, les milliers par un point.

Eau

L'eau du robinet est potable et de très bonne qualité.

EN BREF

Fuseau horaire
CET/UTC + 1 heure en hiver, CEST/ UTC + 2 heures en été

Indicatif du pays
420

Numéro d'urgence
112

Population
10,5 millions d'habitants

Électricité 230 V/50 Hz

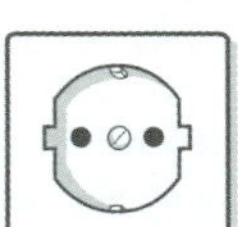

Type F
230 V/50 Hz

JOURS FÉRIÉS

Il existe 12 jours fériés, durant lesquels certains commerces et services non essentiels sont parfois fermés.

Jour de l'An
1er janvier

Lundi de Pâques
Mars/avril

Fête du Travail
1er mai

Fête de la Libération
8 mai

Saints-Cyrille-et-Méthode
5 juillet

Fête de Jan Hus
6 juillet

Fête de la naissance de l'État tchèque
28 septembre

Fête de la République
28 octobre

Fête de la Liberté et de la Démocratie
17 novembre

Veille de Noël
24 décembre

Noël
25 décembre

Saint-Étienne
26 décembre

Langue

Dans l'ensemble, les Tchèques maîtrisent assez bien l'anglais. L'allemand est aussi largement parlé. En dehors de Prague, on utilise peu l'anglais mais les habitants des zones touristiques ont l'habitude des étrangers.

Les essentiels

Bonjour. Ahoj. *a·hoï*
Au revoir. Na shledanou. *na·chlé·da·nou*
Excusez-moi. Promiňte. *pro·*min'*·té*
Pardon. Promiňte. *pro·*min'*·té*
S'il vous plaît. Prosím. *pro·sîm*
Merci. Děkuji. *dyé·kou·yi*
Oui./Non. Ano./Ne. *a·*no*/né*
Comment allez-vous ? Jak se máte? *yak se ma·te*
Bien. Et vous ? Dobře. A vy? *dob·rje a vi*
Comment vous appelez-vous ? Jak se jmenujete? *yak se ymé·nou·yé·*té
Je m'appelle... Jmenuji se... *ymé·nou·yi se...*
Parlez-vous anglais ? Mluvíte anglicky? *mlou·vî·*te *an·glits·ki*
Je ne comprends pas. Nerozumím. *né·*ro*·zou·mîm*
Un instant, s'il vous plaît. Počkejte chvíli. *potch·keï·te rhvî·li*

Demander son chemin

Où est le (marché) ? Kde je (trh)? *gde yé (trh)*
Quelle est l'adresse ? Jaká je adresa? *ya·*ka *yé a·*dre*·sa*
Pouvez-vous me montrer (sur la carte) ? Můžete mi to moû·jé·té mi to ukázat (na mapě)? *ou·*ka*·zat (na ma·*pyé*)*

Panneaux

Vjezd Entrée
Východ Sortie
Otevřeno Ouvert
Zavřeno Fermé
Zákazáno Interdit
Toalety/WC Toilettes
Páni/Muži Hommes
Dámy/Ženy Femmes

Heure et date

Quelle heure est-il ? Kolik je hodin? *ko·*lik *yé ho·din*
Il est (10) heures. Je (deset) hodin. *ye (de·set) ho·din.*
10 heures et demie. Půl jedenácté. *poul ye·de·nats·tê*
hier včera *ftche·ra*
aujourd'hui dnes *dnes*
demain zítra *zî·*tra

Urgences

À l'aide ! Pomoc! *po·mots*
Allez vous-en ! Běžte pryč! *byej·*te *pritch.*
Appelez... ! Zavolejte...! *za·*vo·leï·te...
- **un médecin** lékaře *lê·ka·rje*
- **la police** *policii po·li·tsi·i*

Au restaurant

Que me recommandez-vous ? Co byste doporučil *tso bis·*té *do·po·rou·tchil*
Je vais prendre... Dám si ... *dam si ...*
À la vôtre ! Na zdraví! *na zda·*vî
C'était délicieux ! To bylo lahodné! *to bi·lo la·*hod·nê
L'addition účet *ou·tchèt*
La carte jídelníček *yî·dél· nî·tchèk*

CHIFFRES

1 **jeden** ye·den
2 **dva** *dva*
3 **tři** *trji*
4 **čtyři** *tchti·rji*
5 **pět** *pyet*
6 **šest** *chest*
7 **sedm** *se·dm*
8 **osm** *o·sm*
9 **devět** *de·vyet*
10 **deset** *de·set*

EMPRUNTS AU TCHÈQUE
Golem, pistolet, polka, robot

SONS

Le "ch" est un son guttural ("*rh*") qui se prononce un peu comme la jota espagnole.

Questions

Comment ?	Jak?	yak
Quoi ?	Co?	tso
Quand ?	Kdy?	gdi
Où ?	Kde?	gde
Qui ?	Kdo?	gdo
Pourquoi ?	Proč?	Protch

Expressions courantes

Pour dire quelques mots en tchèque, complétez ces constructions selon vos besoins :

Quand est (le prochain bus) ? V kolik jede *f ko·lik ye·de* (příští autobus)? *(prjî·chtî ao·*to·bous*)*

Où est (la gare) ? Kde je (nádraží)? *gde ye (na·dra·jî)*

Où puis-je (acheter un billet) ? Kde (koupím jízdenku)? *gde (ko·ou·pîm yîz·*den·ku*)*

Combien coûte (une chambre) ? Kolik stojí (pokoj)? *ko·lik sto·yî (po·koï)*

Avez-vous (une carte) ? Máte (mapu)? *ma·te (ma·*pu*)*

J'ai besoin de (un ouvre-boîte). Potřebuji (otvírák na konzervy) *po·trje·bou·yi (ot·vî·*rak *na konzervi)*

LE TCHÈQUE DANS LE MONDE

Le tchèque (čeština - *tchech·ti·na*) appartient à la branche occidentale des langues slaves et ses plus proches cousins sont le slovaque et le polonais. Il est parlé par quelque 12 millions de locuteurs.

Environ **12 millions** de personnes sont de langue tchèque

Le tchèque est une langue minoritaire en Pologne, en Serbie et en Ukraine

COMPRENDRE

PRAGUE ET LA RÉPUBLIQUE TCHÈQUE

Nos auteurs proposent une découverte des multiples facettes de Prague et de la République tchèque.

À l'entrée du château de Prague (p. 48)

Sculpture représentant la vénus de Dolni Věstonice (p. 216)

ROSTIK924/SHUTTERSTOCK ©

UNE HISTOIRE DE PRAGUE ET DE LA RÉPUBLIQUE TCHÈQUE EN 15 LIEUX

Si l'on a encore tendance à percevoir la République tchèque comme un ancien membre du bloc soviétique, rappelons que, durant plus de mille ans, la Bohême et la Moravie se trouvèrent au cœur des affaires européennes, aux heures glorieuses comme aux plus sombres. Au fil des siècles, Prague a été à plusieurs reprises une ville de premier rang, mais s'est également retrouvée, tout comme les régions alentour, au cœur des conflits les plus destructeurs que l'Europe ait connus.

PETIT RAPPEL chronologique avant de nous pencher sur les 15 sites emblématiques de l'histoire tchèque. Les Celtes arrivèrent dans la région aux alentours de 500 av. J.-C., suivis aux VIe et VIIe siècles, par les Slaves qui les expulsèrent et fondèrent plusieurs villages le long de la Vltava, dont l'un près du site actuel du château de Prague et un autre en amont, à Vyšehrad. Selon la légende, c'est au VIIe ou au VIIIe siècle que la princesse Libuše (p. 253), fondatrice mythique de la dynastie des Přemyslides, contempla la vallée de la Vltava et prédit la construction d'une glorieuse cité. Dans les années 870, le prince Bořivoj débuta l'édification du château de Prague (p. 48) à Hradčany, siège de la dynastie přemyslide, puis des rois, des empereurs et des présidents pour les siècles à venir. Le christianisme devint religion d'État sous le règne de Venceslas Ier (Václav en tchèque), duc de Bohême (de 925 à 929), aujourd'hui saint patron des Tchèques.

Apparu au début du IXe siècle, l'empire de Grande-Moravie atteignit son apogée sous le règne de Svatopluk Ier (r 870-894). Il englobait toute la Moravie actuelle ainsi qu'une partie de la Bohême, de la Slovaquie, de la Pologne et de la Hongrie. Il finit toutefois par disparaître : au début du Xe siècle, les incursions magyares avaient érodé une grande partie de ses territoires périphériques. Les régions orientales, aujourd'hui situées en Slovaquie, tombèrent aux mains des Hongrois et la partie occidentale – l'actuelle province de Moravie – fut cédée au royaume de Bohême. En 1306, le dernier roi přemyslide, Venceslas III, mourut assassiné sans laisser d'héritier mâle. Jean de Luxembourg prit en 1310 la tête de la dynastie et donna à la Bohême son plus grand souverain, Charles IV. Sous le règne de ce dernier, Prague devint le siège du Saint-Empire romain germanique, donc la capitale de l'Europe.

En 1415, le réformateur protestant Jan Hus périt sur le bûcher à Constance (Allemagne) pour avoir refusé d'abjurer ses critiques de l'Église catholique. Sa mort provoqua des décennies de conflits religieux. En 1419, ses partisans envahirent

le nouvel hôtel de ville et jetèrent par la fenêtre plusieurs conseillers catholiques : ce fut la première "défenestration de Prague". Les guerres hussites – opposant d'abord les réformateurs radicaux aux catholiques, puis les factions hussites entre elles – firent rage en Bohême, dont le royaume fut affaibli, ce qui ouvrit les territoires de Moravie et de Bohême aux interventions étrangères.

L'Empire autrichien des Habsbourg, installé à Vienne, parvint à en tirer profit et à finalement prendre le contrôle du territoire. En 1583, l'empereur Rodolphe II de Habsbourg déplaça le siège de la dynastie de Vienne à Prague. Son règne est souvent considéré comme un deuxième "âge d'or". Il dura 30 ans, jusqu'à sa mort et l'explosion des tensions entre catholiques et protestants, qui culminèrent en 1618 avec la "deuxième défenestration" de Prague (voir p. 82). Cette dernière entraîna la guerre de Trente Ans, qui finit par embraser toute l'Europe.

Trois siècles plus tard, en 1918, la Tchécoslovaquie indépendante naissait sur les cendres de l'ancien Empire austro-hongrois. En 1939, les troupes allemandes franchirent la frontière du jeune pays et occupèrent la Bohême et la Moravie. En mai 1945, les Tchèques en armes se soulevèrent contre l'occupant allemand et libérèrent la capitale après 3 jours de combat, aidés par l'armée soviétique. En 1948, Klement Gottwald, le leader du Parti communiste, proclama l'instauration du nouveau régime : le "coup de Prague" inaugurait 40 ans d'oppression communiste.

Dans les années 1960, la Tchécoslovaquie connut une sorte de réveil national avec le dirigeant réformiste du parti Alexander Dubček. Mais en 1968, les troupes du pacte de Varsovie envahirent la Tchécoslovaquie pour mettre fin aux réformes du "Printemps de Prague". Alexander Dubček fut remplacé par Gustáv Husák, tenant de la ligne dure. En 1989, des manifestations étudiantes à Prague furent réprimées, entraînant un mouvement de masse. Les communistes quittèrent le pouvoir : la révolution de Velours était en marche, personnifiée par Václav Havel, dramaturge et élu président de la République en décembre.

En 1993, les Républiques tchèque et slovaque proclamèrent leur indépendance d'un commun accord, mettant ainsi un terme à la Tchécoslovaquie. En 2004, la République tchèque entra dans l'Union européenne.

1. Dolní Věstonice

L'ART PALÉOLITHIQUE

Les fouilles menées autour de ce petit village de Moravie du Sud ont révélé les traces d'un des plus anciens habitats humains jamais découverts. Un petit groupe de chasseurs de mammouths semble y avoir vécu il y a plus de 25 000 ans, à l'âge de la pierre, durant le Paléolithique supérieur.

Ils ont laissé une extraordinaire abondance d'œuvres d'art, notamment la célèbre vénus de Věstonice, une figurine en céramique représentant une femme nue aux seins opulents et aux hanches larges.

Pour en savoir plus sur Dolní Věstonice, voir p. 216.

2. Vyšehrad (Prague)

UNE ORIGINE LÉGENDAIRE

Tant de mythes entourent la capitale tchèque qu'il n'est pas étonnant que son origine elle-même soit l'objet d'une légende : au VIIIe siècle, alors qu'elle se tenait en haut d'une colline, la princesse Libuše, fille du chef Krok, aurait prédit la fondation d'une grande cité. Cette colline pourrait être celle de Vyšehrad, une ancienne citadelle dressée sur un promontoire au sud du château de Prague (de l'autre côté de la Vltava), bien qu'aucune preuve archéologique ne vienne étayer cette histoire. Libuše se mit en quête d'un époux vigoureux, pour concevoir une robuste lignée. À des prétendants de son rang, dont des princes à l'allure souffreteuse, elle préféra Přemysl, un simple laboureur. Ainsi serait née la dynastie des Přemyslides qui allait régner pendant quelque 400 ans.

Pour en savoir plus sur Vyšehrad, voir p. 106.

3. Brno

L'ÂGE D'OR DE LA MORAVIE

Souvent éclipsée par la Bohême, plus grande, la province orientale de Moravie abrita pourtant l'un des empires les plus anciens et les plus puissants du haut Moyen Âge. Aux VIIIe et IXe siècles, Brno, ainsi que Znojmo et Olomouc, fut l'une des capitales de la Grande-Moravie qui s'étendait bien au-delà des frontières de la Moravie actuelle. Le rayonnement de cet empire était tel que les célèbres moines Cyrille et Méthode s'y rendirent en 863 pour répandre le christianisme et le glagolitique, le plus ancien alphabet slave connu qui allait servir de base à l'alphabet cyrillique.

Pour en savoir plus sur Brno, voir p. 206.

4. Place de la Vieille-Ville (Prague)

LE MARCHÉ DE L'EUROPE CENTRALE

La Staroměstské náměstí joue un rôle central dans l'activité marchande et urbaine de la capitale depuis le Xe siècle environ. Elle tirait autrefois profit de la position de la cité sur les grandes routes commerciales européennes : les revenus engrangés au fil des générations ont financé les superbes édifices que l'on voit sur cette place et dans tout le centre historique. Bordée par certains des bâtiments les plus importants de la ville, Staromák, comme on la surnomme, reste aujourd'hui encore le cœur battant de Prague.

Pour en savoir plus sur la place de la Vieille-Ville, voir p. 65.

5. Pont Charles (Prague)

UN CHEF-D'ŒUVRE DU XIVe SIÈCLE

Lorsque sa construction se termina en 1390, le pont Charles était considéré comme l'une des grandes merveilles d'ingénierie du monde connu. Cet ouvrage gothique d'une beauté austère qui relie les deux rives de la Vltava était alors le monument iconique d'une ville qui, sous le règne de Charles IV, empereur du Saint-Empire romain, était la plus importante d'Europe. Les statues baroques qui rehaussent l'attrait visuel du pont furent érigées quelques siècles plus tard.

Pour en savoir plus sur le pont Charles, voir p. 56.

6. Kutná Hora

LE SECRET DE LA PROSPÉRITÉ

La petite ville médiévale de Kutná Hora, à l'est de Prague, rivalisait jadis avec la capitale en matière de richesse et d'importance. Grâce aux mines d'argent des collines alentour, elle devint le siège de l'hôtel de la Monnaie au XIVe siècle. On y frappait les gros de Prague, des pièces d'argent qui circulaient comme monnaie de référence dans toute l'Europe centrale. La roue tourna au XVIIe siècle lorsque les mines s'épuisèrent, mais les églises et les bâtisses impressionnantes que l'on voit encore aujourd'hui témoignent de cette prospérité passée.

Pour en savoir plus sur Kutná Hora, voir p. 187.

Villa Tugendhat

7. Château de Prague

UNE DÉFENESTRATION TRAGIQUE

Le majestueux château de Prague (Pražský hrad) est au cœur de l'histoire mouvementée de la République tchèque depuis plus de 1 000 ans. Il connut son apogée entre les XVIe et XVIIe siècles, sous Rodolphe II, empereur du Saint-Empire romain. Le règne de ce dernier apporta la prospérité à la Bohême, mais il échoua à régler la querelle opposant protestants et catholiques. En 1618, des protestants jetèrent deux gouverneurs catholiques par l'une des hautes fenêtres du château. Cette deuxième "défenestration" (la première avait eu lieu en 1419) précipita l'Europe dans une guerre sanglante qui allait durer 30 ans.

Pour en savoir plus sur le château de Prague, voir p. 48.

8. Josefov (Prague)

L'"ÂGE D'OR" JUIF

La communauté juive vit sur le territoire de l'actuelle République tchèque depuis des siècles. Au fil du temps, ils endurèrent des périodes de difficultés et de persécutions entrecoupées de décennies de paix et de prospérité relatives. Le XVIe siècle est souvent considéré comme l'âge d'or des juifs de Prague, une époque faste que reflètent aujourd'hui les bâtiments de l'ancien ghetto juif, Josefov, accolé à la Vieille Ville. Visitez les synagogues et le vieux cimetière pour apprécier la taille et l'influence de la communauté juive de ce temps.

Pour en savoir plus sur Josefov, voir p. 69.

9. Slavkov u Brna

UN JEU DE MASSACRE IMPÉRIAL

Près de Brno, Slavkov (Austerlitz) eut, au XIXe siècle, une influence presque aussi importante dans les guerres napoléoniennes que l'empereur français lui-même. C'est là, lors de la décisive "bataille des Trois Empereurs", que Napoléon écrasa en 1805 les forces combinées et supérieures de l'empereur François Ier d'Autriche et du tsar Alexandre Ier. L'écrivain russe Léon Tolstoï en fit plus tard une description frappante dans *Guerre et Paix*.

Pour en savoir plus sur Slavkov u Brna, voir p. 212.

10. Olomouc

LE COURONNEMENT DE FRANÇOIS-JOSEPH Ier

Contrairement à la majeure partie de la Bohême et de la Moravie, la belle ville universitaire d'Olomouc fut durant des siècles un foyer du soutien aux Habsbourg, qui régnaient sur l'empire d'Autriche. Lors de la révolution de 1848, lorsque la classe moyenne émergente se souleva contre ses souverains, c'est là que se réfugia la famille impériale. L'empereur François-Joseph Ier y fut même couronné cette année-là, à l'âge de 18 ans, dans le palais de l'Archevêque.

Pour en savoir plus sur Olomouc, voir p. 220.

11. Place Venceslas (Prague)

LA NAISSANCE DE LA TCHÉCOSLOVAQUIE

Le cataclysme de la Première Guerre mondiale fit éclater l'Empire austro-hongrois en plusieurs petits États indépendants. Ainsi, la toute nouvelle Tchécoslovaquie réunit pour la première fois les terres tchèques (les provinces occidentales de Bohême et de Moravie) et la Slovaquie, à l'est. C'est vers le haut de la place Venceslas, à Prague, que l'historien tchèque Alois Jirásek lut à haute voix la déclaration d'indépendance devant une foule en liesse, le 28 octobre 1918. La Tchécoslovaquie n'existe plus, mais cette date reste marquée par un jour férié.

Pour en savoir plus sur la place Venceslas, voir p. 76.

12. Terezín

FORTERESSE DE L'HOLOCAUSTE

Terezín (également appelée Theresienstadt ; photo p. 113) fut construite au XVIIIe siècle pour servir de garnison aux soldats autrichiens. Durant la Seconde Guerre mondiale, les occupants nazis transformèrent la forteresse en camp de concentration et de transit pour des dizaines de milliers de personnes, en grande majorité des juifs, qui y étaient détenues avant de rejoindre Auschwitz ou d'autres camps d'extermination. Environ 35 000 hommes, femmes et enfants y moururent de faim, de maladie ou par suicide. La ville a été conservée quasiment en l'état.

Pour en savoir plus sur Terezín, voir p. 113.

13. Plzeň

LIBERÉE PAR L'ARMÉE AMÉRICAINE

Au début de la Seconde Guerre mondiale, alors que la Slovaquie était devenue un État satellite nazi, la Bohême et la Moravie furent occupées par les Allemands. Elles le restèrent jusqu'aux derniers jours de la guerre, en mai 1945. La majeure partie de la Tchécoslovaquie fut libérée par l'armée rouge, mais l'extrême-ouest du pays, autour de Plzeň, le fut par des unités de l'armée américaine sous le commandement du général George S. Patton. Les habitants de Plzeň ne l'ont jamais oublié, et célèbrent ce jour début mai.

Pour en savoir plus sur Plzeň, voir p. 150.

14. Národní třída (Prague)

PEUPLE, POUVOIR, RÉVOLUTION

En 1989, les régimes communistes d'Europe centrale et orientale chutèrent comme des dominos, mais aucune de ces révoltes populaires ne fut aussi marquante que la révolution de Velours en Tchécoslovaquie. Tout démarra le 17 novembre, quand les forces de sécurité matèrent violemment des manifestations étudiantes dans Národní třída, l'un des grands boulevards de la capitale. Six semaines plus tard, le gouvernement était tombé et l'écrivain et dissident Václav Havel était devenu le premier président de la Tchécoslovaquie post-communiste.

Pour en savoir plus sur Národní třída, voir p. 76.

15. Villa Tugendhat (Brno)

LA DISSOLUTION DE LA TCHÉCOSLOVAQUIE

Dans les années 1920, Brno était connue pour être l'un des centres de l'architecture moderne, dont le plus bel exemple est cette villa dessinée par le célèbre architecte Mies van der Rohe pour Greta et Fritz Tugendhat en 1930. En 1992, comme la Tchécoslovaquie préparait son divorce de Velours, le premier ministre tchèque, Václav Klaus, et son homologue slovaque, Vladimir Mečiar, choisirent le jardin ombragé de la Tugendhat pour négocier les détails de la séparation. La maison et son jardin se visitent sur réservation, lors d'une visite guidée.

Pour en savoir plus sur la villa Tugendhat, voir p. 206.

Synagogue Vieille-Nouvelle, à Prague

ATMOSPHERE/STOCK.ADOBE.COM©

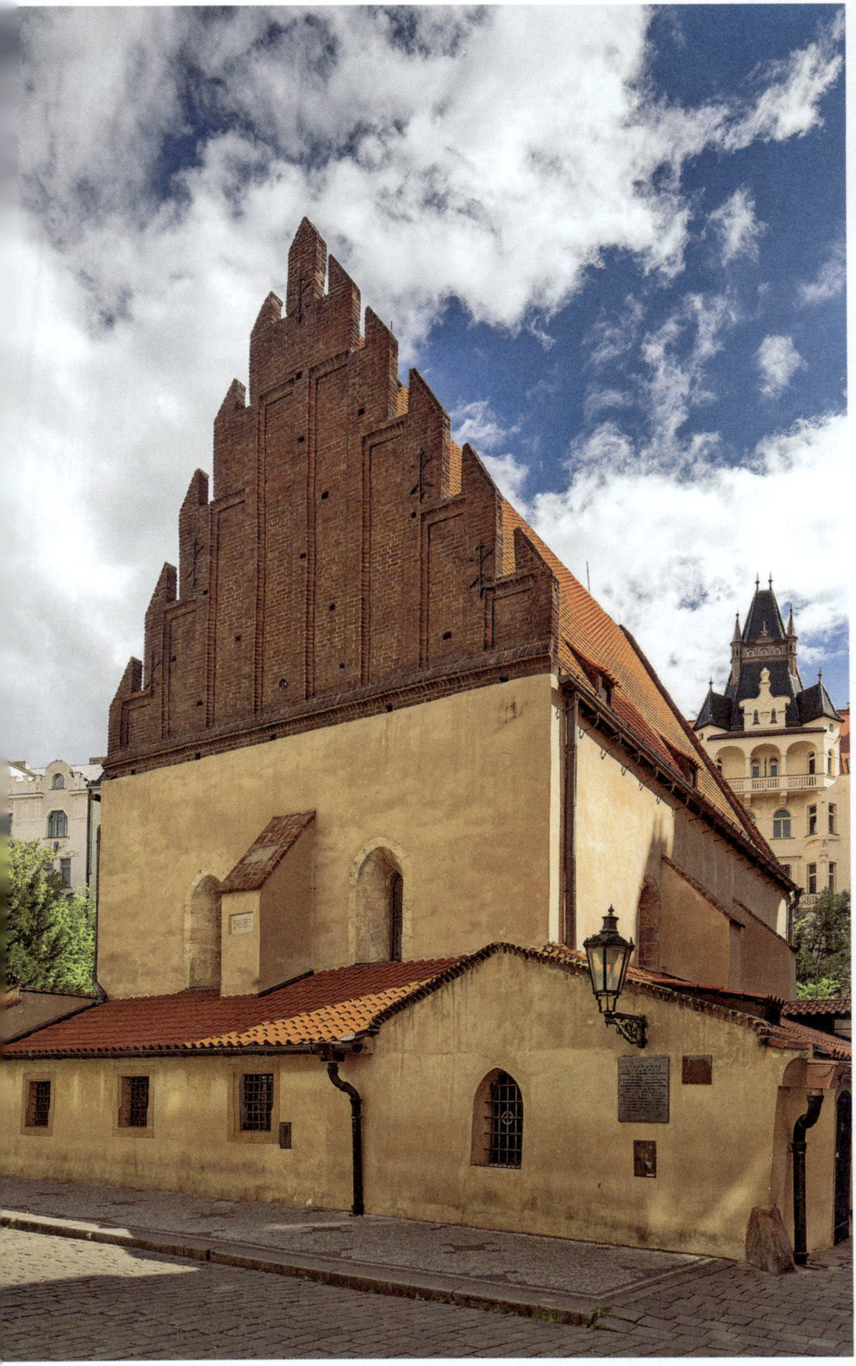

À LA RENCONTRE DES TCHÈQUES

Sous des dehors froids et un peu revêches, se cache un peuple amical, généreux, doté d'un grand sens de l'humour. Il faut simplement du temps, et quelques bières, pour le percer à jour. Iva Roze Skochová a accepté de nous parler de ses concitoyens.

UN AMI ITALIEN est récemment revenu perplexe de sa première visite à Prague. "La ville est d'une beauté incroyable. Mais pourquoi les gens sont-ils si… maussades ?" Soyons francs : "maussades" n'est pas le pire adjectif pour qualifier mes concitoyens.

Généralement, on les dit plutôt "malpolis", "déprimés" ou au minimum "brusques". Ce n'est pas faux. Les Tchèques et leur pays arrivent souvent en bas du classement des "pays les plus accueillants" ou "des peuples les plus empathiques". Depuis la chute du communisme en 1989, il a été bien plus facile d'introduire ici la démocratie et le capitalisme que l'optimisme et un esprit positif. Inutile d'essayer. Tâchez plutôt de trouver des sources d'amusement dans cette sinistrose. La bière aide.

Une fois passé en mode "verre à moitié vide", vous pourriez vous prendre au jeu. En un rien de temps, vous serez assis dans un pub à écluser votre cinquième Pilsner Urquell en compagnie de Honza et de Jiří tout en vous lamentant sur les trois minutes de retard de votre tramway.

S'il y a une qualité que les Tchèques apprécient, c'est la ponctualité – au point d'en être agaçants. Invitez des gens à 20h, certains débarqueront à 19h45, d'autres arriveront désespérés parce qu'ils ont trois minutes de retard. À cause du tramway, sans doute… Le pays possède un excellent système de transport en commun, ce qui, naturellement, n'empêche pas les habitants de s'en plaindre.

Se plaindre est un sport national, un art ancestral qu'on se transmet de génération en génération, un moyen de créer du lien. Vous vanter de l'amour que vous portez à votre travail ou des talents de vos enfants vous vaudra des roulements d'yeux dédaigneux.

Sourire et échanger des amabilités ne coule pas de source. Vous pourriez en conclure que l'étiquette n'a aucune importance ; vous vous tromperiez. Avoir des "bonnes manières" est extrêmement important.

Cela peut aussi bien vouloir dire se déchausser en arrivant chez quelqu'un que bien tenir ses couverts, accepter un flot de conseils non sollicités et de prédictions funestes (votre nouveau projet est naïf et voué à l'échec), ou encore céder sa place aux personnes âgées et aux femmes enceintes.

La dernière chose dont vous aurez envie après une journée passée à croiser des gens grincheux sera de voir un adolescent se lever avec empressement parce qu'il vous juge "trop vieux pour rester debout". Mais au moins, le tramway est arrivé à l'heure, non ?

RELIGION

La République tchèque est l'un des pays les moins religieux au monde et cela s'accentue à chaque nouvelle génération. Les jeunes Tchèques sont les moins croyants d'Europe : 91% des 16-29 ans se déclarent agnostiques.

DE NOUVELLES LIBERTÉS

J'ai grandi dans ce qui était alors la Tchécoslovaquie, à l'abri de tout ce que l'on jugeait dangereux : la mode, la musique et les mœurs occidentales.

J'avais 12 ans quand le communisme a pris fin. Tout a changé. Nos livres d'histoire ont été remplacés par d'autres, mis à jour. Apprendre le russe n'était plus obligatoire. Du jour au lendemain, nos profs de russe sont devenus nos profs d'anglais, même s'ils n'avaient que deux chapitres d'avance sur nous. Beaucoup d'entre nous ne savions pas quoi faire de cette nouvelle liberté, mais nous avions soif de voyager et de découvrir le monde. J'avais 17 ans la première fois que j'ai vu la mer : un choc pour moi qui venais d'un pays enclavé. J'étais désormais accro. De toutes les libertés possibles, celle d'aller voir la mer est aujourd'hui encore ma préférée.

Bâtiment typique du bloc de l'Est, années 1970, Prague
VARNAKOVR/SHUTTERSTOCK ©

L'HÉRITAGE ARCHITECTURAL COMMUNISTE EN QUESTION

La société tchèque reste profondément divisée quant à l'avenir du patrimoine architectural de l'époque communiste : faut-il le préserver ou le détruire ?

L'UN DES PLAISIRS d'un voyage en République tchèque est la découverte d'exemples parfaitement conservés des différents courants de l'architecture européenne. C'est un peu comme si l'on suivait un séminaire sur l'histoire de l'architecture européenne.

Prague et le reste du pays ont en effet été largement épargnés par les destructions causées par les guerres successives, et offrent ainsi aux visiteurs une vision presque ininterrompue de l'évolution des styles architecturaux.

Aux bâtiments les plus anciens, datant de la période romane (la basilique Saint-Georges ou la rotonde Saint-Martin à Prague), au tournant du premier millénaire, succédèrent les imposants édifices gothiques pragois des XIIIe et XIVe siècles, comme le château de Prague ou l'ancien hôtel de ville.

Les siècles suivants virent apparaître le style Renaissance d'inspiration italienne, marqué par la symétrie (le palais d'Été à Prague), et le baroque exubérant prisé par l'Église catholique et la monarchie des Habsbourg (l'église Saint-Nicolas à Prague). Le pays regorge également d'exemples du style revivaliste – comme le néo-Renaissance et le néoclassique – très en vogue au XIXe siècle (le théâtre des États ou le Musée national à Prague). L'Art nouveau du début du XXe siècle (*Secese* en tchèque) trouva sa plus belle illustration dans la Maison municipale de Prague. Dans les années 1920, le fonctionnalisme et l'architecture moderne s'épanouirent dans des villes comme Brno et Zlín.

L'avant-gardiste Villa Tugendhat de Brno achevée en 1930 précède de plusieurs décennies le style "Mid-century modern" qui ne se répandra dans le reste du monde que dans les années 1950 et 1960.

Le brutalisme

Les exemples les plus anciens d'architecture communiste (de la fin des années 1940 et années 1950) reprennent les codes du réalisme socialiste importé directement d'Union soviétique. Il s'agit souvent de monuments démesurés et ornés de mosaïques et de décorations qui

promeuvent un discours idéologique axé sur la glorification des ouvriers et des paysans. À Prague, l'un des plus connus est l'Hotel International (photo) avec ses hautes tours, ses mosaïques et son intérieur pompeux. Il fut élevé en 1956 dans le quartier de Dejvice. L'horloge astronomique d'Olomouc, posée sur la façade de l'hôtel de ville en 1955, offre un contraste frappant avec celle bien plus ancienne de Prague. Au lieu d'un défilé de figurines du Moyen Âge, comme dans la capitale, elle met en effet en scène des travailleurs et des marchands.

Dans les années 1970, les architectes locaux s'inspirèrent de l'Ouest pour élaborer leur propre style brutaliste, celui que les Tchèques associent le plus étroitement au communisme. Le brutalisme, qui tient son nom du béton brut utilisé, connaît alors une popularité mondiale (la Cité radieuse de Marseille et le Barbican Centre de Londres en sont de bons exemples). La variante tchèque rejoint ses cousins occidentaux dans le rejet de toute ornementation et la mise en valeur d'éléments esthétiquement peu plaisants, comme les matériaux (souvent le béton ou l'acier bruts) ou les conduits et tuyaux apparents. L'idée est de révéler les entrailles des bâtiments pour les rendre plus transparents. Il faut avouer que les constructions brutalistes ne brillent guère par leur charme : des "furoncles", comme les a un jour qualifiées le roi Charles III d'Angleterre, alors qu'il n'était encore que le prince Charles.

La République tchèque fourmille d'excellents exemples de ce style. À Prague, le grand magasin Kotva est un pur produit des années 1970, de même que le Máj (à l'angle de l'avenue Národní et de la rue Spálená), que les âmes charitables comparent au centre Pompidou. Dans la vieille ville, l'ancien hôtel InterContinental est un autre joyau (ou monstre) brutaliste. L'Hotel Thermal de Karlovy Vary, où se tient le Festival international du film, est sans doute le bâtiment brutaliste le plus célèbre du pays.

FABIANO WAEWELL/SHUTTERSTOCK © ; ARCHITECTS: VĚRA MACHONINOVÁ AND VLADIMIR MACHONIN

LA VRAIE BATAILLE SEMBLE AVOIR PEU DE RAPPORT AVEC LA QUALITÉ DES ÉDIFICES MAIS TIENT PLUTÔT DU BRAS DE FER CONCERNANT L'HÉRITAGE DU COMMUNISME.

Un enjeu mémoriel

Globalement, les Tchèques sont très conscients de la valeur des bâtiments historiques et de la nécessité de les préserver… sauf en ce qui concerne les édifices dessinés et bâtis sous le communisme, de la fin des années 1940 aux années 1980. C'est là que le consensus s'effrite et que les discussions s'enveniment.

Plus de 30 ans après la chute du communisme, la société tchèque reste en effet profondément divisée quant à l'avenir de ce patrimoine architectural. Certains désirent réparer et conserver ces bâtiments pour des raisons pratiques et comme témoignage de l'histoire récente du pays ; d'autres veulent les démolir et faire comme si cette période n'avait jamais eu lieu.

Comme la guérilla urbaine, le combat pour la conservation ou la destruction de ces édifices se livre souvent bâtiment par bâtiment. En 2019, le ministère tchèque de la Culture a fini par classer le grand magasin Kotva, garantissant sa survie. La même année, le complexe Transgas du quartier de Vinohrady, à Prague, a quant à lui été démoli sans cérémonie. Selon les autorités culturelles tchèques, la décision de classer ou non un bâtiment repose sur plusieurs facteurs : son importance ou son caractère avant-gardiste à l'époque de sa construction, ou encore sa capacité à illustrer un style particulier.

Hotel Thermal (p. 138), Karlovy Vary

La vraie bataille semble avoir peu de rapport avec la qualité des édifices mais tient plutôt du bras de fer concernant l'héritage du communisme. Une part importante des habitants continuent, et on les comprend, à n'avoir aucune indulgence envers un système autoritaire qui contrôlait leur vie et limitait leurs libertés. Pour eux, ces bâtiments sont un rappel permanent de ce régime corrompu et immoral.

De leur point de vue, les architectes d'aujourd'hui devraient plutôt adopter le meilleur de l'architecture contemporaine ou revenir au dernier grand modèle tchèque : le fonctionnalisme des années 1920, tel qu'il est incarné par le palais Veletržní à Prague.

De leur côté, les tenants de la préservation soulignent que les modes finissent toujours par changer et que des bâtiments jugés hideux aujourd'hui pourraient sembler beaux (ou du moins intéressants) aux yeux des générations futures. Après tout, les statues baroques qui ornent le pont Charles furent un temps décriées comme l'œuvre de souverains catholiques trop zélés qui déparait un majestueux pont gothique. De nos jours, c'est justement cette opposition entre les deux styles qui confère à l'ouvrage son énergie et sa beauté.

Trains étroitement surveillés (Jiří Menzel, 1966), p. 266

L'HUMOUR TCHÈQUE : UN PENCHANT POUR L'ABSURDE

Les Tchèques ont un sens de l'humour particulier, pas forcément évident pour les étrangers, délicieusement irrévérencieux, qui imprègne tous les aspects de la vie quotidienne, écrit Mark Baker.

L'HUMOUR TCHÈQUE est difficile à résumer en quelques mots sans trop généraliser mais il ressemble beaucoup à l'humour britannique – celui des Monty Python – en ce qu'il est pince-sans-rire, sombre parfois et tendant vers l'absurde. Il laisse peu de place au pathos, à l'hypocrisie ou au sentimentalisme.

Cette attirance pour l'absurde s'est bien vue il y a quelques années lors d'un sondage télévisé où l'on a demandé aux Tchèques de nommer la personnalité tchèque "la plus importante" ayant jamais vécu. Au lieu de choisir l'empereur Charles IV, Jan Hus, Tomáš Masaryk ou Václav Havel, les téléspectateurs choisirent à une écrasante majorité un M. Tout-le-Monde de fiction, Jára Cimrman, personnage comique créé dans les années 1960 pour une émission de radio populaire. Cimrman fut ensuite disqualifié, au motif qu'il n'avait jamais vraiment "vécu".

Satire de l'Empire

On ne sait pas vraiment de quand date le penchant des Tchèques pour l'irrévérence. De fait, les premiers personnages historiques tchèques comme Charles IV ou l'austère Jan Hus n'étaient pas vraiment réputés pour leur sens de l'humour. L'humour tchèque s'est vraiment formé à la fin du XIXe et au début du XXe siècle, quand la nation tchèque naissante s'est retrouvée engluée dans un empire austro-hongrois vieillissant. La monarchie des Habsbourg, considérée déjà à l'époque comme une survivance du Moyen Âge, débordait de symbolisme creux, d'hypocrisie et de traditions obsolètes qui prêtaient le flanc à la satire.

Dans son classique de 1921, *Le Brave Soldat Švejk* (Folio, 2018), Jaroslav Hašek (1883-1923) se moque ouvertement de l'absurdité de la vie au temps de l'Empire en narrant l'histoire épique d'un Forrest Gump tchèque qui survit aux horreurs de la Première Guerre mondiale grâce à sa stupidité (ou peut-être à son intelligence déguisée en bêtise). Si peu de Tchèques se sont identifiés à Švejk, le personnage central du roman, ils ont à coup sûr reconnu la situation désespérée (et

grotesque) dans laquelle leur nation s'était trouvée durant la guerre, à devoir défendre jusqu'à la mort un empire archaïque bâti en grande partie sur la pompe et l'emphase. Hašek semble dire que l'idiotie était la seule réponse rationnelle à cette situation.

L'humour comme remontant

L'humour noir a sûrement été nécessaire et salutaire pour supporter les années difficiles de l'occupation nazie, puis du communisme imposé par les soviétiques après la guerre. Durant la première décennie du communisme, dans les années 1950, la plupart des plaisanteries visant le système restaient sous le manteau et ne se partageaient qu'en famille ou entre amis proches.

Dans l'un de ses premiers livres écrit en 1967 et justement intitulé *La Plaisanterie* (Folio), Milan Kundera (né en 1929) décrit ce qui pouvait se passer si une plaisanterie privée devenait publique. Dans le livre, le personnage principal, une jeune homme prénommé Ludvik, se sent rejeté par sa petite amie, communiste convaincue. De dépit, il lui envoie une carte postale avec un référence au second degré à Marx qui, dans l'intervalle, change radicalement le cours de sa vie. En écho à la fameuse phrase de Marx : "La religion, c'est l'opium du peuple", Ludvik écrit : "L'optimisme est l'opium du genre humain ! L'esprit sain pue la connerie ! Vive Trotski !" À partir de là, les choses ne font qu'empirer pour lui.

Un bref répit politique et un relâchement de la censure au milieu des années 1960 permit, une fois encore, à l'humour tchèque de refaire surface. Des réalisateurs de l'époque comme Miloš Forman (1932-2018) et Jiří Menzel (1938-2020), ont joué habilement avec les limites à ne pas franchir pour tourner des chefs-d'œuvre comme *Au feu, les pompiers !* (1967), *Les Amours d'une blonde* (1965) et *Trains étroitement surveillés* (1966), films couverts de prix dans le monde entier.

Il y a dans ces films des éléments classiques, paillards, de l'humour tchèque, un côté tarte à la crème et une tendance à l'absurde mais aussi des histoires émouvantes et une critique subtile du pouvoir communiste. Ainsi, *Les Amours d'une blonde* de Forman se déroule dans une ville ouvrière sinistre où des femmes solitaires s'ennuient à l'infini dans leur fabrique de chaussures.

Le directeur de l'usine décide d'améliorer leur humeur en invitant un groupe de soldats russes d'une caserne voisine pour une grande fête. Bien sûr, rien ne se déroule comme prévu. Les soldats russes sont plus vieux qu'attendus, et beaucoup sont mariés. Dans une scène classique du film, l'un d'eux veut tellement retirer son alliance qu'il tire trop fort dessus. L'alliance roule sur la piste de danse jusqu'aux pieds d'une des jeunes femmes attendant qu'on l'invite à danser.

Plaisanter sous la contrainte

L'inventivité innée des Tchèques en matière d'humour les a immensément aidés à supporter le pire moment de leur histoire récente, l'invasion de leur pays par les troupes soviétiques du pacte de Varsovie en août 1968. Le Kremlin avait fait franchir la frontière à ses soldats et à ses chars pour mettre fin à une série de réformes économiques et politiques que le pouvoir soviétique jugeait trop libérales. L'armée tchécoslovaque restant confinée dans ses casernes, la population civile a alors fait son possible pour résister à l'invasion en recouvrant les panneaux indicateurs de peinture et en modifiant la signalisation pour dérouter les blindés soviétiques.

La "normalisation" qui suivit l'invasion mit fin à la créativité bouillonnante des années 1960, mais l'humour tchèque a traversé les années 1970 et 1980 et les films de cette période restent très populaires encore aujourd'hui. Si la critique frontale de l'Union soviétique était alors impensable, les réalisateurs se moquaient des conventions sociales de la société tchécoslovaque. Un classique de l'époque, *Vrchní, prchni !* (1981), avec les humoristes Josef Abrhám et Zdeněk Svěrák, raconte l'histoire d'un gérant de librairie en colère qui échafaude un plan fou pour gagner de l'argent en se déguisant en serveur et en empochant les pourboires laissés par les clients dans les restaurants. Bien sûr, la supercherie lui vaut des ennuis. Dans une scène fameuse, le personnage de Svěrák le reconnaît dans la rue et Abrhám change de voix pour éviter d'être identifié. L'idée est si ridicule (le ridicule étant une composante essentielle de l'humour local, aujourd'hui encore), qu'on en éclate de rire.

L'humour et la sagesse de David Černý

Les installations de l'artiste tchèque David Černý (né en 1967) affichent cette insolence typiquement tchèque, aiguisée au point de prendre un sens politique ou culturel. Černý est devenu célèbre après la révolution de Velours de 1989 pour avoir repeint en rose un vieux char russe, triste mémorial soviétique de la Seconde Guerre mondiale. D'une simple couche de peinture, il a effacé ainsi une longue période de mythification et de virilisme belliqueux, prosoviétiques. Naturellement, certains trouvèrent la chose iconoclaste et voulurent punir l'artiste, mais la plupart des Tchèques se contentèrent d'en rire. Le char était soudain devenu un monument à l'hypocrisie soviétique.

SERGEYPHOTO7/SHUTTERSTOCK ©

Souligner l'absurdité de la vie sous le communisme a très vite été un thème récurrent chez Černý. Ainsi sa sculpture de bronze *Quo Vadis*, aujourd'hui dans le jardin de l'ambassade d'Allemagne (hélas fermé au public, voir p. 59), à Malá Strana, représentant une Trabant, vieille voiture est-allemande, sur quatre jambes. Elle rappelle la fin dramatique de l'année 1989, lorsque des milliers d'Allemands de l'Est fuyaient vers Prague en voiture pour rejoindre ensuite l'Allemagne de l'Ouest. Ici, l'artiste se moque de l'ancien régime et insiste sur l'ironie de la situation : des gens fuyant le communisme à bord de véhicules délabrés, symboles mêmes du communisme.

Černý sait se montrer aussi dur avec les héros nationaux et l'histoire tchèque. L'une de ses œuvres les plus appréciées, *Kůň* (Cheval), est suspendue au plafond de la galerie commerçante du Lucerna, tout près de la place Venceslas. Il y représente l'un des patrons du pays, saint Venceslas, chevauchant ridiculement un cheval visiblement mort.

Černý se moque ainsi et de l'histoire tchèque, et de la grandiloquence de l'imposante statue de Josef Václav Myslbek représentant le saint à quelques mètres de là à peine, en haut de la place.

DES ATHLÈTES-NÉS

Le sport joue un rôle central dans la culture de la République tchèque, au point d'étonner parfois le visiteur.

LES TCHÈQUES semblent être des sportifs-nés. Grâce à des sorties scolaires, les enfants découvrent très tôt des activités de plein air comme la randonnée ou le ski. Dès la préadolescence, ils se spécialisent parfois dans un sport particulier : gymnastique, tennis, volley-ball, football ou, surtout, hockey sur glace. Et dès le lycée, les plus prometteurs sont enrôlés dans les différents championnats juniors soutenus par les grands clubs et les fédérations nationales.

Ce fort accent mis sur le sport et la réussite athlétique remonte au Réveil national tchèque de la fin du XIXe siècle et aux efforts demandés à toute la société de l'époque pour encourager et développer une identité nationale tchèque (et non autrichienne) au sein de l'empire austro-hongrois.

La principale association sportive de l'époque en Bohême, Sokol, fut créée en 1862, avec pour double objectif la promotion des bienfaits de l'activité physique en général et l'encouragement du nationalisme tchèque grâce aux succès et aux prouesses athlétiques des sportifs.

Après l'indépendance tchécoslovaque en 1918, les autorités investirent beaucoup dans l'équipe nationale olympique afin de donner une visibilité mondiale à leur jeune nation. Durant la période communiste, elles se tournèrent à nouveau vers le sport, cette fois avec une série de spectacles de gymnastique synchronisée de masse, les Spartakiades créées en 1928 en Union soviétique, pour légitimer leur régime et promouvoir la cohésion nationale.

En Tchécoslovaquie, ces Spartakiades (le mot fut inventé par un Tchèque en référence à Spartacus) eurent lieu tous les cinq ans de 1955 à 1985, dans l'immense stade de Strahov, à Prague (tout proche de la station sommitale du téléphérique de Petřín). Elles étaient incroyablement populaires et très suivies ; celles de 1960, par exemple, ont compté 750 000 participants et plus de deux millions de spectateurs.

C'est aussi pendant la période communiste que le monde découvrit l'un des plus grands coureurs de tous les temps : Emil Zátopek (1922-2000). De 1948 à 1954, il sera l'homme le plus rapide sur terre en longue distance : quadruple champion olympique,

18 records mondiaux du 5 000 m au marathon, invaincu pendant 38 courses et premier homme à courir plus de 20 km en une heure, il explose tous les records. Athlète d'État, il fut cependant déchu de tout après son soutien à Alexander Dubček.

Après la chute du communisme en 1989, on renonça aux Spartakiades (et le stade de Strahov fut laissé à l'abandon). Toutefois, le sport reste central dans l'identité tchèque. Il suffit de voir à quel point les rues du pays sont vides lorsque l'une des équipes nationales ou un sportif tchèque concourt dans une compétition internationale comme les Jeux olympiques, le championnat du monde de hockey sur glace ou la Coupe du monde de football. Tout le pays est collé à son écran, et l'humeur nationale change au gré des résultats.

Une nation éprise de hockey

Les Tchèques brillent dans de nombreux sports : cyclisme, kayak, ski, tennis, football et patinage de vitesse (née en 1987, Martina Sáblíková est l'une des meilleures patineuses de vitesse de l'histoire olympique, et championne cycliste) notamment, mais la nation vibre surtout pour le hockey sur glace, devenu sport national.

La Tchécoslovaquie, puis la République tchèque ont transformé cet amour du hockey en réussite mondiale. Depuis le début du championnat du monde de hockey, annuel, en 1920, les équipes masculines tchécoslovaques puis tchèques ont remporté l'or à douze reprises, avec 40 médailles au total. L'équipe féminine a connu moins de réussite, mais elle a obtenu une médaille de bronze historique dans la compétition mondiale en 2022 et son futur s'annonce radieux.

Ces succès tchèques doivent sûrement beaucoup au niveau élevé des compétitions juniors et du championnat national, l'Extraliga, où les poids lourds que sont le HC Sparta Praha et le HC Kometa Brno se disputent souvent le titre. Beaucoup de joueurs tchèques jouent dans les clubs de la North American National Hockey League (NHL). Citons ainsi les grands joueurs que furent Jaromír Jágr (né en 1972), qui remporta la Stanley Cup avec Pittsburgh en 1991 et 1992, ou Dominik Hašek (né en 1965), surnommé le "Dominator", considéré en son temps comme le meilleur gardien de but au monde après avoir gagné la Stanley Cup avec les Red Wings de Détroit en 2001.

DES STARS DU TENNIS
MARTINA NAVRÁTILOVÁ A GAGNÉ 18 TITRES EN GRAND CHELEM, DONT NEUF VICTOIRES À WIMBLEDON

BETTMANN/GETTY IMAGES ©

Le hockey sur glace tient une place si importante dans la psyché nationale qu'il est indissociable des plus grands moments politiques et historiques du pays. Au championnat du monde de 1969, en Suède, l'équipe masculine a battu deux fois celle de l'Union soviétique. La victoire finale du 28 mars, 4-3, a donné lieu a des scènes de délire sur la place Venceslas de Prague et dans tout le pays. Elle survenait sept mois seulement après l'invasion des troupes du pacte de Varsovie, faite pour étouffer les réformes politiques et économiques en cours, et partout l'émotion fut très vive.

L'équipe masculine a réédité l'exploit aux Jeux olympiques d'hiver de Nagano (Japon) en 1998, et remporté la médaille d'or en battant à nouveau la Fédération russe sur le score de 1-0. Le pays a une fois de plus explosé de joie, et les fans en délire ont envahi la place Venceslas. Certains ont même escaladé la célèbre statue de saint Venceslas sculptée par Myslbek, en haut de la place.

Les "masters" du tennis

Si les Tchèques avaient un deuxième sport favori, ce serait sans doute le tennis. À côté de chaque espace vert ou presque, il y a un court de tennis. Les joueurs prometteurs sont détectés très tôt et orientés vers des tournois locaux et régionaux d'excellent niveau, tremplins vers les compétitions internationales.

Comme en hockey, cette affection tchèque pour le tennis se traduit par de grands succès mondiaux. Deux des plus grands joueurs de tous les temps, Ivan Lendl (né en 1960) et Martina Navrátilová (née en 1956), se sont fait les dents ici avant de dominer le tennis mondial. Lendl a régné sur le circuit masculin durant une bonne partie des années 1980, avec 11 titres et 19 finales en grand chelem (record battu seulement il y a peu par Roger Federer). Le palmarès de Navrátilová est encore plus impressionnant : entre la fin des années 1970 et les années 1980, elle a remporté 18 titres en grand chelem, dont neuf victoires à Wimbledon, la dernière remontant à 1990. Elle a même remporté en simple six tournois du grand chelem d'affilée.

Les Tchèques, notamment chez les femmes, demeurent encore au haut niveau international. Deux joueuses figurent actuellement parmi les meilleures mondiales. Karolína Plíšková (née en 1992), ancienne n°1 mondiale, est arrivée en finale de Wimbledon en 2021, après l'US Open en 2016. Petra Kvitová (née en 1990) a remporté Wimbledon en 2011 et 2014, et elle se situe aujourd'hui autour du 20e rang mondial.

L'HOMME LE PLUS RAPIDE DU MONDE
QUADRUPLE CHAMPION OLYMPIQUE, 18 RECORDS MONDIAUX DU 5 000 M AU MARATHON, ZÁTOPEK EXPLOSE TOUS LES RECORDS.

Des vacances qui ne sont pas de tout repos

Les visiteurs sont chaudement encouragés à partager cette passion tchèque pour le sport. Des milliers de kilomètres de sentiers cyclistes ou piétonniers balisés sillonnent la Bohême et la Moravie, invitant à d'infinies explorations. La passion locale pour le ski a donné naissance à plusieurs bonnes stations, Špindlerův Mlýn, dans le nord de la Bohême, étant sans doute la plus agréable. Et, bien sûr, le tennis, le golf et le beach-volley ne sont pas en reste. Vous pouvez aussi essayer le *nohejbal*, mélange unique de football et de tennis, lancé dans les années 1920.

Le pays est également une belle destination

pour assister à des événements sportifs. La saison professionnelle de hockey sur glace court de septembre à avril, avec un très bon niveau. Les 14 équipes de l'Extraliga sont réparties dans les grandes villes du pays, dont Prague, Brno, Olomouc, Karlovy Vary, České Budějovice et Plzeň. Les billets sont abordables et faciles à obtenir jusqu'à la mi-saison – moins quand arrive la période des éliminatoires.

Assister à un match de football est aussi un bon moyen de découvrir la culture locale. L'enthousiasme des Tchèques pour leur équipe nationale varie en fonction de ses performances. L'équipe masculine a sans doute connu son âge d'or vers la fin des années 1990 et au début des années 2000. En 1996, elle a atteint la finale de l'Euro, perdant 2-1 face à l'Allemagne dans un match plein de suspense, à Wembley. Quelques années plus tard, en 2004, elle a aussi connu une longue série de succès et faillit l'emporter, mais elle fut battue en demi-finale par la Grèce, futur vainqueur de l'épreuve. Aujourd'hui, l'équipe masculine oscille entre le 30e et le 40e rang mondial et n'attire plus la même attention. L'équipe féminine est en progrès, mais ne s'est pas encore, pour l'instant, qualifiée pour un grand tournoi international.

Malgré ces résultats en dents de scie, la première division tchèque, la Fortuna Liga, est très disputée. Depuis quelques années, ce championnat à 16 équipes est dominé par le FC Viktoria Plzeň, mais les deux clubs de Prague, l'AC Sparta et le SK Slavia, y figurent en général en assez bonne place. La saison court d'août à mai. Comme pour le hockey sur glace, les billets sont abordables et assez faciles à obtenir en pleine saison.

Bien sûr, comme dans tant d'autres nations, on joue au football à tous les niveaux dans tout le pays. Les meilleurs matchs – et les meilleures soirées – se déroulent souvent dans les petits stades où, une bière à la main, on vient encourager les joueurs locaux.

INDEX

Référence des cartes **000**

"L'est et l'ouest de la République tchèque (p. 133 et p. 167) sont reliés par des montagnes et d'immenses forêts, un continuum presque inhabité de sommets couverts d'arbres et de vallées."

MARC DI DUCA

"Passer une soirée au pub est une expérience typiquement tchèque (p. 241). Dans ce pays, le pub est plus qu'un bar et on n'y vient pas que pour boire de la bière. C'est aussi un salon où toute la nation aime à se retrouver."

MARK BAKER

À GAUCHE : I. HAJEK/SHUTTERSTOCK ©
À DROITE : WESTEND61/GETTY IMAGES ©

À propos de cet ouvrage

Traduction
Hélène Demazure, Vincent Guilluy, Servane Heudiard, Flore Mathieu

Direction éditoriale
Dominique Bovet

Responsable prépresse
Jean-Noël Doan

Coordination éditoriale et adaptation française
Laurent Courcoul, Marie Barriet-Savev, Sophie Senart

Maquette
Sébastienne Ocampo

Cartographie
Cartes adaptées en français par Caroline Sahanouk

Couverture
Adaptée en français par Laure Wilmot et Laurent Briard

Remerciements à
Marion Gautier pour l'élaboration des carnets d'adresses, Christophe François et Claire Angot pour leur contribution au texte, Julien Lannoy pour sa relecture des épreuves et Olympe Richez pour son travail de référencement. Merci aussi à toute l'équipe du bureau de Paris, en particulier à Stéphanie Rian. Enfin, merci à Luan Angel, Emma davies et Nigel Longuet à Londres, et à Jean-Pierre Masclef à Melbourne.

En Voyage Éditions | un département édi8

Prague
6e édition
Traduit et adapté de l'ouvrage *Prague & Czechia, 13th edition, June 2023*

92 avenue de France
75013 Paris

Dépôt légal Juin 2023
ISBN 978-2-38492-144-7

Imprimé par ESTIMPRIM, Autechaux, France